检察案例

检察案例撰写技法与检索适用

JIANCHA ANLI ZHUANXIE JIFA YU JIANSUO SHIYONG

李爱君◆主 编

中国检察出版社

图书在版编目（CIP）数据

检察案例撰写技法与检索适用 / 李爱君主编 .
北京 : 中国检察出版社 , 2024. 12. -- ISBN 978-7
-5102-3180-3

Ⅰ . D926.13

中国国家版本馆 CIP 数据核字第 202492XZ33 号

检察案例撰写技法与检索适用

李爱君　主　编

责任编辑： 柴凯菲
技术编辑： 王英英
封面设计： 徐嘉武

出版发行： 中国检察出版社
社　　址： 北京市石景山区香山南路 109 号（100144）
网　　址： 中国检察出版社（www.zgjccbs.com）
编辑电话：（010）86423768
发行电话：（010）86423726　86423727　86423728
（010）86423730　86423732
经　　销： 新华书店
印　　刷： 河北宝昌佳彩印刷有限公司
开　　本： 710 mm × 960 mm　16 开
印　　张： 19.5
字　　数： 254 千字
版　　次： 2024 年 12 月第一版　　2024 年 12 月第一次印刷
书　　号： ISBN 978 - 7 - 5102 - 3180 - 3
定　　价： 64.00 元

《检察案例撰写技法与检索适用》编委会

主　编：李爱君

成　员：赵学武　谭大金　杨　威　刘岑岑
施　军　李东山　王　丹　张年龙
梁晶晶　朱佩佩　张　涛

序 言

习近平总书记反复强调，要努力让人民群众在每一个司法案件中感受到公平正义。所有司法机关都应紧紧围绕这个目标来改进工作。司法案例是人民群众观察司法活动最直接的窗口，也是衡量法治成就最直观的标尺，不仅充分彰显司法理念和法治精神，更能汇聚司法智慧，助推法治不断进步。

公与平者，国之基址。维护公平正义是检察机关的神圣使命。最高人民检察院多次强调，要高质效办好每一个案件，在实体上确保实现公平正义，在程序上让公平正义更好更快实现，在效果上让人民群众可感受、能感受、感受到公平正义，做到检察办案质量、效率、效果有机统一于公平正义。个案正义是正义的基本位面。公平正义的实现不仅依赖于顶层设计的夯基筑台、立梁架柱，也得益于办案实操层面的法理情兼顾，以及底线的坚守、担当的勇气。对于人民群众来说，无论检察机关内部分多少程序、有多少环节，法律价值就体现在一个个具体案件之中。

说千道万，不如一案。案例便是万千案件之中的优秀代表，不仅是传播法治精神的鲜活教科书，而且是传递司法理念、引领法治进步、推进社会治理的有效载体。它或是通过明断善恶勾勒出正义的边界，指导司法人员办好“别人的人生”；或是借助定分止争传导正确的价值取向，让法治的种子根植到人民群众心中；或是透过促进严格执法司法书写法律监督的独特答卷，镌刻法治建设与进步的生动印记；或是展现对寻常巷陌、田间渠边的公益守护，真正把“利民之事，丝发必兴；厉民之事，毫末必去”诠释好、实现好。

党的十八大以来，江苏检察机关忠实践行习近平法治思想，依法全面履行法律监督职责，办理刑事、民事、行政、公益诉讼案件200万余件。其中，32件案例入选最高人民检察院指导性案例，数百件案例入选最高人民检察院典型案例。“昆山反杀案”激活了正当防卫的沉睡条款，为陷于不法侵害困境中的公民提供了规范指引，让“法不能向不法让步”的理念深入人心。“辣笔小球案”立起了规范网络舆论的司法边界，面对网络诋毁戍边烈士的无底线言论，检察机关同时提起刑事追诉和公益诉讼，以法律之名为英烈正名，守护了全民族共同的精神家园。“费氏鹦鹉案”释放了检察办案的司法善意，当“行政规章”冲撞“群众认知”，江苏检察机关作出全国第一个非法交易费氏鹦鹉法定不起诉决定，用司法熨平了“法律的褶皱”，兼顾了天理国法人情。这一件件案例，虽是检察办案成果的一小部分，但却是蓝田暖玉、长河明珠，勾勒出检察工作的鲜活样貌，生动还原了检察事业发展的历史轨迹。

虽然江苏检察在案例工作上取得了一定成绩，但与新时代人民群众日益增长的法治需求相比，案例产品供给还要持续加大力度，案例选不出、不会写、用不好的问题仍然存在。我们编写此书，旨在总结江苏检察机关近年来在案例培育、撰写、应用等方面的经验做法，也深刻汲取案例工作中的教训不足，希望能通过贴近实际实战的朴素呈现，让江苏检察人切实增强案例意识，推出更加优质的精品案例，树立起更多司法进步的“界碑”；希望促进更新树牢新时代司法办案理念，努力做到“三个善于”，高质效办好每一个案件；希望让办好案、写好案、用好案成为新时代检察人员的基本素能，培育更多高素质复合型专业人才。如果还能对全国检察同仁带来一点微小启发与帮助，我们将感到无比荣幸和满足。

本书的写作多是检察人员在案例工作实践中的所思、所想、所感、所悟，见解和观点可能流于片面，且受时间、能力所限，疏漏之处在所难免，恳请各位读者朋友多多指正。

李爱君

2024年8月

目 录

上篇　理论篇

第一章　检察案例概述

习近平总书记深刻指出，一个案例胜过一打文件。法治的进步，既仰赖于顶层设计的夯基垒台、立柱架梁，也得益于办案实践层面的法理情兼顾，以及底线的坚守、担当的勇气。优秀案例是法治实践的生动印记，蕴含着人民群众对美好生活和公平正义的无限向往。检察案例能够及时总结、推广司法办案经验，规范统一法律适用，实现司法的公平与正义，是检察机关高质效办好每一个案件的生动呈现，更是向人民群众弘扬检察机关办案理念的重要载体。

第一节　检察案例的沿革与构建

一、历史嬗变：中国古代判例制度

中国古代法律历史源远流长，从春秋时期子产铸刑鼎，到清朝《大清律例》，两千年间基本建立了以律典为核心的法律体系。但囿于成文法的发展往往不能灵活适应社会复杂形势的变化，判例制度在我国古代一直作为成文法的补充，从西周开始萌芽，历经秦汉发展，到唐朝、宋元时期的发展变化，直至明清时期，逐步完备。

（一）秦汉时期

秦统一六国后，厉行法治，判例正式出现。秦朝时期的判例称为“廷行事”，湖北云梦出土的《睡虎地秦墓竹简·法律答问》，不仅记载了当时有完备的法典，而且详细记载了“廷行事”可以被司法官直接作为法律依据引用，如“盗封啬夫何论？廷行事以伪写印。”[①]“求盗追捕罪人，罪人格杀求盗，问杀人者为贼杀人，且斗杀？斗杀人，廷行事为贼。”[②]“百姓有债，勿敢擅强质，擅强质及和受质者，皆赀二甲。廷行事：强质人者论，予者不论；和受质者，予者论。”[③] 可见，“廷行事”在秦时期是一种重要的法律形式，增强了律文的可操作性。

汉朝时期进一步沿用秦朝廷行事，另外又出现了新的判例形式“决事比”。《周礼·秋官·大司寇》注“若今时决事比。疏云：若今律其有断事，皆依旧事断之，其无条，取比类以决之，故云决事比。”可见，“决事比”与“廷行事”称谓虽然不同，但其实内容是一致的，都是在法律没有规定的情况下，比照以往的判例作出判决。西汉时期，“决事比”运用广泛，也开始对“决事比”进行了汇编整理。《魏书·刑法志》记载，汉宣帝时“于定国为廷尉，集诸法律，凡九百六十卷，大辟四百九十条，千八百八十二事，死罪决比，凡三千四百七十二条，诸断罪当用者，合二万六千二百七十二条。”东汉时期，认识到判例过度运用的弊端，根据司法实践经验编撰删定判例集——《辞讼比》。

除此之外，汉代还引用儒家经义处理疑难案件，以董仲舒“春秋决狱”最为典型。《后汉书·应劭传》记载“胶东相董仲舒老病致仕，朝廷每有政议，数遣廷尉张汤亲至陋巷，问其得失。于是作《春秋决狱》二百三十二事，动以经对，言之详矣。”“春秋决狱”是司法官员不引用正式法律条文来断罪，而是凭借儒家经典中的微言大义判案，此类儒家经典包括《诗经》《尚书》《礼记》《易经》《春秋》等。如父为子隐一案：“甲无子，拾道旁弃

---

① 意思为：偷盗封印的啬夫应如何论处，按照廷行事的判例是以伪造文书论处。

② 意思为：负责追捕盗贼的亭卒追捕罪人时，罪人将亭卒杀死，问杀人者是故意杀人，还是斗殴杀人，按照廷行事判例是故意杀人。

③ 意思为：百姓有债务，不许擅自强行索取人质，擅自强行索取人质以及和接受人质的，都要罚二甲。按照廷行事判例，强行索取人质的人要论罪，给予人质的人不论罪；而接受人质的人，给予人质的人要论罪。

儿乙，养之以为子。及乙长，有罪杀人，以状语甲。甲藏匿之，甲当何论？仲舒断曰：甲无子，振活养乙，虽非所生，谁与易之。《诗》云：螟蛉有子，蜾蠃负之。《春秋》之义，父为子隐，甲宜匿乙，而不当坐。”董仲舒“春秋决狱”赋予了汉代判例法全新的时代特征，在情与法出现冲突的时候，通过引用儒家经典来弥补成文法的不足，将儒家经义融入判例制度中，开启了中国传统法律文化礼法融合的进程。[①]

（二）唐朝时期

三国两晋南北朝以及隋朝时期的社会动荡不定，判例制度与成文法都难以发挥价值。直至唐代，政治、经济、文化等各个领域迅速发展，也是成文法高度发达时期，出现了律、令、格、式、典、敕、例等多种法律形式。但由于唐朝更为注重成文法，判例的作用相对较小。唐玄宗曾下诏“如闻用例破敕及令式，深非道理，自今以后，不得更然。”在司法实践中，唐朝严格限制判例形成的规则，注重运用成文法规范判例，使得判例所确立的法律规范具体化、明确化。同时，从唐朝开始，判例对制定法进行解释和说明，用判例的方式注释律，形成了中国古代独特的立法技术。

（三）宋元时期

神宗变法后，法制纷更，“例”的作用不断扩大，引例破法的现象日趋增多。即把一定时期所审断的案件进行编纂确认，使得“断例”具有普遍的法律效力，从而提升了判例的法律地位。宋代的例主要有两种形式：一种是士大夫将前朝明敏断狱、平反冤案的记载汇集成书，如郑克的《折狱

① 参见陈兴良：《中国案例指导制度研究》，北京大学出版社2014年版，第43页。

龟鉴》[①]、桂万荣的《棠阴比事》[②]，另一种是士大夫将自己的判词收集起来编入文集[③]。元朝继承了宋代以例断罪的传统，不仅在司法实践中大量适用判例，而且判例在法典中也占据了重要地位，将断例、条格汇编为一体的成文法典。元代的立法不太规范，没有按照唐宋的传统修订成文法，而是以蒙古习惯的格、例、令、制、敕等多种法律形式进行代替。如《至正条格》，条格有 1700 条，断例就有 1059 条。

（四）明清时期

在明朝，判例的地位不断提高，从“以例辅律”逐步发展为《大明律附例》的“律例并行”模式，并且由皇帝主持编纂判例集《明大诰》。朱元璋强调“重典治世”，先后编撰了《御制大诰》《御制大诰续编》《御制大诰三编》《大诰武臣》，合称《明大诰》。《明大诰》共计 236 条，由案例、峻令和训戒三部分组成，记有案例 156 条。[④] 朱元璋还“命刑官取《大诰》条目，撮其要略，附载于律”，从而进一步规范其在实践中的应用，大力提高例在国家法律体系中的地位。但由于社会发展出现的新问题、新情况不断，明朝开始在律典之外编撰修订各种条例，其中以《问刑条例》最具有代表性，包括了弘治《问刑条例》、嘉靖《问刑条例》、万历《问刑条例》。《问刑条例》是明朝中后期的主要立法活动，其规范、统一了当时的条例，大大纠正了司法实践中“以例代律”“以例破律”的弊病，重新回归到“以例补律”模式。

---

① 《折狱龟鉴》又名《决狱龟鉴》，形成于南宋绍兴年间，全书共八卷，分为释冤、惩恶、察奸、迹盗、议罪、严明等二十门，包含了有关平反、滥、抉等案例故事二百七十余条、三百九十余事。

②《棠阴比事》是在《疑狱集》和《折狱龟鉴》基础上编撰形成的案例汇编，把性质相近的两个案例并列连缀起来，联成七十二韵，共一百四十四条，从执法、断狱、量刑、司法检验等各方面，总结历代司法审判的经验教训。

③ 参见赵玉环:《我国古代判例制度及其特征》，载《政法论丛》2005 年第 5 期。

④ 参见赵玉环:《我国古代判例制度及其特征》，载《政法论丛》2005 年第 5 期。

清朝承袭明制，判例制度发展日益完善。清代采用律例合编的形式，以《大清律例》最为典型，尤其是乾隆五年编成的《大清律例》，使得例与律并驾齐驱，且后世未再对律文进行实质性修正。清代确立了“因案生例”制度，即司法官在审判过程中，可以在判词中附请定例，皇帝可以在核准案件时直接定例或由刑部议定专门条例，同时还要求“凡引律必求全引其本文，例亦如此，有例则置其律，例有信者则置其故者”，明确了例高于律的原则。[①] 此外，成案、通行也是清朝判例的一种形式，即没有明文规定情况下用于参照解决疑难案件的案例。成案、通行与判例存在区别，因为清朝在解决疑难案件时往往会根据案件的典型性，把成案确认为“通行”或者上升为“条例”，以此在法律上取得正式法律效力，同类案件判决时可以直接引用相应的先例进行判决。如乾隆四十二年“故杀幼徒斩决”案中，刑部呈请皇帝裁决的判决书中明确提出“臣等遵旨酌议，应请嗣后僧人逞凶谋故惨杀十二岁以下幼孩者，即拟斩立决……其余寻常谋故斗杀之案，仍照本律办理。恭候命下。臣部载入例册，通行遵照所有”。[②] 这样此类案件判决成为“通行”，拥有法律上的约束力，后来相同案件判决可以直接作为法律渊源适用。清朝“成案”没有法律上约束力，但对于后来同类案件具有较强的说服力，这是与“通行”的区别。[③]

从判例法的发展历史来看，汉代之前是判例的简单援引阶段。汉唐时期，逐步形成了因案生例的判例形成规则和例优于律的判例法适用认识，也是判例不断成熟的阶段。明清时期是中国古代判例法发展较快的时期，律例并存，例的数量和适用范围也不断增加与扩大。在中国悠久的法制历史中，制定法始终处于正统地位，在各种法律渊源中起着支配的指导作用。

---

① 参见陈兴良:《中国案例指导制度研究》，北京大学出版社2014年版，第45页。

② 杨一凡:《历代判例判牍》(第7册)，中国社会科学出版社2005年版，第497页。

③ 参见张骐等:《中国司法先例与案例指导制度研究》，北京大学出版社2016年版，第41页。

但在制定法发展的过程中，判例法也与之同步存在，二者同源，各自发挥着国家赋予的职能。如果说制定法的调整方式是由一般到个别，那么判例法的调整方式则是由个别到一般，这两种调整方式有机地、和谐地融为一体，使法律的确定性和适用性相统一。二者并存共用、互补互涉，有效地调整变化发展中的社会生活，调节法律的稳定性与可变性的关系。[①]

中华法系不同于大陆法系，也不同于英美法系，其通过固定的法典与可变的判例共同维持法律和社会的稳定性，完全适应统一多民族的中央集权国家需要。在法律文化发展全球化的今天，案例指导制度的建立不仅要借鉴域外法治发达国家法律文化的文明成果，同时也需要真正认识和理解中国传统的判例法文化。中国古代判例制度虽然与案例指导制度存在一定区别，但基于文化延续性的长远视角，这些历史实践也可以为完善案例指导制度提供借鉴。一是判例用于弥补制定法的不足。从中国的法制传统看，成文法的主导地位无可撼动。当法典无法适应社会关系发展变化时，判例承担了克服法典在立法技术上缺陷的角色，发挥从个别到一般的优势，提高了法典立法技术的水平，保证了法律对社会生活调整的有效性。二是判例的成文法倾向凸显。为了维护制定法的权威，历代统治者一方面对判例的使用加以限制，另一方面又通过国家统一编纂案例的方式，规范判例法的形成和认定过程，由国家立法机关对中央和地方审理的案件进行筛选，从中概括出具体的、普遍适用的法律规范，以皇帝的名义向社会公布判例。自元代开始，判例逐步被写入律中，形成律例合编模式，这也成为中国判例法传统的重要特色。

---

① 参见张晋藩:《中国法律的传统与近代转型》，法律出版社2019年版，第228—230页。

二、转型发展：近代中国判例制度

随着清末的新政改革，国家与社会进入转型期，法律制度改革风起云涌，判例制度快速发展到一个较高的层次。

（一）民国时期

民国时期，北洋政府大理院作为当时全国最高审判机关，还担负着“司法兼立法”的任务。判例作为一种重要的法律形式，刊载于《政府公报》《司法公报》设立的专栏中，为下级法院提供可供遵循的先例。同时，大理院还先后公布了《大理院判例要旨汇览》《大理院判例要旨汇览续集》，约收入民刑判例3991例。

这一时期大理院判例的运作方式呈现以下特征：一是体裁条文化倾向明显。根据1919年、1925年大理院先后两次公布的《大理院编辑处规则》，收入判例汇编中的判例并不是判决的全文而是要旨。判例要旨的精炼与概括，使“法官于具体案件援用判例时，殆多目为抽象的一般规定，……即已将判例视同法规”，同时还规定要旨前面要注上简短的眉批。二是判例汇编体例附于成文法。《大理院编辑处规则》规定，判例要旨汇览分为民事、刑事两大类，分别依先实体法后程序法、先普通法后特别法的次序编排；各类判例要旨汇编的编目除分别依现行法规的目次外，还应参酌清朝各相关法律草案，每项判例要旨都必须具备要旨、眉批、相关法条、互见、参考旧例及年、字号。三是判例的适用方法类似于成文法。法官能够轻易地找到适用于当前案件的判例，大大减轻了法官的负担。①

（二）新民主主义革命时期

在1919年至1949年新民主主义时期，法制建设在中国共产党领导下经历了土地革命、抗日战争和解放战争三个发展阶段，判例制度在这一时期

---

① 参见江勇、马良骥、夏祖银：《案例指导制度的理论与实践探索》，中国法制出版社2013年版，第134—135页。

主要体现在陕甘宁边区。《陕甘宁边区判例汇编》编纂规模大、水平高，收录了边区政府审判委员会、高等法院和延安地方法院的判词共计77份，案件类型大多是破坏抗战、婚姻纠纷、土地纠纷，结构上包括例言、案件处理办法、判词、选编意见与审定意见等部分。

具体而言，“例言”在判例中起到提纲挈领的作用，对案件的来源与编辑方法、判例的作用进行了说明。“案件处理办法”收录了审判案件的原则和司法效果的评判，一般来源于中共中央政策、立法草案，如民事案件一般强调“使人民得安居乐业，努力生产，以利团结抗战”，刑事案件一般强调“司法机关对刑事被告人之处刑，除应顾到边区地方治安外，须同时顾到边区生产劳动力及受刑人家庭之生计”。“判词”由原来的判词重拟或者改编而来，也是最重要的部分，结构包括主文、事实、理由，判词部分叙事言简意赅，用词通俗易懂，语句简练流畅，能够体现较高的裁判文书写作技巧。“选编意见与审定意见”，是选编人员对判词给予的选编理由，阐明判例入选的理由，归纳和说明判词中的关键事实，揭示判决中所体现的法律原则和政策。需要注意到，一是边区法律中的“判例”是实际司法中的典型案例，其生成逻辑和适用机制与西方语境中的“判例”具有本质区别；二是判例并不是一种正式的法律渊源，不能在裁判文书中直接引用，仅仅是对之后的司法活动具有参考价值。①

三、制度确立：检察案例指导制度

新中国成立后，最高人民检察院历来重视案例工作，通过发布指导性案例和典型案例等形式的检察案例，总结办案经验教训，指导各级检察院办案工作。检察案例指导制度的确立，虽然历经了一个漫长的过程，但也

① 参见左卫民、陈明国：《中国特色案例指导制度研究》，北京大学出版社2014年版，第25页。

逐步形成了具有中国特色的检察案例指导制度。

（一）初步探索阶段（1949 年至 1968 年）

早在新中国成立初期，最高人民检察院已经开始收集、整理和研究案例编撰工作。1954 年，最高人民检察署副检察长高克林在第二届全国检察工作会议上提出“从处理各种典型案例中，总结案例，积累经验，使之逐步成为制度”。[①] 1956 年 10 月，最高人民检察院各地上报的案例汇编成《检察业务参考资料》[②]（侦查工作案例之一、之二）下发至各级检察院。1964 年 1 月，最高人民检察院副检察长张苏在全国检察长会议上提出：“要把大案要案、冤假错案以及有突出经验或突出问题的案例掌握起来。今后每个县、区检察院，每年要选择一两个典型案例直接报送最高人民检察院。这样做，可以帮助领导机关掌握一批第一手材料，对于分析案情，指导办案，有很大好处。”[③] 由于当时正处于国家建设初期，检察机关的案例指导工作虽然有了初步探索，但是尚未能形成制度。“文化大革命”开始后，在“砸烂公检法”大背景下，随着 1968 年底检察机关被撤销，案例指导工作也停滞下来。

（二）恢复发展阶段（1978 年至 2008 年）

1978 年改革开放初期，检察机关恢复重建。20 世纪 80 年代后期，最高人民检察院组织编写《刑事犯罪案例丛书》，从全国各地推荐的案例中进行遴选后整理出版，为司法实践提供参考借鉴。

1989 年 5 月，最高人民检察院创设了《最高人民检察院公报》，作为对外发布有关法律、司法解释、重要会议报道的重要载体，并于 1990 年第 3

---

① 参见张杰:《检察指导案例理论与实践》，中国检察出版社 2022 年版，第 48—49 页；闵钐编:《中国检察史资料选编》，中国检察出版社 2008 年版，第 517 页。

② 参见张杰:《检察指导案例理论与实践》，中国检察出版社 2022 年版，第 49 页。

③ 参见张杰:《检察指导案例理论与实践》，中国检察出版社 2022 年版，第 48—49 页；闵钐编:《中国检察史资料选编》，中国检察出版社 2008 年版，第 701 页。

期开始刊载典型案例，为检察机关发布案例提供了良好的平台。从案件类型来看，《最高人民检察院公报》刊载的案例包括职务犯罪类案件、检察院提起抗诉类案件、立案监督类案件、侦查监督类案件、涉外案件、知识产权犯罪类案件以及其他检察机关查办的具有重大影响的典型案件。[①] 从发布的案例来看，一定程度上反映了这一时期检察机关对刑事检察工作的高度重视。

2003 年 6 月，最高人民检察院发布《关于加强案件管理的规定》，提出“最高人民检察院和省级人民检察院每年要组织业务交流和案例研讨，对带有普遍意义的案件进行深入分析，及时编纂和印发对办案工作具有指导意义的案例”。与此同时，最高人民检察院各业务部门开始加强对各级检察机关办案工作的案例指导，形式不一，包括精品、优秀案件评比，各类业务竞赛，编撰典型案例系列丛书。[②] 在最高人民检察院开展案例指导全国各级检察机关工作的同时，地方各级人民检察院也开始进行了积极探索。如天津市人民检察院制定了《未成年人涉嫌犯罪慎用逮捕措施的指导性案例》，为区域内基层检察院办理涉未成年人批准逮捕案件提供了有力的指导。

（三）制度确立阶段（2009 年至 2017 年）

新一轮司法体制改革开始后，案例指导制度的顶层设计正式展开。2009 年 2 月，中央政法委出台《关于深入学习实践科学发展观解决政法工作突出问题的意见》，提出中央政法机关要加快构建具有地域性、层级性、程序性的符合中国国情的案例指导制度，充分发挥指导性案例在自由裁量权、协调法制统一性和地区差别性中的作用，减少裁量过程中的随意性。[③]

2009 年，最高人民检察院检察长曹建明在全国政法工作会议上提出：

---

① 参见北京市人民检察院第二分院课题组：《检察机关案例指导制度的构建》，载《人民检察》2010 年第 22 期。

② 包括最高人民检察院原民事行政检察厅选编《民事行政检察案例选编》《人民检察院民事行政抗诉案例选》、最高人民检察院法律政策研究室选编《典型疑难案例评析》《刑事法理与案例评析》、最高人民检察院检察技术局选编《检察技术案例集》等。

③ 参见张杰：《检察指导案例理论与实践》，中国检察出版社 2022 年版，第 54 页。

“针对容易发生执法偏差的案件和不批捕、不起诉等重点环节，探索建立案例指导制度，规范自由裁量权的行使。”这是检察机关首次提出建立案例指导制度。2010年3月11日，最高人民检察院在第十一届全国人民代表大会第三次会议上所作的《最高人民检察院工作报告》中强调“建立健全案例指导制度和案件管理、执法监督、执法考评机制”。[①] 2010年7月，最高人民检察院第十一届检察委员会第四十次会议通过《关于案例指导工作的规定》，标志着检察机关案例指导制度正式确立。该规定一共有18条，主要规定了五个方面的内容：一是明确了检察指导案例的标准及范畴，主要包括：职务犯罪立案与不立案案件；批准（决定）逮捕与不批准（决定）逮捕；起诉与不起诉案件；刑事、民事、行政抗诉案件；国家赔偿案件；涉检申诉案件；其他新型、疑难和具有典型意义的案件。二是明确了最高人民检察院应当设立案例指导工作委员会，负责人民检察院案例的审查、编选和发布等工作，工作机构设在法律政策研究室。三是明确了案例素材的推荐、报送、征集、遴选等具体工作程序。四是明确了指导性案例的体例，包括了标题、要旨、基本案情、主要争议问题、处理理由。五是明确了检察指导性案例的效力，作出了“可以参照”的规定。[②] 2010年12月31日，最高人民检察院第一批检察指导性案例发布，标志着检察指导案例制度正式启动运行。此后，最高人民检察院高度重视案例工作，在《检察日报》《人民检察》《中国检察官》等报纸杂志上经常性刊登典型案例。

2014年10月，党的十八届四中全会通过的《中共中央关于全面推进依法治国若干重大问题的决定》指出：“加强和规范司法解释和案例指导，统一法律适用标准。”这是党中央首次专门提出加强案例指导工作。为进一步

① 参见杜国伟：《检察案例指导制度论讨》，载《第九届国家高级检察官论坛论文集》2023年；陈兴良：《中国案例指导制度研究》，北京大学出版社2014年版，第293页。

② 参见张杰：《检察指导案例理论与实践》，中国检察出版社2021年版，第55—57页。

贯彻落实党的十八届四中全会部署，最高人民检察院于2015年12月30日发布了修订后的《关于案例指导工作的规定》。该规定的内容主要包括：一是明确指导性案例由最高人民检察院统一发布，并且要符合案例处理结果已经发生法律效力，具有良好法律效果与社会效果，在事实认定、证据采信、法律适用、政策掌握等方面具有指导意义的条件。二是对指导性案例的征集遴选程序进行了更为具体的规定。三是规范了指导性案例的审议发布程序，即备选案例应当送有关业务部门、案例指导工作委员会专家委员会征求意见，必要时可以征求其他单位、专家学者意见或者召开专家听证会。四是明确指导性案例的宣告失效机制。五是建立检察指导案例数据库等配套制度。六是明确指导性案例的适用效力，修改了之前“可以参照”的说法，规定为“人民检察院参照指导性案例办理案件，可以引述相关指导性案例作为释法说理根据，但不得代替法律或者司法解释作为案件处理决定的直接法律依据”。

（四）快速发展阶段（2018年至今）

最高人民检察院检察长应勇强调，最高检作为最高司法机关之一，加强案例指导是重要领导责任和履职手段，要高度重视、不断加强。案例编发要严格把好质量关，指导性案例要精而又精、优中选优，典型案例要坚持质量第一、切实管用。案例选取和编发都要突出检察特色，突出指导办案、释法说理功能，真正在司法规则指引、法律政策精准适用等方面发挥指导与参照作用，更好指导各级检察机关精准做到以事实为依据、以法律为准绳，高质效办好每一个案件。

2018年10月，修订后的《人民检察院组织法》第二十三条第二款规定“最高人民检察院可以发布指导性案例”，以法律形式确定了指导性案例的法律地位。在此情形下，最高人民检察院于2019年4月再次对《关于案例指导工作的规定》进行修改，进一步完善了检察机关指导性案例的内容，推动检察案例指导在统一法律适用、规范裁量权行使、落实刑事司法政策等方面发挥更为重要的作用。一是规定了指导性案例的体例，包括标题、关键词、要旨、基本案情、检察机关履职过程、指导意义和相关规定等部分。二是扩大了指导性案例的推荐主体，由省级人民检察院负责本地区指导性案例的收集、整理、审查和推荐工作，也可以由人大代表、政协委员、人民监督员、专家咨询委员会以及社会各界人士推荐案例，进一步扩大了检察工作的社会影响力。三是明确了指导性案例编制的责任主体，由各检察业务厅根据业务需要制发指导性案例，法律政策研究室负责统筹协调工作以及制发综合性检察指导性案例。四是规范了编发指导性案例的具体程序，大致包括素材征集、研究编制、征求意见、案例指导工作委员会讨论、法律政策研究室审核、检察委员会审议、检察长签发等。五是明确了指导性案例的效力为“应当参照”。六是强化了指导性案例的应用，要求各级人民检察院检察委员会审议案件时，承办检察官应当报告有无类似指导性案例，并说明参照适用情况。

任何改革创新都是在不断探索中成熟，检察案例指导制度亦是如此。近年来，检察案例指导工作有长足的发展，发布的案例类型从原先侧重于刑事案件，到刑事检察、民事检察、行政检察、公益诉讼检察“四大检察”各项业务协调发展；案例发布主题也从单一的法律适用广泛向服务大局、保障民生、强化法律监督等方面延伸，如“打击金融犯罪”“守护国财国土”“落实乡村振兴战略”“促进社会治理”“立案和侦查活动监督”等；案例的发布频率也愈加频繁，截至2024年8月，最高人民检察院已经发布指导性案例53批217件。但案例制发质量有待进一步提升，高质量案例的供给仍有不足，还无法充分满足基层办案的实践需求。新时代新征程，面对人民群众对民主、法治、公平、正义、安全、环境等方面更高需求，检察案例指导制度还应当进一步深化、发展，持续在案例的学习、编发、应用等方面完善工作机制。

第二节　检察案例的概念辨析

一、案件与案例

德国学者考夫曼认为，法律适用应该就是将案例包摄于制定法之下，而且这种包摄无非是最简单最准确的逻辑推论。[①] 案件是指发生的具体事实或事件，是具有特定事实和情节的个别事件。在司法领域，案件是指有关诉讼和违法的事件。案例则是对具体案件的详细描述和分析，一般是从众多案件中选取出来，经过整理、总结和分析的具有代表性的事例，存在于社会生活的方方面面。在司法领域，案例是指司法工作中真实发生的，由司法机关作出裁判和处理决定的案例，往往包含了对案件的全面介绍，包括案件的背景、事实经过、争议焦点、证据以及裁判结果等内容。案件关注司法者办案过程、诉讼当事人权利义务的承担，是一种动态的描述。案例则更侧重于从经验总结的角度分析已经发生案件的构成、案件中法律关系的特征、案件处理时的法律适用，是一种静态的分析。

对于检察机关来说，案件是检察机关依法履行检察职责时发生的具体司法实践。不同类型的案件表现形式不同，如刑事检察中可体现为具体行为人所实施的犯罪行为触犯刑法罪名的刑事案件，在民事检察中可体现为检察机关通过对民事诉讼审判程序、执行程序或者裁判结果监督后形成的民事案件。检察案例，则是检察机关根据特定程序发布的，对具有典型性和代表性的案件进行的检视、反思与总结，并直接在司法办案过程中具有参照适用效力或借鉴意义，有助于司法办案人员领悟司法理念、总结法律适用经验，不断提升案件办理质量。由此可见，案例相较案件而言还有转化、升华的过程。

---

① 参见［德］阿图尔·考夫曼：《法律哲学》，刘幸义等译，法律出版社2011年版，第60页。

二、案例与判例

在普通法系国家中，判例具有法律渊源的地位。“判例法”一词在《牛津法律大词典》中被解释为“司法判例中所规定的法律原则和规则的一般用语，是根据以往法院和法庭对具体案件的判决所做的概括”。以英国法律体系为例，由判例法和制定法组成，判例法是主要的法律渊源，法官在司法实践中通过对某一典型案例的审理和判决从而建立起的法律原则，此后的法官在处理类似案件中可以以此为依据，故判例法也被称为“法官法”。英国的判例具有双重的法律约束力，既产生对当事人判决的既判力，又产生以后的法官在判决类似案件时必须遵循的约束力，即所谓的“判例即法”和“遵循先例”原则。

在大陆法系国家中，成文法是主要的法律渊源，虽然判例不具有法律渊源地位，但是被推定具有约束力或者具有事实上的约束力。以德国为例，法院判决中引用判例的主要目的是解释制定法，且多半是表明在与待决事项相关的某一事项上，某个权威的法院已有成规，从而增强当前案件判决的法律论证。德国联邦宪法法院的判例具有法律约束力，即联邦宪法法院的判决对所有联邦宪法机构、各州和其他部门从生效时起即具有法律约束力①，如果其他法院作出与宪法法院判例相反的判决，该判决是被认为非法的。除此之外，其他法院的判例并不具有法律约束力，但是要求建立“背离判例报告”制度，即当法院要背离判例另行判决时，必须向上级法院报告。这种报告制度表明，德国虽然不承认判例的正式约束力，但德国司法机关仍然非常重视判例。

关于我国的案例制度与判例制度的关系，学者之间存在着不同的观点。有学者认为，我国的案例指导制度是走向有中国特色的判例制度的一个过

① 参见最高人民法院课题组:《关于德国判例考察情况的报告》，载《人民司法》2006 年第 7 期。

渡性质的制度，既是对中国现有案例编撰制度的一种超越，又与未来需要构建的中国特色的判例制度存在一定差距，目的是为逐步过渡到有中国特色的判例制度奠定基础。[①] 有学者认为，基于判例制度的性质、基本价值、功能和作用，判例制度在当代中国具有必要性和正当性，实现案例指导制度向判例制度转型也具有必要性和正当性。[②] 还有学者认为，我国案例指导制度是一种创新的制度，但不是一种新的"造法"，既表达了所欲实行的是一种"案例"指导制度，但又不是完全的"判例"指导制度，同时也表明了我们同过去有所不同，要将"案例"上升到能够"指导"以后检察工作的地位，而不是像过去那样仅仅起到"参考"的作用。[③]

判例与案例具有不同的生成机制。普通法国家和地区的判例本身就是一份裁判文书，但判例的拘束力并非以明确性的规则存在，是法官、律师、当事人或专家从案例中挖掘出来的先前理解。正如德国学者卡尔·拉伦茨指出的："即使是法院，其所受判决先例之'拘束'，无疑绝不同于其所受法律之拘束。有拘束力的不是判例本身，而是在其中被正确理解或具体化的规范。"[④] 与之不同的是，检察案例在形式上由检察机关制发，在已经发生法律效力的案件上编辑加工形成，需要经过一定加工转化的过程。同时，判例与案例产生的效力不同。司法裁判是指能够引起案件当事人权利与义务产生、变化和消灭的司法行为，是裁判规则的具体化，具有强制性的后果和既判力的属性。每一个案件的司法裁判文书具有特定的效力范围，仅对个案的当事人及相关参与人产生实质性影响，发挥法律效力，但根据司法责任制原则，

① 参见周佑勇：《作为过渡措施的案例指导制度》，载《法学评论》2006 年第 3 期。

② 参见张骐：《论中国案例指导制度向司法判例制度转型的必要性与正当性》，载《比较法研究》2017 年第 5 期。

③ 参见刘作翔、徐景和：《案例指导制度的理性基础》，载《法学研究》2006 年第 3 期。

④ 参见［德］卡尔·拉伦茨：《法学方法论》，陈爱娥译，商务印书馆 2003 年版，第 301 页。

难以对其他案件形成影响。即使是指导性案例，目前也不具有像英美法系判例的法律渊源地位以及大陆法系中判例在事实上的约束力，仅是供下级检察机关办案时的参考，检察人员在办案时是否参考和借鉴案例，具有很大的弹性空间。检察案例指导制度绝不是简单地移植域外判例制度经验，不能忽视我国法律体系和文化传统，最终还是应当回归到我国社会主义法治国家的现实国情，同时维护好我国成文法的传统与要求。

三、检察指导性案例与司法解释

关于指导性案例与司法解释的关系，理论界存在较大争议。肯定性观点认为，指导性案例本身就是对法律条文所作的主动、直观的解释，是司法实践中非常有效的一种司法解释方式，应当总结经验，逐步确立通过选编和公布指导性案例进行司法解释的形式，以丰富和完善我国的司法解释。① 否定性观点认为，我国的指导性案例缺乏法律上的约束力，并且案例作为个案，不具有普遍指导意义，不能作为司法解释的一种形式。②

要厘清指导性案例与司法解释的关系，首先需要明确“法律解释”“司法解释”等概念的实质内涵。法律解释是对法律文本的理解和说明，解释法律是一种普遍现象，存在于所有的法律活动之中，包括立法、执法、司法、守法、法律监督、法学研究等所有场域。根据解释的主体和场合的不同，可以将司法领域中的法律解释分为“具体法律解释”和“抽象法律解释”。前者是指司法人员在具体个案的司法裁判中对法律进行的解释，此种解释是寻找司法三段论推理之大前提的法律适用活动，目的在于通过解释以使法律规范适用于个案事实，解释仅对该具体个案产生法律效力。后者是指特定国家机关对法律作出的解释，属于特定国家机关的一项专门法律

① 参见干朝端：《建立以判例为主要形式的司法解释体制》，载《法学评论》2003年第3期。

② 参见周道鸾：《中国案例制度的历史发展》，载《法律适用》2004年第5期。

活动，目的在于通过解释以形成具有普遍法律效力的一般性解释规定，解释主体在我国是指最高人民法院和最高人民检察院，通过解释形成的规范性文本具有普遍法律效力。虽然理论界倾向于认为具体法律解释才是法律解释的理想方式，但我国现行法律解释体制却立足于抽象法律解释，把法律解释视为一种权力，并依据各个国家机关的职能划分法律解释的权限。按学界通说，根据解释权主体的不同，我国法律解释分为立法解释、司法解释和行政解释。此种法律解释体制坚持人民代表大会制和民主集中制的政治要求，充分体现出“以最高权力机关常设机构的立法解释为中心，司法解释和行政解释处于从属地位”的中国特色。

建立案例制度是为了弥补司法解释的局限性，而不是取代司法解释，是为司法活动提供一种与司法解释相并列的规则方式，两者之间存在一定关联与差异。从检察指导性案例与司法解释的联系来看，一是检察指导性案例的发布主体与司法解释的制定主体只能是最高人民检察院，其他各级人民检察院发布的案例不能成为指导性案例，制定的规范也不能称为司法解释。二是检察指导性案例和司法解释都是最高人民检察院应用法律的一种具体方式，主要是针对司法办案过程中的疑难问题进一步阐释法律，指引下级检察机关适用法律、开展检察工作。三是检察指导性案例与司法解释之间存在互补功能，指导性案例能够弥补司法解释的不足，并配合司法解释发挥作用。[①] 从检察指导性案例与司法解释的区别来看，一是表现形式

---

① 王利明教授认为，指导性案例弥补司法解释的不足功能主要体现在四个方面：一是指导性案例是针对个案中的典型案例作出的，而司法解释是基于法律模糊或者缺陷等普遍性问题制定的，因此指导性案例具有较强的针对性和具体性；二是指导性案例能够及时反映时间中出现的新情况、新问题并作出及时应对，而司法解释难免具有滞后性；三是指导性案例在个案中对于法律的解释更为具体、准确，而司法解释具有抽象性，在适用过程中容易引发理论争议；四是指导性案例能够确保在相同案件情况下统一适用，而司法解释的规范性不足以达到此效果。参见王利明：《我国案例指导制度若干问题研究》，载《法学》2012 年第 1 期。

不同。指导性案例最终呈现的形式都是具体的案例，并且是将法律法规具体适用到个案中的一种形式；而检察机关的司法解释一般采用“解释”“规则”“规定”“批复”“决定”等形式。[①] 二是援引方式不同。检察人员在办案件时对于指导性案例是参照适用，并且可以引述相关指导性案例进行释法说理，但是不得将指导性案例作为案件处理决定的直接依据；而司法解释可以在检察机关的起诉书、抗诉书、检察建议等法律文书中援引，只是需要注意援引司法解释之前应当先援引法律。[②] 三是适用方法不同。指导性案例强调案件之间的事实比照，以此判断能否参照适用，而司法解释则一般注重从条文到事实的推演，采用的是三段论式的法律演绎方法。

四、检察指导性案例与审判指导性案例

我国的指导性案例不仅包括法院判决的审判案例，也包括检察机关办案中形成的检察案例，两者存在密切联系。一是在本质属性上，两者实质上都是司法机关开展司法活动的生动反映，是将抽象的法律条文转变为形象、具体行为规范的一种表现形式。案例制度的构建能够一定程度上克服成文法弊端、破除司法窘境，也是顺应新时代司法改革的应有之义。二是在功能价值上，检察指导性案例与审判指导性案例都同样具有统一法律适用标准、实现司法公正的价值。以指导性案例为例，无论是检察指导性案例还是审判指导性案例，都明确规定了“应当参考”的法律效力。三是在

---

① 根据《最高人民检察院司法解释工作规定》（2015 年修订）第六条规定，司法解释采用“解释”“规则”“规定”“批复”“决定”等形式，统一编排最高人民检察院司法解释文号。对检察工作中如何具体应用某一法律或者对某一类案件、某一类问题如何应用法律制定的司法解释，采用“解释”“规则”的形式。对检察工作中需要制定的办案规范、意见等司法解释，采用“规定”形式。对省级人民检察院（包括解放军军事检察院、新疆生产建设兵团人民检察院）就工作中具体应用法律问题的请示制定的司法解释，采用批复的形式。修改或者废止司法解释，采用“决定”的形式。

② 参见《最高人民检察院司法解释工作规定》（2015 年修订）第五条规定。

原则要求上，两者都必须符合合法性、有效性、典型性的特点，即案例体现的内容必须合法，同时案例必须是经过严格审核的高质效产物，而且必须具有事实认定、证据采信、法律适用、程序规范等方面的借鉴价值。

检察指导性案例与审判指导性案例最大的差异在于检察案例独有的监督性。[①] 我国《宪法》第一百三十四条规定，“中华人民共和国人民检察院是国家的法律监督机关”，这是我国检察机关检察权运行的来源。《中共中央关于加强新时代检察机关法律监督工作的意见》指出，人民检察院是国家的法律监督机关，是保障国家法律统一正确实施的司法机关，是保护国家利益和社会公共利益的重要力量，是国家监督体系的重要组成部分，在推进全面依法治国、建设社会主义法治国家中发挥着重要作用。检察案例的重心应聚焦法律监督主责主业，充分体现法律监督工作的规律和特点。审判案例则主要围绕法院审判权的运行而展现。

此外，检察指导性案例在体例上更注重体现检察履职情况。2019 年 3 月 20 日，修订后的《最高人民检察院关于案例指导工作的规定》正式将检察履职情况作为指导性案例的重要内容。从第十批指导性案例开始，最高人民检察院对指导性案例体例进行了调整，专门增设检察履职的相关内容，较为完整地展现检察履职的过程、特色和贡献，既为一线办案提供参考，又充分宣传推介检察工作。而审判指导性案例建立在法院审理、裁判案件的基础之上，主要侧重于法院审理案件如何认定事实、采信证据、适用法律，从而作出裁判的过程。

---

① 参见刘宝霞:《检察案例指导制度探讨——基于审判案例指导制度视角的考量》，载《人民检察》2012 年第 12 期。

第三节　检察案例的类型

一、按效力层级分类

（一）指导性案例

检察指导性案例，是指由最高人民检察院根据特定程序发布的，在司法办案过程中具有参照适用效力的案例，在所有的检察案例中效力层级最高。检察指导性案例既是一线检察官司法办案之需，也是司法办案工作政治性和业务性紧密结合的最好体现，更是检察机关履行法律监督职责最直观鲜活的“法治产品”。对于指导性案例效力的论述，理论界出现了诸多不同观点。[①] 但《最高人民检察院关于案例指导工作的规定》（2019年修订）第十五条第一款明确规定：“各级人民检察院应当参照指导性案例办理类似案件，可以引述相关指导性案例进行释法说理，但不得代替法律或者司法解释作为案件处理决定的直接依据。”这意味着，检察指导性案例效力为“应当参照”，对于检察人员办理同类案件有较强的约束力。各地检察机关在参照适用检察指导性案例上开展了积极探索，出台了很多具有参考意义的适用文件。以江苏为例，江苏省人民检察院于2020年9月印发了《江苏省检察机关加强指导性案例应用的工作办法》，对于适用指导性案例亦有明确规定：“最高人民检察院已发布的指导性案例，全省各级检察院办理相同或类似案件时，应当参照适用。适用时可以引述进行释法说理，但不得代

---

① 理论上主要有三种不同的观点：第一种观点认为，指导性案例的效力应当界定为“指导”，认为指导性案例不具有正式的法律效力，不属于正式的法律渊源，对于司法者处理同类案件时不仅仅是参考作用，而是应具有“事实上的约束力”。第二种观点立足于英美法系和大陆法系趋于融合的趋势，主张建立起“中国特色的判例制度”。第三种观点主张将指导性案例规定为一种新的司法解释，建立以判例为主要形式的司法解释体系。参见万春:《检察指导性案例效力研究》，载《中国法学》2018年第2期。

替法律或者司法解释作为案件处理的直接依据。”

（二）典型案例

司法实践中，检察机关还经常通过发布典型案例的方式指导司法办案，典型案例与指导性案例相比，在发布主体、发布程序、撰写体例、指导效力等方面均存在差异。首先，典型案例的发布主体可以是最高人民检察院的各业务部门，也可以是省级检察机关；而指导性案例的发布主体只能是最高人民检察院[①]。其次，典型案例的发布程序要求相对灵活，一般由各级院检察长或分管检察长直接签发即可发布，或者经过检察委员会讨论后发布；而指导性案例的发布程序较为严格，先由省级检察机关推荐报送，经过最高人民检察院依据规定程序进行修改、审核，提交至检察委员会审议，审议通过后由检察长签发，最后才能予以发布。再次，典型案例的撰写体例没有明确规定，可以根据不同业务实际需求灵活设计，比如，部分典型案例不需要撰写关键词、要旨，直接从案件基本情况开始撰写，而指导性案例有固定的体例要求。最后，虽然没有相关规范性文件明确赋予典型案例的效力，但一般认为典型案例的效力次于指导性案例，在强化上级检察机关监督指导下级检察机关工作、统一法律适用、弥补司法解释等方面具有参考价值，但是对参照适用没有明确要求。

（三）参考性案例

参考性案例，是指省级人民检察院通过编发案例对下级人民检察院的办案工作进行指导所编发的案例，设区的市级人民检察院、基层人民检察院编发的案例一般不得称为参考性案例。目前，参考性案例大致有三种形式：一是省级人民检察院单独发布的参考性案例；二是省级人民检察院会同省高级人民法院共同发布的参考性案例；三是实施区域协调发展的省级

---

① 参见《最高人民检察院关于案例指导工作的规定》（2019 年修订）第十四条规定。

人民检察院之间联合发布的参考性案例。与典型案例相似，参考性案例的效力次于指导性案例，司法人员在办理类似案件时“可以参考”，但不得作为案件处理决定的直接依据。在撰写体例上，参考性案例一般参照最高人民检察院指导性案例的体例。

二、按功能作用分类

有观点认为，可以根据检察指导案例功能定位和发挥作用方式的不同，将检察指导案例区分为重申规则、解释法律、指导工作三种类型。[①] 此外，根据《最高人民检察院关于案例指导工作的规定》（2019 年修订）第二条规定，指导性案例应当符合的条件之一为“在事实认定、证据运用、法律适用、政策把握、办案方法等方面对办理类似案件具有指导意义”。综合检察指导性案例发布情况，可以根据功能作用不同将检察指导性案例分为重申规则型、法律适用型、政策宣传型、工作指导型四类。

（一）重申规则型案例

顾名思义，此类案例是在遵循立法目的的前提下，对原本法律规定较为模糊或者较为概括的法律规则予以申说与明确，主要是对相关法律概念予以重新申明或者界定，内容上会采用“……是指……”“……是……的行为”或者“……应认定为……”“……属于……”等之类的表述。例如，李丙龙破坏计算机信息系统案（检例第 33 号）要旨部分直接表述为：“以修改域名解析服务器指向的方式劫持域名，造成计算机信息系统不能正常运行，是破坏计算机信息系统的行为。”该案例对行为人使用恶意代码修改目标网站域名解析服务器，目标网站域名被恶意解析到其他 IP 地址，无法正常发挥网站服务功能，认定为实质是对计算机信息系统功能的修改、干扰，符合《刑法》第二百八十六条第一款“对计算机信息系统功能进行删除、修

① 参见万春：《检察指导性案例效力研究》，载《中国法学》2018 年第 2 期。

改、增加、干扰”的规定。同样，张四毛盗窃案（检例第37号）要旨部分表述“网络域名具备法律意义上的财产属性，盗窃网络域名可以认定为盗窃行为”。该案例中明确了两个规则：一是网络域名具备法律意义上的财产属性，盗窃网络域名可以认定为盗窃行为；二是对于网络域名的价值，当前可综合考虑网络域名的购入价、销赃价、域名升值潜力、市场热度等综合认定。该案例对盗窃行为并不是简单地进行解释，而是将某种新类型行为归纳到现有的法律概念范围中，有助于确定某种新类型行为是否属于特定的法律概念范围，有助于检察官办案时对相关法律概念进行清晰界定。

（二）法律适用型案例

法律适用型案例，是指司法人员将具体的法律规则运用到已认定的案件事实中从而作出处理决定的案例。从检察机关已发布的指导性案例来看，法律适用型的案例占比较高，具体有两种类型：一是案件在法律适用、具体条文选择等方面存在一定分歧。如李泽强编造、故意传播虚假恐怖信息案（检例第9号），对于编造、故意传播虚假恐怖信息罪这一选择性罪名的具体适用予以了明确。如果编造恐怖信息以后，严重扰乱社会秩序的，要按照不同的对象作出区分和选择：向特定对象散布的，构成编造虚假恐怖信息罪；向不特定对象散布的，构成编造、故意传播虚假恐怖信息罪。二是由于法律本身具有不周延性，当社会生活出现新事物、新行为时，现行的法律难以及时对新类型案件予以规范，此类案例则很好地发挥出对法律的补充功能，帮助司法办案人员解决新类型案件的法律适用问题。如孙建亮等人生产、销售有毒、有害食品案（检例第14号），明确将以盐酸克伦特罗（瘦肉精）养殖供人食用的动物并出售的行为认定为生产、销售有毒、有害食品罪。

（三）政策宣传型案例

政策宣传型案例一般围绕社会热点问题，通过检察案例的形式向社会宣示相关法律法规内容和政策，实现法治宣传、检察工作宣传的目的。最高人民检察院已经发布的部分指导性案例具有鲜明的政策性，如第十六批指导性案例主题是“落实乡村振兴战略、彰显涉农检察力量”，体现检察机关服务保障党和国家工作大局的决心和作为。其中，南京百分百公司等生产、销售伪劣农药案（检例第62号），通过具体案例，明确未取得农药登记证的企业或者个人，借用他人农药登记证、生产许可证、质量标准证等许可证明文件生产、销售农药，使生产遭受较大损失的行为，构成生产、销售伪劣农药罪。对于农业生产过程中的类似违法犯罪行为，起到有力的威慑作用，有助于保护农民合法权益，充分发挥了宣传教育作用。

此外，最高人民检察院在2020年2月至4月间发布了十批涉疫情典型案例，这是检察机关在特殊时期针对人民群众最为关注的社会问题，通过发布典型案例的方式，及时、有效地为司法机关办案中遇到的疑难问题提供指导，也对社会公众起到普法宣传和警示作用。

（四）工作指导型案例

工作指导型案例是通过总结检察工作的新理念、新方法，用于指导检察机关开展工作。以公益诉讼检察案例为例。2015年7月1日，十二届全国人大常委会第十五次会议审议通过《关于授权最高人民检察院在部分地区开展公益诉讼试点工作的决定》，授权最高人民检察院在生态环境和资源保护、国有资产保护、国有土地使用权出让、食品药品安全等领域开展公益诉讼试点工作。为深入推进改革试点，最高人民检察院围绕公益诉讼主题发布了第八批指导性案例，总结检察机关提起公益诉讼的特点和规律，加大检察机关提起公益诉讼的工作力度，为建立具有中国特色、符合检察职能特点的公益诉讼制度进行有益探索。之后，随着检察机关公益诉讼职责被明确写入民事诉讼法、行政诉讼法，为了更好履行这一新职能，最高人民检察院又围绕公益诉讼主题发布了第十三批指导性案例，回应了实践中如何判断行政机关依法全面履职、如何根据行政成本较小原则提出检察建议、英烈保护民事公益诉讼如何履行诉前程序等疑难问题，是检察机关开展公益诉讼业务工作的重要参考。[①] 以盛开水务公司污染环境刑事附带民事公益诉讼案（检例第86号）为例，检察机关通过办理环境污染类民事公益诉讼案件，充分考虑生态修复需要以及综合评估被诉单位的财务状况、赔偿意愿等情节，创新运用现金赔偿、替代性修复等方式，为民事公益诉讼办案提供了新思路、新方法，发挥了有效的指引作用。

三、按业务类型分类

从已发布的指导性案例情况看，检察指导性案例涵盖了“四大检察”所有业务类型。刑事检察业务指导性案例，包括虚假恐怖信息犯罪、网络犯罪、职务犯罪、金融犯罪、侵犯知识产权犯罪、食品安全犯罪、生产安全犯罪等不同罪名案例以及涉及刑事核准追诉、刑事申诉等具体业务类型案例。民事检察指导性案例，包括民事生效裁判监督、虚假诉讼监督、民事执行监督、民事支持起诉等业务类型。行政检察指导性案例，包括行政非诉执行监督、行政争议实质性化解、行政检察类案监督等业务类型。公益诉讼检察指导性案例，包括行政公益诉讼、民事公益诉讼、刑事附带民事公益诉讼等业务类型。

除此之外，最高人民检察院各业务部门还结合具体业务工作发布不同主题的典型案例，如2024年3月8日，最高人民检察院发布了《民事检察促进民营经济发展壮大典型案例》，就是契合了服务和保障民营经济发展的现实要求，充分发挥民事检察监督职能，引导各级检察机关高质效办理涉民营企业案件，依法平等保护市场主体产权和合法权益。

---

① 参见张杰：《检察指导案例理论与实践》，中国检察出版社2021年版，第180页。

第二章　检察案例的定位、功能价值与工作要求

第一节　检察案例的定位

党的十八届四中全会通过的《中共中央关于全面推进依法治国若干重大问题的决定》明确提出，“加强和规范司法解释和案例指导，统一法律适用标准”。《法治中国建设规划（2020—2025年）》进一步提出，“加强和完善指导性案例制度，确保法律适用统一”。《中共中央关于加强新时代检察机关法律监督工作的意见》明确提出：“人民检察院落实‘谁执法谁普法’普法责任制，及时发布指导性案例和典型案例，加强法律文书说理和以案释法……促进全社会法治观念养成。”党中央的一系列重要决策部署，对检察案例工作作出了全面部署，提出了明确要求，为检察机关开展案例工作提供了方向指引。

检察机关的案例指导制度，是根据法律明确规定赋予最高人民检察院特定的司法职权而确立的司法制度，是具有中国特色的社会主义司法制度的组成部分，是新时代检察工作高质量发展的重要支撑。案例各行各业都有，但发布指导性案例是法律明确规定赋予最高司法机关的专有职权。《人民检察院组织法》第二十三条规定，最高人民检察院可以发布指导性案例。这说明立法上已经明确，最高人民检察院发布指导性案例，是作为最高司法机关行使司法权的体现，本质上是办案工作的延续。指导性案例不同于经济管理、社会生活其他方面泛泛意义上的案例，是对行使检察权的办案工作进行指导，对检察办案工作中形成的规律、规则的分析、提炼、总结，

具有司法性和专业性。正因为如此，指导性案例必须经过最高人民检察院检察委员会这一最高业务决策机构审议通过，并在《最高人民检察院公报》和最高人民检察院网站正式发布，才能生效。商业管理及社会生活中总结的各种案例，包括检察工作中对司法行政等事务总结编发的案例，虽然也是运用案例普及知识、推广经验、推动工作或警醒世人，但这种案例，可以称为典型案例、案例总结、案例分析，与法律规定具有司法权行使性质的最高人民检察院、最高人民法院指导性案例具有本质区别。①

第二节　检察案例的功能价值

检察案例的功能价值关系到整个案例制度的具体设计及其运行模式与实效。《最高人民检察院关于案例指导工作的规定》（2019 年修订）指出："加强和规范检察机关案例指导工作，发挥指导性案例对检察办案工作的示范引领作用，促进检察机关严格公正司法，保障法律统一正确实施。"最高人民检察院高度重视案例指导工作，赋予检察指导案例统一法律适用标准、加强对下业务领导、指导检察工作开展等新时代使命。② 据此，可以从保障法律统一正确实施、强化检察一体化运行、引领社会法治精神、提升检察官专业素能四个方面展开阐述，以窥检察案例功能价值的全貌。

一、保障法律统一正确实施

指导性案例具有填补法律和司法解释"空白"，澄清法律适用疑难的特殊功能，为办理同类案件确立了参照标准，有利于指导和规范办案活动，

① 参见万春：《最高人民检察院指导性案例的发展历程和创新完善》，载《国家检察官学院学报》2019 年第 5 期。

② 参见张杰：《检察指导案例理论与实践》，中国检察出版社 2021 年版，第 64 页。

统一司法尺度和法律适用标准，使较为原则的法律规范得以具体化、明确化，最大限度减少“同案不同处”。造成法律不统一的原因是多方面的，但最深层的原因还是制定法的自身局限性使然。“法律是一个没有漏洞的完美体系”的教条已经破灭，法律中充满了漏洞，它的表现就是法律所包含的诸多不确定的法律概念与概括条款。[①] 表面上存在着完整的法律规范，事实上却需要法院在个案中再行“加工”或“具体化”。不对法律规范进行解释，后者就无法适用。[②] 制定法的局限性主要表现为缺乏平衡性、周延性、应变性以及灵活性，“这些局限性是由立法客体对立法者的制约、立法者本身认识的局限性和作为法律载体的语言的局限性所决定的”，“如果有一组案件所涉及的要点相同，那么各方当事人就会期望有同样的决定。如果依据相互对立的原则交替决定这些案件，那么这就是一种很大的不公。如果两个案件都一样，每个人就会感受到这种感情的力量”。[③] 既然法律不统一的问题根源于制定法的局限性，显然不能再单独依靠成文形式的司法解释来解决这一问题。而且我们也知道，司法解释在运行过程中已经出现了种种弊端。指导性案例正是以承办人亲历案件办理的独特优势来弥补抽象解释的弊端，从而成为检察机关实现统一法律适用的重要方式。它的优势就在于其能够借助具体鲜活的案例，协调统一法的普遍性与特殊性、稳定性与适应性、确定性与灵活性、抽象性与具体性、相似性与差异性之间的冲突甚至矛盾。案件的争议点是联结办案与指导性案例之间的桥梁。

---

① 参见 Vgl.Heinrich Kruse, Das Richterrecht als Rechtsquelle des innerstaatlichen Rechts, Tübingen: Mohr,1971,S.7. 转引自雷磊:《指导性案例法源地位再反思》，载《中国法学》2015 年第 1 期。

② 参见 Vgl.Heinrich Kruse, Das Richterrecht als Rechtsquelle des innerstaatlichen Rechts, Tübingen: Mohr,1971,S.7. 转引自雷磊:《指导性案例法源地位再反思》，载《中国法学》2015 年第 1 期。

③ 参见［美］本杰明 · 卡多佐:《司法过程的性质》，苏力译，商务印书馆 2010 年版，第 18 页。

另外，由于我国经济社会发展水平不一、司法人员的专业能力差异较大等原因，司法实践中“同案不同处”甚至处理结果大相径庭的情况时有发生，影响司法公信。尤其是当前我国正处在经济发展、社会结构深刻调整和变革的转型期，重大疑难复杂案件不断增多。在新一轮以落实司法责任制为核心的司法体制改革背景下，检察官成为检察机关司法办案的主体，依法承担“谁办案谁负责、谁决定谁负责”的司法责任，这对办案水平和办案质量提出了更高要求。人民检察院建立案例指导制度，可以通过发布检察机关在履行法律监督职责过程中容易发生执法偏差、群众反映比较强烈的案例，为检察机关处理类似案件提供指导和参考，保障法律统一正确实施，规范检察权运行。

二、强化检察一体化运行

最高人民检察院领导地方各级人民检察院和专门人民检察院的工作，上级人民检察院领导下级人民检察院的工作。地方各级人民检察院对产生它的国家权力机关和上级人民检察院负责。这是中国特色社会主义检察制度的重要特征，是检察机关依法独立行使检察权的体制保障。指导性案例是最高人民检察院对下开展工作领导和业务指导的重要方式，是各级人民检察院加强对下级人民检察院工作领导的重要媒介，对于增强法律监督的整体合力，推动检察工作高质量发展，具有十分重要的意义。

（一）指导性案例是检察机关实现对下业务领导的重要方式

实践中，最高人民检察院通过司法解释对下级检察机关办案进行业务领导，依托司法责任制与纠错机制实现事后监督。从我国检察业务实践来看，上级检察机关的案件指导主要分为个案指导、类案指导和考评指导。[①]

① 参见沈曙昆、王玄玮、王云红:《检察机关司法责任制与案件指导关系》，载《人民检察》2017 年第 4 期。

各级检察机关根据规定，在对下业务指导时，主要通过个案请示、汇报、督查等方式进行个案的监督指导，难免会出现各地标准的不一、存在差异的情况。案例指导制度是以指导性案例为载体，致力于实现统一法律适用的目的，维护司法公正。[①] 指导性案例通过提炼规则，以个案办理、公开发布、规则提炼等对下级检察机关办案的事前指引，实现对类案办理的有效指导，一定程度上填补了司法解释指引的抽象与事后监督的缺憾，同时也便于在全国范围内统一标准，促进司法的公正性与统一性。

《最高人民检察院关于案例指导工作的规定》（2019 年修订）第一条将案例指导工作的功能，定位为“发挥指导性案例对检察办案工作的示范引领作用”。运用指导性案例开展对下指导，有利于解决上级院对下指导能力不足的问题。如《刑法》第二百二十三条串通投标罪中的“串通投标”是否包括串通拍卖，实践中有不同观点。最高人民检察院通过发布许某某、包某某串通投标立案监督案（检例第 90 号），明确释明串通拍卖不属于串通投标，进一步划定了罪刑法定原则下的“串通投标”的行为边界，为类案办理提供了规则指引。检察机关遵循法治原则与法律精神，通过个案的办理形成办案规则，为相应司法解释的出台提供实践素材。又如，最高人民检察院发布的马乐利用未公开信息交易案（检例第 24 号），该案是对《刑法》第一百八十条第四款细化解释，提炼的规则更被载入《最高人民法院、最高人民检察院关于办理利用未公开信息交易刑事案件适用法律若干问题的解释》中，更明确了对刑法中同样规定“犯前款罪”采取体系解释方法。再如，最高人民检察院发布的朱炜明操纵证券市场案（检例第 39 号）对“抢帽子”交易符合目的解释的规则，被立法正式确认。

---

① 参见杨知文:《非指导性案例的“指导性”与案例指导制度的发展》，载《清华法学》2021 年第 4 期。

（二）指导性案例是检察机关一体履职、综合履职的有效载体

党的二十大报告强调，深化司法体制综合配套改革，全面准确落实司法责任制，加快建设公正高效权威的社会主义司法制度，努力让人民群众在每一个司法案件中感受到公平正义。着眼于落实党中央决策部署，最高人民检察院强调："新征程上推动'四大检察'全面协调充分发展，要坚持依法一体履职、综合履职，真正做到既敢于监督、善于监督，又依法监督、规范监督。"全面加强检察机关法律监督这一主责主业，必须实现检察工作理念、体系、机制、能力的现代化，高质效履职推动"四大检察"融合发展，是高质效办好每一个案件的重要途径，是检察工作现代化的基本内涵，是推动新时代检察工作高质量发展的战略性构想，意味着检察机关正在依法构建履职方式的新理念、新路径、新模式。检察工作的一体化思维，不仅是作为组织原则的检察一体化原则及其背后的普遍规律性在检察工作中的反映，还是我国检察机关在自身工作及其功能性的追寻中形成的共同认识。

最高人民检察院通过制发指导性案例的方式，针对实践中各地检察机关不知、不解、不敢主动融入变革的畏难情绪，提供检察一体化履职的方向标，形成统一的工作思路。如第四十二批至第四十七批指导性案例中，案件的关键词中屡屡出现"检察一体化""综合履职""专项监督""社会治理""综合保护"等字样，类似这样的刑事、民事、行政、公益诉讼"四大检察"并行一体履职、综合履职案件，在检察护企、检护民生领域越来越常见，向社会各界全面地展现了"四大检察"的工作职能和工作特点，彰显了检察机关履职方式近年来的深刻变革，努力推动"四大检察"全面协调充分融合发展。以最高人民检察院督促整治万峰湖流域生态环境受损公益诉讼案（检例第 166 号）为例，该案是最高人民检察院直接立案办理的第一起公益诉讼案件，首次采用"一批次一案例"的形式发布指导性案例。面对生态环境污染的跨流域治理的现实困境，跨区域生态环境公益损害的立案管辖不明问题，最高人民检察院以个案的办理为契机，采用检察一体

化办案模式，一体解决跨区域调用检察人员与交办、指定管辖的程序问题，对省级以上检察院直接办理生态环境和资源保护领域的公益诉讼案件、检察一体化办案模式的运用起到示范引领作用，有效确立了检察一体化的办案规则与履职导向。指导性案例体现了检察机关多年来改革取得的成效。检察机关发布的指导性案例涉及检察机关的“四大检察”，这一合理布局为检察一体化运行提供实践引领。

三、引领社会法治精神

司法是公平正义的最后一道防线，它肯定什么、否定什么、支持什么、反对什么，代表的是一种导向，具有普遍的规范和教育意义。检察案例不仅能为司法办案提供指引，还能弘扬社会主义法治精神，使全体人民都成为社会主义法治的忠实崇尚者、自觉遵守者、坚定捍卫者。

一方面，检察机关制发案例，是以司法公开适应现代司法民主化、提升司法公信的基础，把党中央的要求、党和国家的司法政策、法律的要求、检察机关的履职作为，通过更加鲜活的形式展示出来，传导给全社会。中央对“谁执法谁普法”提出明确要求，检察机关结合办案开展普法，是一项重要工作内容。我国的检察案例指导制度并不是要创设新的法律，也不是通过案例修改立法，而是在现有法律的框架范围内用案例的形式对成文法给予进一步的补充和明确。因此，检察案例指导制度是以一种合适的方式对刑法、刑事诉讼法、民法、民事诉讼法等法律进行适用，它只能完全服从于法律，无法实现突破，即检察案例指导制度须服从法律、注解法律，在现有法律之内以案释法。[①] 检察机关发布指导性案例，有利于展示检察工作的理念、原则和具体办案程序，利用案例的影响性、故事性，传递检

① 参见周光权：《检察案例指导制度：透视与建议》，载《人民检察》2013 年第 16 期。

察好声音，讲述检察好故事，以实际案例让公众了解，支持检察工作，落实“谁执法谁普法”的普法责任制。

另一方面，人民群众通过对案例的学习和领会，能够知道什么该做什么不该做，起到预防违法犯罪的作用，同时还可以了解维护自身权利的法律途径，增强尊法学法守法用法意识。随着我国经济社会的快速发展，社会主要矛盾转化，人民群众对民主、法治、公平、正义、安全、环境等方面的需求更高，这些都越来越多地体现在检察机关办理的各类案件上。通过发布案例，把法律确定的行为规则更直观地展示出来，提供行为指引，既有利于维护社会和谐稳定，有效化解和消除社会管理中的矛盾和纠纷，也有利于把经济社会发展要求的政策导向，以司法个案的形式更好地让大家理解、接受，有利于当事人对类似案件结果产生合理预期，提升司法公信力。这些案例，作为从检察机关办理的浩如烟海的案件选拔出的佼佼者，是对司法经验和智慧的积累和传承，也为案件的当事人、律师和普通民众理解相关法律、预测案件走向提供便利。

比如，最高人民检察院围绕正当防卫主题发布第十二批指导性案例，包括陈某正当防卫案、朱凤山故意伤害（防卫过当）案、于海明正当防卫案、侯雨秋正当防卫案四件指导性案例。四件指导性案例不仅直接指导了后续一系列案件的公正办理，让正当防卫“挺直了腰杆”，而且使“法不能向不法让步”的观念日益深入人心，起到了昭彰正义、匡正风气的良好社会效果。①

当时，“昆山反杀案”等涉正当防卫案件引发社会广泛关注，起因虽是孤立个案，但反映了新时代人民群众对民主、法治、公平、正义、安全的普遍诉求。明确正当防卫的界限标准，回应群众关切，是当前司法机关一

① 参见童建明:《以习近平法治思想为指引开创检察案例指导工作新局面》，载《检察日报》2021 年 7 月 15 日，第 1 版。

项突出和紧迫的任务。最高人民检察院在总结近年来检察机关办理的涉及正当防卫的典型案件的基础上，针对执法司法中的难点，回应人民群众关心关注的热点，选取了四个正当防卫不批捕、不起诉、撤销案件以及认定防卫过当的案件，作为指导性案例予以发布。

指导性案例发布之前，实践中对正当防卫的认定存在诸多分歧。尽管为了制止犯罪分子的不法侵害，保护公民的合法权利，我国1979年刑法就对正当防卫不负刑事责任作出了明确规定。1997年刑法针对实践中正当防卫是否过当界限不好把握，影响公民行使正当防卫权的问题，一方面放宽了“防卫过当”的条件，规定正当防卫“明显”超过必要限度造成“重大损害的”，才是防卫过当。另一方面，增加规定了“特殊防卫”，即“对正在进行行凶、杀人、抢劫、强奸、绑架以及其他严重危及人身安全的暴力犯罪，采取防卫行为，造成不法侵害人伤亡的，不属于防卫过当，不负刑事责任”。我国《民法总则》也规定，对正当防卫造成损害的，不承担民事责任。但总的来看，受执法司法理念、环境等影响，立法设计正当防卫的初衷在司法实践中并未得到充分实现。但由于法律规定比较原则，认定正当防卫行为，需要同时具备起因、时间、对象、限度等要件，而每个要件涉及很多具体问题，实践中正当防卫尺度很难把握，各地司法机关的认定和裁判标准不统一。有的认定正当防卫过于苛刻，往往是在“理性假设”的基础上，苛求防卫人作出合理选择，尤其是在致人重伤、死亡的案件中，大多倾向于认定防卫过当、故意伤害甚至故意杀人；有的作简单化判断，以谁先动手、谁被打伤为准，没有综合考量前因后果和现场的具体情况；有的防卫行为本身复杂疑难，在判断上认识不一，分歧意见甚至旗鼓相当、针锋相对，这个时候司法机关无论作出什么样的认定，都易于受到不同方面的质疑。

第十二批指导性案例一经发布便获得了社会的广泛关注，向人民群众昭明了正当防卫是法律赋予公民的基本权利，是与不法行为作斗争的重要手段。该批指导性案例将个案置于天理国法人情之中综合考量，弥补了民意与立法的现实沟壑，在公众舆论的聚焦下，进一步放大了个案的社会价值。同时，通过正当防卫制度鼓励“以正对不正”，进一步惩恶扬善，弘扬正气，保护见义勇为，向社会释放正能量。正当防卫并非一般意义上的“以暴制暴”，而是法律鼓励和保护的正当合法行为。如果在事实和价值上作出不利于正当防卫人的选择和认定，不仅难以警示恶意滋事者，更会在未来让公民不敢行使正当防卫权，还会导致公民面对凶残暴徒时畏手畏脚。该批指导性案例破除了这种错误认识，告诉民众司法肯定什么、否定什么、支持什么、反对什么，具有普遍的规范和教育意义，即允许正当防卫人对不法侵害人造成一定损害，甚至可以致伤、致死，不仅可以有效震慑不法侵害人甚至潜在犯罪人，而且可以鼓励人民群众勇于同违法犯罪作斗争，彰显“法不能向不法让步、正义不能向不正低头”的价值取向。检察机关既是社会主义法治建设的重要力量，也是推进社会主义核心价值观融入法治建设的重要参与者和实践者。第十二批发布的四个指导性案例虽然案情不同、阶段不同、特点不同，但有一点是相同的，那就是通过检察机关的办案实践，把社会主义核心价值观融入办案过程，使司法活动既遵从法律规范，又符合道德标准；既守护公平正义，又弘扬美德善行，最终实现“法、理、情”的统一。[①]

四、提升检察官专业素能

检察指导性案例侧重于在司法实践中总结规律，既可以体现司法实践中检察机关对法学理论的理解和灵活运用，也是通过检察办案对理论进行丰富和拓展。比如，最高人民检察院发布的公益诉讼指导性案例，先后就

---

① 参见周颖:《最高人民检察院第十二批指导性案例解读》，载《人民检察》2019年第2期。

公益诉讼双方调解、英烈名誉权保护、环境公益损害认定等问题作了明确，丰富了公益保护中国方案，也为司法理论研究提供了实践样本。

可见，学习研究检察指导性案例、典型案例，有助于提升检察官总结、积累参照案例解决实践疑难问题的意识和思维，增强综合分析判断能力和释法说理能力。参照适用案例的过程，本质上是一种案件比较的过程，通过案件到案件的推理，实现从特殊到一般再到特殊的法学研究方法。同时，案例作为法律与实践结合的产物，既是司法经验与智慧的结晶，又是联结实践与理论、问题与规则的桥梁。案例指导的本质是对办案经验的总结推广。运用案例的方法推进工作，实际上是在案件办结后，以一种“反刍”的态度对办案工作进行反思总结，案例指导就是推动各级人民检察院检察官以一种“解剖麻雀”的工匠精神，将典型案例放在显微镜和聚光灯下，予以全面的解剖、分析、总结，必然能发现很多办案过程中没有注意到的不足，同时有助于总结办案中的经验，明确今后工作的方向。尤其是最高人民检察院发布的指导性案例，均经过反复筛选、认真讨论，是“精品中的精品”，且案例发布后，最高人民检察院相关的业务厅负责人一般均会作专题解读，这些都是帮助检察官规范检察办案行为、积累检察业务经验、提升法律监督能力水平的绝佳教材。

第三节　检察案例的工作要求

检察案例工作应当遵循哪些要求，目前理论界和实务界研究较少。检察案例指导制度是中国特色社会主义检察制度的重要组成部分，是新时代检察工作高质量发展的重要支撑。[①] 我们认为检察案例工作必须遵循讲政治和抓业务相统一、“三个效果”有机统一、秉持客观公正立场。

一、讲政治和抓业务相统一

习近平总书记指出，法治工作是政治性很强的业务工作，也是业务性很强的政治工作。最高人民检察院检察长应勇强调，要坚持从政治上着眼、从法治上着力，把讲政治与讲法治有机结合起来，把执行党的政策与执行国家法律统一起来，在法治轨道上维护稳定、促进发展、保障善治，以行动践行对党忠诚。[②] 检察案例工作中讲政治是具体的、实践的，应当体现在案例工作的全过程、落实到案例工作的各方面。

（一）检察案例应当充分体现检察机关落实党中央重大决策部署的创新做法和突出成效

检察机关是党绝对领导下的政治机关、司法机关和法律监督机关，肩负着服务保障大局的重任。党的重心工作推进到哪里，检察工作就应当跟进到哪里。检察办案是服务保障大局最直接、最有效的方式，最能体现检察机关的政治判断力、政治领悟力、政治执行力。做好检察案例工作，首要的就是把体现讲政治的好案例选编出来，推介出去，指导检察机关和检察人员站在政治高度认识和处理业务问题，准确把握好办案时机、办案方式。

比如，抓好“三农”工作，是历年来党中央高度重视、以“一号文件”进行部署的重点工作。但是在当前涉农检察工作中，非法侵占耕地、假农药、假化肥、假种子等传统犯罪仍然多发、高发，农村人居环境改善涉公益诉讼等新类型案件不断出现。对此，最高人民检察院发布以涉农检察为主题的第

---

① 参见童建明：《以习近平法治思想为指引开创检察案例指导工作新局面》，载《检察日报》2021 年 7 月 15 日，第 1 版。

② 参见应勇：《为大局服务　为人民司法　为法治担当　以检察工作现代化服务中国式现代化》，2023 年 7 月 19 日在国家检察官学院大检察官研讨班开班上的讲话。

十六批指导性案例，四件案例从不同的角度有效解决了涉农案件中设施农业和非农建设界限模糊、生产销售伪劣种子、农药的行为性质审查认定难、行政机关及职能部门在农村环境综合整治中违法行使职权或者不作为等问题，彰显了检察机关涉农检察的力量和作为。以刘强非法占用农用地案（检例第60号）为例，检察机关依法严惩假借发展设施农业之名，擅自或者变相改变农业用途，造成土地资源被大量非法占用和毁坏，严重侵害农民权益和农业农村的可持续发展的违法犯罪行为，是检察机关推进落实永久基本农田保护制度和最严格的耕地保护政策在司法办案中的表现，以保护农民权益、保障国家粮食安全，维护党和政府的公信力、维护社会和谐稳定。

再如，党的十九届四中全会明确提出社会治理是国家治理的重要方面，必须加强和创新社会治理。党的十九届五中全会对加强和创新社会治理提出了新要求，指出“十四五”时期，实现经济社会高质量发展，全面建设社会主义现代化国家，要实现“社会治理特别是基层社会治理水平明显提高”。最高人民检察院及时发布了以“检察机关依法履职促进社会治理”为主题的第二十三批指导性案例。该批指导性案例涉及的企业创新、长江经济带保护、扫黑除恶专项斗争、未成年人保护、供水安全等，都是社会各界比较关注的热点问题。五件案件体现了检察机关依托司法办案促进社会治理创新，具有独特优势，在助力国家治理体系和治理能力现代化建设中发挥重要作用，不仅要实现案结事了人和，还要通过办案发现并推动解决社会治理中的问题，促进社会治理创新。[①] 如刘远鹏涉嫌生产、销售“伪劣产品”不起诉案（检例第85号）中，检察机关在案件办理后推动地方市场监督管理部门层报国家市场监督管理总局，就“智能平板健走跑步机”类产品的名称、宣传、安全标准等方面提出了规范性意见。盛开水务公司

① 参见刘晖、张杰:《最高人民检察院第二十三批指导性案例解读》，载《人民检察》2021年第4期。

污染环境刑事附带民事公益诉讼案（检例第86号）中，检察机关在保障公共利益最大化实现的前提下，与被告达成现金赔偿与替代性修复相结合的调解协议，实现修复长江生态环境与保障企业经营发展的双赢效果。李卫俊等“套路贷”虚假诉讼案（检例第87号）中，检察机关结合案件办理，向人大常委会专题报告民事虚假诉讼检察监督工作情况，推动出台民事虚假诉讼法律监督工作情况的审议意见。北京市海淀区人民检察院督促落实未成年人禁烟保护案（检例第88号）中，检察机关积极开展公益诉讼工作，制发检察建议督促相关行政部门履职。黑龙江省检察机关督促治理二次供水安全公益诉讼案（检例第89号）中，检察机关向政府部门送达检察建议书，建议对城市二次供水安全隐患加强监督整改，保障居民用水安全。

（二）检察案例应当聚焦法律监督主责主业，充分体现检察机关在法治建设上的突出贡献

案例工作中只有紧紧抓住业务，才能把讲政治落到实处。如《中共中央关于加强新时代检察机关法律监督工作的意见》中，对加强包括行政检察在内的检察机关法律监督工作提出了更高要求，强调检察机关“在履行法律监督职责中开展行政争议实质性化解工作，促进案结事了”。据此，最高人民检察院针对履行行政检察监督职责中发现的“案结事不了”“程序空转”等突出问题，选编了某材料公司诉重庆市某区安监局、市安监局行政处罚及行政复议检察监督案等六件案例（检例第116—121号），并以行政争议实质性化解主题发布第三十批指导性案例。六件案例均为重大、复杂、影响大的案件。在案件类型上，山东省某包装公司及魏某安全生产违法行政非诉执行检察监督案是行政非诉执行监督案件（检例第119号），余下均是裁判结果监督案件。在案件领域上，六件案例涉及拆迁安置、棚户区改造、违建拆除、婚姻登记等老百姓重大利益，而这些案件的“程序空转”，使老百姓的问题得不到解决，人民群众反映强烈。该批指导性案例，要求各级检察机关常态化开展行政争议实质性化解工作，坚持以化解行政争议

为牵引，通过依法提出抗诉、再审检察建议维护当事人合法权益；对于法院裁判并无明显不当，但申请人诉求又具有一定正当性的，根据案件的实际情况，创造性运用公开听证、司法救助、释法说理以及促成关联民事争议达成和解等方式息诉罢访。可见，最高人民检察院通过该批案例要求检察机关行政检察部门运用法治的思维和法治的方式，认真贯彻落实党中央要求，践行以人民为中心的发展思想，促进依法履职担当，更加注重行政争议实质性化解，切实为群众办实事解难题。[①]

一般而言，检察机关的案例工作讲政治与抓业务是有机融合、相互促进的辩证关系，不可割裂二者的关系。检察案例工作作为检察工作的重要组成部分，讲政治和抓业务相统一是检察案例工作的应有之义。如 2022 年 1 月 24 日，最高人民检察院在《全国检察机关优秀侦查监督案例评选结果通报》中指出，案例是检察产品和法治产品的最重要体现之一，要把案例指导工作作为提升检察官政治、业务能力水平的重要内容来抓。

二、坚持政治效果、法律效果、社会效果有机统一

《最高人民检察院关于案例指导工作的规定》（2019 年修订）第二条规定，“指导性案例应当体现检察机关职能作用，取得良好政治效果、法律效果和社会效果”。所以，评价案例工作的基本方法和标准之一就是看案例的政治效果、法律效果和社会效果是否有机统一。

政治效果是指编发的案例全面贯彻落实总体国家安全观，有力保障国家安全和社会稳定，有效维护宪法法律权威，维护中国特色社会主义基本制度、基本理论和基本道路，切实服务保障党和国家的工作大局。法律效果是指编发的案例遵守了严格依法、公正司法的办案要求。案件是案例的

① 参见张相军、张步洪、刘浩：《检察机关推动行政争议实质性化解的一组样本——最高人民检察院第三十批指导性案例解读》，载《人民检察》2021 年第 20 期。

基础，作为指导性案例、典型案例编研的案件，基本的前提是严格依法。相关的案例应当体现检察机关坚持法治思维、法治方式，遵循法律规定和法治精神，把法律效果体现在检察办案的每一环节。社会效果是指编发的案例应当体现社会公众对检察办案过程和结论的认同，办案结果符合普通人民群众朴素的正义观和价值观。社会公众能够感受到司法的人文关怀和司法温度。这就要求相关案例在法律适用中能否把社会利益、社会价值作为重要因素进行科学的判断和衡量。

（一）法、理、情融合是“三个效果”在司法实践中的具体体现

具体到案例工作中，我们可以从天理、国法、人情是否融合的角度，考察编选的案件是否达到了“三个效果”有机统一，进而分析判断案件能否作为指导性案例、典型案例编研。一方面，司法机关办案中权衡天理、国法、人情是司法的应有之义。另一方面，通过编发法、理、情融合的案例，可以有效解决实务中只唯法条、循理用情不足的问题。概言之，通过案例工作要传达这样一种理念，即办案要有法律依据，这是底线。但是不能只有法律依据，还需要考虑天理与人情。理是常识、是规律，是老百姓心中“公认的道理”；情是同情、是共情、是老百姓“朴素的感情”。天理、人情是人民群众衡量司法公平正义的内在标尺。司法者要学会运用“情”与“理”对法律判断进行检验，在司法过程中尊重民众的朴素情感和道德诉求，在法律范围内最大限度地接近社会预期，反映社会的普遍正义观念。

（二）从“法”的角度，把握好案件办理和法律评价的关系

评价是法律的重要作用，当司法判决给予了一个行为“正当”与“不当”，“合法”与“非法”的评价，就是向社会昭示法律崇尚什么、贬斥什么、鼓励什么、禁止什么的过程。司法理念影响着司法行为方式，是整个司法活动的灵魂，对办案质效起到引领性、决定性作用。比如检察官在办理刑事案件中就应该把握好刑法总则与分则的关系。其中，刑法总则是规律性、方向性的，为罪与非罪、此罪与彼罪、重罪与轻罪、一罪与数罪提

供了概括性指导，是我们办理案件适用法律的“道”；刑法分则是“法”，是适用规则、法度；而适用刑法的方法论是“术”。“术”要符合“法”，“法”要基于“道”，如果一个行为虽然符合分则的构成要件，但不符合总则的指导思想，就不能想当然地将其认定为犯罪予以刑事处罚。我们要学会“以道统术”“以术得道”，在寻求“大道”中把牢正确方向、树牢正确理念，并在把握好“大道”的基础上正确适用法律、妥善开展工作。如在普通群众的心理认识上，一名妻子遭受强暴、自身受到凌辱的公民，在即将面临更加严重的暴力侵害时，下意识会选择拿起武器保护自身和家人利益。如果简单对照刑法法条、运用逻辑推导，就认定这一致施暴者死亡的行为系故意伤害，需要进行刑事处罚，则必然和社会朴素正义观相背离。这时就需要检察官往返于刑法总则和分则之间，在守住“不违法”底线的同时，作出更贴合人民群众普遍、朴素的正义感受、满足人民愿望和要求的处理。也可以说，正是一份份严谨的法律文书、一个个鲜活的案例在引导行为规范、维护社会秩序，让抽象的法律鲜活地呈现在生活之中。因此，在案例源头的办案环节，就应当考虑到个案办理对类案的参考借鉴作用，对当下甚至未来一段时期社会公众道德伦理、行为价值方式的指引和规范。

（三）从“理”的角度，考量案件办理是否背离了常识、常理

如春节期间一个村民把鞭炮丢到河里“炸鱼”，捕捞到6条小鱼，司法机关就把人抓起来，要追究其刑事责任。这样的案件其主观恶性有多大，是不是必须上升到刑法处置的层面？再如，一个人被小偷扒窃了随身财物，发现后其追赶小偷，小偷在逃跑过程中摔倒身亡，检察机关因此对失主以过失致人死亡提起公诉。如此定性办案当然会引起争议，引发社会的负面评价。因为不符合老百姓心中“公认的道理”。这些案件自然不能成为指导性案例、典型案例。同时，司法办案要取得良好的社会效果，绝不能脱离对传统文化的理解和把握。习近平总书记深刻指出：“中华优秀传统文化有很多重要元素，共同塑造出中华文明的突出特性。”传统文化是在历史发展

中逐步形成，蕴含着我国人民广泛的社会共识，与社会主义核心价值观高度契合。崇德向善、孝悌忠信、礼义廉耻等传统观念，影响着每个人的行为方式，直接决定了人民群众评判是非曲直的价值标准。

（四）从“情”的角度，考量案件办理是否生硬僵化

检察官首先是自然人、社会人，具有朴素的道德情感，但同时因为长期系统的思维训练，拥有法律人独特的正义观。有的检察官在办案中喜欢强调法律专业思维，但老百姓往往把是否符合“人情”作为衡量司法公平正义的内在标尺。如“酒驾救妻案”，夫妻二人都喝了酒，妻子突然晕倒。事发紧急，丈夫酒驾送妻子去医院救治，后在途中被查。这种案件，怎么办？酒驾构成违法犯罪，但救治亲人又在深夜且未造成交通事故，司法机关不同的处理方式既可能引起人民群众的“共情”，也可能引起负面“舆情”；又如，疫情形势严峻时期的盗窃，有的只是因为没有工作又无法回家，因而去偷一些面包，有的还是为了孩子偷食物，有的到药店偷少量的药品，是不是必须定罪判刑？这些案件自然不能成为指导性案例、典型案例。

实际上，这要求我们在检察工作中必须把自己摆进去，当情感与法律、民意与司法发生碰撞时，权衡法、理、情，在天理、国法、人情之间寻求统一，这样才能办出好案件，培育、编研出优秀案例。唯有此，才能让人民群众感受公平正义，实现“三个效果”的有机统一，厚植党的执政基础。这是每位检察官都应该有的责任感和情怀。唯有此，才能把案例工作做好、做到位。

三、秉持客观公正立场

检察官法规定了检察官履行职责，应当以事实为根据，以法律为准绳，秉持客观公正的立场。检察官客观公正立场是指检察官在履行法律监督职能时，以辩证唯物主义认识论为基础，遵循实事求是、调查研究、群众路线的思想方法与工作方法，以事实为依据、以法律为准绳、以人民为中心，

立足实体与程序并重、制裁与保护并重、效率与效果并重，正确认定事实和适用法律，坚持努力让人民群众在每一个司法案件中都感受到公平正义的政治站位与法律站位。[①] 客观公正立场是检察官司职履责的一项基本遵循，与人民群众对司法公平正义的现实要求高度契合，与我国检察机关作为国家法律监督机关的宪法定位高度契合，与检察制度的历史发展潮流高度契合，对于完善中国特色社会主义检察制度，维护保障人权，促进司法公正，彰显司法权威，具有重大现实意义与深远历史意义。[②] 案例工作是检察工作的重要组成部分，秉持客观公正立场应当贯穿案例工作始终。

（一）案件办理要客观公正

做好检察案例工作，办好案件是前提，高质量的案件是案例的源头活水。检察官秉持客观公正立场办案，应该遵循基本权利保护优先原则、刑法适用靠后原则、不代位行使职权原则、人民标准原则等基本准则。进而言之，一些有影响的案件，从发案之初，检察官就要敏锐发现案件的独特性，从一开始就朝着办成典型案例、指导性案例的目标去培养。既要做到刑事追诉，也应做实法律监督，统筹兼顾，做好客观理性审查运用证据、平等充分保护合法权益、发挥诉讼监督职能、统筹实体公正和程序公正、做好公益职责和社会治理等基本内容。如此，检察官才能避免就案办案、机械办案，才能在面对案件中的新问题、新情况和新矛盾时，从中找到有价值的，可以培育指导性案例、典型案例的点。

（二）案例编研要客观公正

首先，案例选编要严格把好质量关，可以作为指导性案例、典型案例编研的案件要坚持质量第一、切实管用，绝不凑数。这就要求检察官在办

① 参见贾宇：《检察官客观公正立场的理论彰显和自觉实践》，载《人民检察》2021年第18期。

② 参见贾宇：《检察官客观公正立场的理论彰显和自觉实践》，载《人民检察》2021年第18期。

案中需要经常性地反思总结案件办理的经验、教训，分析案件中可以培塑为指导性案例、典型案例的点，为做好案例工作打好基础。其次，案例编研具有鲜明的实践性。检察官秉持客观公正立场最大的价值在于实践。以指导性案例为例，其作为一种具有司法属性和法律意义的案例，遴选、研究、编制和发布，有明确的职权配置、责任分工和严格的程序规范，所以检察官要想办出一件指导性案例、典型案例绝非易事。目前，案件办理往往是下级检察院或者具体检察业务部门完成，而检察案例的撰写则常常由上级检察机关或者法律政策研究部门承办人完成。这就要求相关案例撰写承办人一定要调阅卷宗，研究案件涉及的关键问题。必要时，还可以与案件承办人见面，具体仔细研讨。如果对案例的理解没有达到一定的深度，对案例的概括把握，就难以达到应有的精准度。如果下笔之前，对案件没有全面清晰的把握，对案件细节没有详细准确的了解，仅根据办案同志的介绍，一知半解的情况下撰写案例，必然难以准确反映案例涉及的全面情况，导致案例叙述浮泛粗糙。[①] 最后，案例编研要实事求是，不能生编硬造，特别是在选编的环节，不能为了编案例而望文生义，甚至弄虚作假。

① 参见张杰:《检察指导案例理论与实践》，中国检察出版社 2021 年版，第 261 页。

中篇　技法篇

第三章　案例的文笔文法

第一节　概　述

案例是撰写者与阅读者之间的沟通工具。好的文笔文法一方面可以清晰表达出编写案例的意图，给案件注入鲜活的生命力，让案件具有可读性、参考性；另一方面能够使阅读者清晰掌握案件的方方面面，透彻理解案例所要传达的法治理念与司法精神。从案件到案例，离不开“写”的过程，规范撰写案例是法律严谨性的重要体现。

一、案例文笔文法的功能价值

（一）准确传递案件信息

案例具有陈述、说明、评价、判断等功能，是传达法律事实的文本工具。法学教学中，老师往往会假设出一些法律关系过于复杂或者简单的事实，用以说明法律适用的标准。但在司法案例中，所有案件事实、法律适用、处理结果的描述均要基于真实发生的案件，如果不能保证表述的严谨准确性，案例的严肃性和权威性便无从谈起，更无法准确反映当前司法真实情况。因此，在写作过程中必须运用清晰、准确的文笔，最大限度地再现案件所包含的法律信息，全面、准确地传达案件的来龙去脉、证据情况和争议焦点，确保所传递的法律信息没有遗漏、添加和歧义，客观上不让读者产生误解和困惑，并且保持法律文本的语言特点。

（二）精准总结办案经验

由于我国各地的经济社会发展水平不平衡，不同办案人员能力存在差异等，司法实践中同类案件不能得到相对一致裁判的现象仍然存在，严重影响了司法的统一性与公信力。案例是司法办案人员对案件事实认定、证据采信、法律适用、价值意义等方面的高度总结，对于办理同类情形案件一般具有较强的借鉴指导意义。统一、规范的文笔文法有助于形成相似案件相似处理的司法实践标准，保障法律适用的一致性，为司法办案人员直接提供办案指引。

（三）有效满足群众法治需求

案例的使用者不仅包括司法办案人员，还包括了普通社会大众。好的案例既要能使人民群众读懂、读通，还要能向人民群众普及案例中蕴含的法治精神，从而促使人民群众自觉遵守法律、维护法律尊严。因此，案例文笔文法不应仅仅注重法律术语的运用，更应该注重朴素化和通俗化。使检察案例具备更强的说服力和公信力，有利于宣传法治，教育群众，引导社会大众知法、守法、护法，从而从源头上减少矛盾纠纷的形成。

二、案例文笔文法的基本原则

（一）规范性

案例的文笔文法首先应在语言风格上体现规范性，尽量使用“法律文书体”，即使用撰写法律文书时使用的语言文字。一方面，应当使用专业的法律术语、词汇，以便准确表达案件中蕴含的法律概念和法律关系，避免言语歧义、词汇错漏等低级错误。如在不同类型诉讼中当事人的诉讼地位有不同表达方式，刑事诉讼中一般表述为“被告人”，民事诉讼中一般表述为“被告”，两者不能混用；民事再审案件中一般表达为“再审申请人”“被申请人”，而不能使用“申请人”“再审被申请人”等。另一方面，案例具有独有的叙述方式，写作思路和方法与一般检察工作材料有所不同，必须遵循特定的体例结构。在撰写指导性案例时，标题、关键词、要旨、基本案情、履职情况、指导意义、相关规定这七个部分是缺一不可，不能随意添加，更不能随意减少，而信息宣传、调研文章、工作总结等文字材料则没有明确的体例结构，撰写者可以根据具体情况自行选择合适的文体结构。

（二）客观性

案例在撰写过程中必须始终坚持中立、客观的态度，不得掺杂个人情感和主观判断，尤其是避免自我夸大和过分的修饰渲染。尤其是要尽量避免出现“结论先行”的论述。如对在审查起诉阶段描述“犯罪嫌疑人某某某”而不能使用“罪犯某某某”。又如，在描述具体的检察机关履职过程时，不要出现“高度重视”“亲临现场”“引起社会高度赞扬”等过分主观化语句，否则“先入为主”的自我表扬不仅会模糊案例的公正客观性，更会遭受阅读者的“反感”，导致案例效果无法呈现。

（三）简洁性

案例要在有限的篇幅内讲清楚案件办理的整体情况。一般而言，字数不宜超过3000字。因此，在撰写案例时应尽量使用白描式的文字表述，避免冗长、复杂的句子和词汇，使案例的文字表达尽量简洁易懂。尤其是在撰写案情较为复杂的案件时，更要注重删繁就简、详略得当、突出重点。例如，于海明正当防卫案（检例第47号）的“基本案情”部分，在描述行凶行为时，写道“刘某突然下车，上前推搡、踢打于海明。虽经劝解，刘某仍持续追打，并从轿车内取出一把砍刀（系管制刀具），连续用刀面击打于海明颈部、腰部、腿部……”一连串短促、简明的动作描述，就生动地把行凶现场的紧张气氛和刘某的恶行展现得淋漓尽致。

（四）逻辑性

一个好的案例整体叙述时必须遵循严密的逻辑结构，无论是描述基本案情，还是叙述检察机关履职，抑或是提炼指导意义，每个部分的结构必须环环相扣，条理清晰。在案例叙述时，应注意根据不同类型的案例选择不同的叙述方式。对于刑事检察案例，应注重突出涉及定罪量刑、举证质证的细节性问题；对于民事、行政检察案例，应注重突出主要的法律关系，避免法律事实的叙述过于复杂，让人摸不着头脑；对于公益诉讼检察案例，应注重办案环节的把握，避免使公益诉讼案件经过变成一个事件。

三、案例文笔文法的提升路径

（一）学习借鉴优秀案例

他山之石，可以攻玉。已经发布的指导性案例、参考性案例、典型案例等，都是经过层层筛选，历经数十稿修改后才最终呈现在大众视野中的精品案例，这些案例的语言表述风格、遣词造句，都可以直接作为案例写作学习、参考和模仿的对象。

那么，要如何学习优秀案例呢？仅仅读一遍、两遍恐怕是满足不了写好案例的这一要求。在日常工作学习中做一个有心人，将涉及同一罪名或主题的案例进行归纳整理，这样既可以方便对比学习、总结规律，也能在使用时快捷查找参阅。如当搜集大量民事虚假诉讼监督方面的案例后，不难发现该类型案例的检察履职工作主要突出在通过调查核实发现虚假诉讼监督线索，现有案例中对此描述的语句有："检察机关办理此类虚假诉讼监督案件，应当从交易和诉讼中的异常现象出发，追踪利益流向，查明当事人之间的通谋行为，确认是否构成虚假诉讼，依法予以监督。"[①]"当事人恶意串通、捏造事实，骗取公证文书并申请法院强制执行，侵害他人合法权益，损害司法秩序和司法权威，构成虚假诉讼。"[②] 这些语句，尤其是句式结构和语言风格，在我们撰写有关虚假诉讼监督的案例时，都可以结合具体案件直接使用。

---

① 检例第 53 号武汉乙投资公司等骗取调解书虚假诉讼监督案的要旨部分。

② 检例第 54 号陕西甲实业公司等公证执行虚假诉讼监督案的要旨部分。

（二）加大日常写作练习

对于检察官来说，能够办好案件的，不一定就能写好案例。司法实践中，检察官因为办案任务繁忙等原因，可能更加关注案件的办理工作，而忽视案例的撰写工作。其实办案质量提升与文字写作不能割裂来看。因为无论是审查报告，还是起诉书，抑或是检察建议书，都离不开对案件事实的概括、法律问题的定性分析，没有一定的文字能力，难以把案件事实、法律适用、证据采信说清楚。因此，注重文字写作能力既是检察办案的现实需要，也是提升案例撰写水平的有效途径。

案例文笔功力的提升不是一蹴而就，更不是望尘莫及，但无论如何，最终还是要落到“写”上。动笔的过程不仅是固定阅读成效的过程，更是检验学习得失的过程，只有在不断写、不断改的过程中才能对案例撰写有所感悟，只有在反复推敲、历次打磨的过程中才能摸索到案例撰写的门道，只有在重复“写”与“悟”的过程中才能真正提升案例撰写的能力。如果能在日常生活中养成总结的习惯，将自己办过的、听到的有价值的案件加以提炼总结，不仅可以有效提升案例写作能力，还能够形成广泛的案例储备，在报送案例时形成先发优势。

（三）建立案例研学机制

除了个人自学案例撰写的技巧，检察机关可以通过多种方式来促进案例研学，以不断提升检察干警的案例撰写能力。以江苏为例，江苏省人民检察院自 2021 年开始举办首届全省检察机关案例撰写业务竞赛，来自全省刑事检察、民事、行政和公益诉讼检察，以及案管、研究室、办公室、宣教等各业务条线的检察人员共同参加集中考试。竞赛通过闭卷考试的形式，选手可以在刑事和公益诉讼试题中自行选择，在规定的 10 个小时内独立完成一篇指导性案例的撰写，最终择优评选出业务标兵和能手。之后，江苏省人民检察院在 2023 年又举办了第二届全省检察机关案例撰写业务竞赛，考试题型变更为在刑事和民事试题中自行选择。这种以赛促学、以赛促训的方式，实际将案例撰写技能直接融入每一个条线中，同时通过搭建平台，为下功夫钻研案例撰写技巧、努力提升案例撰写能力的检察干警提供了展示自身能力的舞台。真正激活了检察干警积极撰写案例的热情，帮助干警提升案例撰写素能。此外，设区市检察院、基层检察院也纷纷创新研学机制，通过综合部门与业务部门联席研讨重点案件、检察委员会定期讨论案例素材、上下级院联合撰写研讨案例、省检察院开展案例写作课程巡讲等方式，打造立体化的案例研学机制，取得了良好成效。

第二节　具体技术规范

一、隐名处理规范

案例是将案件公开化的一种形式，应当尊重、保护涉案当事人的人格权，不得随意泄露当事人的姓名、名称等信息。

（一）隐名的情形

编写案例时，当事人的姓名、名称一般使用真名，但也存在需要隐名的情形，具体包括：一是涉及特殊主体的情形，如刑事检察案例的被害人、证人、鉴定人、被不起诉人等。以无锡 F 警用器材公司虚开增值税专用发票案（检例第 81 号）为例，涉案单位及当事人均被不起诉处理，在案例中表述为“被不起诉单位，无锡 F 警用器材新技术有限公司”“被不起诉人乌某某”。二是特殊性质案件的情形，如职务犯罪案例、人民检察院直接受理侦查的案例等。三是法律法规已明确规定的情形，如涉国家秘密、商业秘密、个人隐私和未成年人犯罪等。以隋某某利用网络猥亵儿童，强奸，敲诈勒索制作、贩卖、传播淫秽物品牟利案（检例第 200 号）为例，该案例中被害人系未成年人，表述为“被害人刘某某”。

（二）隐名的方式

1. 自然人的隐名方式。一般保留姓氏，名字以“某”或“某某”替代，如“被告人王某”或者“被告人王某某”。根据案例需要，也可以使用化名的方式进行隐名，以于某虐待案（检例第44号）为例，被害人系未成年人，采用化名的方式表述为“小田”。当自然人为少数民族或者姓名为复姓时，一般保留第一个字，其余内容以“某”或“某某”替代。当自然人为外国人、无国籍人时，一般保留第一个英文字母，隐去其他字符，若采用中文译文，则保留第一个字，其余内容以“某”或“某某”替代。多名自然人均为同一姓氏时，可以通过在姓氏后增加甲乙丙丁或阿拉伯数字的方式进行区分，如“王某甲”“王某乙”“王某丙”。

2. 企业单位的隐名方式。一般直接采用“某某企业”来表述，以郑某安与某物业发展公司商品房买卖合同纠纷再审检察建议案（检例第156号）为例，对涉案企业直接表述为“某物业发展公司”。当企业名称中存在所在地时，可以将所在地保留，其余部分直接以“某某企业”代替，以许某某、包某某串通投标立案监督案（检例第90号）为例，所涉企业表述为“江苏甲建设集团有限公司”“武汉丙置业发展有限公司”。

二、单位简称规范

案例编写过程中经常涉及办案单位、审判机关等单位，但由于单位名称一般较长且在案例中使用频次较高，全文都使用全称不利于阅读者记忆识别，因此需要对单位的名称进行简写处理。

办案单位一般不得作隐名处理，案例编写时当首次出现办案单位时应使用全称，在案例的下文均使用简称。如江苏省南京市鼓楼区人民检察院（以下简称“鼓楼区检察院”），注意简称应当在括号内进行表述，同时第一次表述简称时应使用引号进行强调，之后的简称则不需要再使用引号。

当办案单位的名称因行政区划等原因存在修改情形时，注意在案例编写时使用现有的名称，在文中第一次出现用括号标注办案单位原名称。如江苏省泰州市自然资源和规划管理局（原江苏省泰州市国土资源局）。关于监察机关、侦查机关、审判机关的名称，同样采用上述规则进行表述。

党和国家机构应当正确使用规范简称，不得任意增减删改。如全国人民代表大会常务委员会法制工作委员会的规范简称为“全国人大常委会法工委”，不能写成“全国人大法工委”；国家发展和改革委员会的规范简称为“国家发展改革委”，不能写成“国家发改委”。

三、信息屏蔽规范

案例来源于现实生活中的真实案件，应当注意保护好自然人、企业以及其他应当保密的信息不被泄露，具体有以下几种情形：一是标识自然人、企业的具体信息，如家庭住址、企业住所地、通信方式、身份证号码、统一信用代码、银行账号、车牌号码、动产或不动产权属证书编号等。二是未成年人的相关信息，同时若公开相关成年人就能推断未成年人信息的，对所涉的成年人信息应当一并进行屏蔽。三是涉及国家秘密、商业秘密以及个人隐私的信息。四是其他不宜公开的信息，如涉及技术侦查措施的信息。

四、英文缩写规范

案例编写过程中可能会遇到一些专业词汇需要用英文来表述，一般而言，司法解释存在已经使用过的约定俗成的表达方式可以直接使用英文字母缩写，如“DNA 鉴定”（参见《最高人民法院、最高人民检察院、公安部、国家安全部、司法部关于办理死刑案件审查判断证据若干问题的规定》）。但对于计算机等领域专业名词一般应当使用规范汉语定义，不使用英文缩写，以姚晓杰等 11 人破坏计算机信息系统案（检例第 69 号），“DDOS 攻击”应表述为“分布式拒绝服务攻击”。

五、数字使用规范

数字的用法首先应当符合国家标准《出版物上数字用法》（GB/T15835—2011）的要求。案例编写时应当注意以下情形：一是引用法律条款、表述结构层次顺序以及在词、词组、惯用语、缩略语、具有修辞色彩语句中作为词素的数字时应当使用汉字表述，其他情况下应当使用阿拉伯数字。如结构层次序数依次为：第一层“一、”，第二层为“（一）”，第三层为“1.”，第四层为“（1）”。二是表述文书字号中的年度、顺序号时应当使用阿拉伯数字。三是表达计量或编号时，选用阿拉伯数字与汉字数字均可，但要做到前后一致，不能混用。

六、标点符号使用规范

标点符号使用应当符合国家标准《标点符号用法》（GB/T15834—2011）的要求。标点符号的规范使用不仅是一般公文写作的基本要求，对于指导性案例而言更应当体现文书的严谨性、缜密性。具体需要注意以下易错情形：一是并列关系的书名号之间或双引号之间不加顿号。二是犯罪嫌疑人、被告人犯数罪的，数罪中有选择性罪名已经使用过顿号，其他罪名之间使用逗号。三是句子内部有多个并列词语的，各个词语之间用顿号，用“和”“以及”连接最后两个并列词语。四是句子存在两个层次以上的并列关系时，有内在联系的两个并列层次之间用顿号，没有内在联系的两个并列层次之间用逗号。

七、计量单位使用规范

计量单位首先应当符合法律、司法解释等的规范表述，若法律、司法解释没有明确规定，则应当符合国家标准《量和单位》（GB3100 ~ 3102—1993）和一般习惯的要求，具体注意以下几种情形：一是货币单位，人民币使用“元”为单位，涉及外币则应当注明币种和外币的单位，并注明折合人民币的金额。如收受贿赂人民币 ×× 万元、港币 ×× 万元（折合人民币 ×× 元）、英镑 ×× 镑（折合人民币 ×× 元）。二是毒品单位，一般使用“克”或者“千克”表述毒品数量，以刘某某贩卖毒品二审抗诉案（检例第 179 号）为例，在表述“查获装在茶叶袋内的甲基苯丙胺”时使用的单位为“千克”，而不是“斤”“公斤”。三是其他单位，如在涉及非法占用农用地时使用的计量单位为“亩”，而不是“平方米”。以山西省检察机关督促整治浑源矿企非法开采行政公益诉讼案（检例第 163 号）为例，在表述“A 煤业公司矿区在未办理建设用地使用手续的情况下非法占用农用地，造成农用地大量毁坏，涉及耕地面积”时使用的计量单位为“亩”。

第四章　标题的撰写技巧与方法

第一节　概　述

一、案例标题的基本特征

根据《现代汉语词典》的解释，标题是标明文章、作品等内容的简短语句，可以使读者了解到文章的主要内容和主旨。具体到检察案例，标题就是案例的题目或名称，是对案例内容的高度概括和精炼表达。在一个案例中，标题一般是读者最先阅读到的部分，承担着引导读者了解案例内容、激发阅读兴趣、便于案例检索等重要任务，因此需要通过简短、精炼的文字，传达出案例的核心信息或主要问题，以便快速了解案例的大致内容和重点。案例标题主要有以下几个特征：

一是简洁性。案例标题通常要求简洁明了，需要在有限的字数内，准确概括案例的主要内容或关键问题，尽量使用简洁明了的文字来表达案例的主要内容和特点，避免使用过于复杂或晦涩难懂的词汇和句子。

二是概括性。标题需要能够全面而简洁地概括案例的核心内容，让读者在看到标题时就能对案例的内容有一个大致的了解和认识。案例标题就像是一篇文章的精华提炼，就是用简短的字、词、句精准地表达出案例的核心内容和亮点。

三是准确性。案例标题必须准确反映案例的实际情况和主要内容，避免误导读者或产生歧义。标题中的每一个词汇都应该根据案例的内容进行精心挑选和反复斟酌，确保其准确性和恰当性。同时要遵循相关的写作规范和标准，确保标题的格式、语法、标点等方面都符合规范要求。

四是多样性。案例标题的形式和风格需要根据案例的具体内容和目的进行灵活设计。例如，不同案例的标题是不一样的，指导性案例、典型案例和参考性案例根据不同的案件性质，标题的形式和风格较为固定，而新闻发布会案例和普法宣传性案例则形式较为灵活，一般根据案例的主题，可以采用写实型标题、概要型标题或切题型标题等不同的形式来呈现案例的特点和重点。

二、案例标题的主要功能

案例标题虽然在整个案例的撰写内容中占比很小，但它有自己独特的功能和价值，其作用主要体现在以下几个方面：

一是概括基本案情。案例标题是案例内容的精炼概括，它能够在有限的字数内传达案例的主要信息或关键问题。读者通过标题可以快速了解案例的基本案情和核心内容，为后续的阅读、分析、参考提供方向。如最高人民检察院2024年8月发布的“依法惩治骗取出口退税犯罪典型案例”中的“S公司等企业、何某斌等人骗取出口退税，陈某江等人虚开增值税专用发票案”，我们可以直观了解到公司犯罪、多名被告人、多个罪名等相关信息，为下一步是否阅读案例提供参考。

二是便于检索使用。案例标题是一个案例的“身份识别码”，这是标题最基本的功能定位。尤其是在已发布案例较多的情况下，快速准确地定位到需要的案例是发挥其使用价值的首要因素，标题就充当了这一要素的钥匙。检察机关在设计指导性案例体例时专门对标题有明确的格式要求，不仅能够清晰体现出当事人、涉及罪名和案由，而且每一个已经发布的指导性案例前都冠以了“检例”为开头的标号。如“检例第215号刘甲、刘乙恶势力犯罪集团侦查活动监督案”。其中，检例号可以判断案例发布的时间顺序；标题中的元素“刘甲、刘乙”“恶势力犯罪集团”让人对案情形成了大致的了解和判断；而“侦查活动监督”则表明了案例想要凸显的重要环节，并大致联想到侦查监督环节可能涉及的调查核实、纠正侦查违法、排除非法证据、自行补充侦查和退回补充侦查等内容。

三是筛选目标受众。不同的案例标题可能吸引不同类型的读者。通过精准地定位案例的受众群体，并在标题中体现出与目标受众相关的关键词或话题，可以更有效地将案例主要信息传递给潜在读者，提高案例的传播效率和影响力。特别是在典型案例、宣传案例等面向更广泛阅读的群体的案例类型中，标题一般以生动有趣的形式出现，用以吸引读者眼球，激发阅读兴趣。比如，“王某盗窃案”这样的标题过于普通，读者难以从中找到自己所需的关键信息，难以提起阅读兴趣。但如果提炼出案例特点，写为《惯偷又作案，情节较轻捕不捕？》[①]，就通过设计问题的方式，将日常办案中的痛点问题在开头点出，激发了读者尤其是法律从业者探寻处理标准的兴趣。而同一个案件，在微信公众号上被表述为《惯犯这次失算了》，显然更容易引起普通读者的阅读兴趣。

四是提供初步评价。标题往往能够反映出案例的亮点、特色或价值点，从而给读者一个初步的评价或印象。这种初步评价有助于读者在快速浏览多个案例时作出选择，决定是否深入阅读或进一步研究某个案例。初步评价往往用在一些典型案例中，且通常以副标题形式或配合副标题出现。比如，在最高人民检察院发布的“在办理涉未成年人案件中全面开展家庭教育指导工作典型案例（第三批）”案例中，案例标题被归纳为“郭某某遗弃案——部门联动解决监护困境，助推家庭教育责任落实”“隋某某故意伤害案——人大代表跟进督促监护，助力涉罪未成年人回归社会”。在该批次案例中，读者可以通过标题，清晰地看到案例想要真正传达的核心内容和价值取向。

① 《惯偷又作案，情节较轻捕不捕？——社会危险性实质化评估实践样本观察之一》，载《检察日报》2024年8月14日，第1版。

第二节　撰写技巧与方法

指导性案例的标题为了以最简洁的文字传达丰富的信息，具有很强的功能性。在不同使用场景和目的下，不同类型案例的标题的具体写作方法不同，但也存在一些共通的写作准则，以确保标题的规范性和一致性。

放眼域外，尤其是在判例盛行的英美法系国家，其标题在设计上与我国案例标题有异曲同工之处，同样遵循标准化和格式化要求。如英国民事案件的初审案件名一般是原告在前，被告在后，中间用符号“v”（读作and，但常译为“诉”）隔开，如“Donoghue v Stevenson”就译为“唐纳休诉斯蒂芬孙案”。美国同样如此，比如广为人知的马伯里诉麦迪逊案（Marbury v. Madison, 1803），也是采用该种模式。此外，完整的英美法系案例标题中有法院名称和案件编号，便于读者迅速了解案例的出处等相关信息。比如，Roe v. Wade, 410 U.S. 113（1973）案中，标题就用有限的文字传达了十分丰富的信息。其中，Roe v. Wade 是案件的名称；410 是在已发表的案件里写出法庭意见报告者的“卷”或“册”的编号；U.S. 是汇编案例所属国，这里的“U.S.”就是《美国判例汇编》；113 是该案在“判例汇编”中的起始页码；1973 是法院宣判该案的年份。[①]

就国内而言，除去一些在媒体上发表、主要用于宣传性的案例，指导性案例、参考性案例和多数典型案例的标题写作方式基本一致，都包含当事人姓名、案由、监督方式、监督事项、监督类型等多种要素。就指导性案例来说，一般不设副标题，但在发表后，会冠以“检例 ×× 号”格式的编号。不同业务种类的案例有着相对固定的组成结构。

---

① 参见《看懂美国案例编号》，载上海劳动法律网 2016 年 8 月 15 日，http://www.shanghailsw.com/%E7%9C%8B%E6%87%82%E7%BE%8E%E5%9B%BD%E6%A1%88%E4%BE%8B%E7%BC%96%E5%8F%B7，访问时间：2024 年 8 月 25 日。

一、刑事检察案例

刑事检察指导性案例的标题一般由案件当事人和案由两部分组成，基本格式一般为：当事人 + 案由 + 案。如王敏生产、销售伪劣种子案（检例第 61 号），王敏是该案的被告人，涉嫌的罪名是生产、销售伪劣种子罪。根据刑事检察指导性案例标题的格式要求，形成了上述标题。如邓秋城、双善食品（厦门）有限公司等销售假冒注册商标的商品案（检例第 98 号），邓秋城是该案的被告人，双善食品（厦门）有限公司是该案的被告单位，涉嫌的罪名是销售假冒注册商标的商品罪。

撰写刑事检察案例还有一些特别情形需要注意：

一是多罪名案件。撰写刑事检察案例的罪名一般尽量列举全面，案由较多的，可采取列明主罪的方式，省略与案例要旨关联度不大的罪名。

如郭明先参加黑社会性质组织、故意杀人、故意伤害案（检例第 18 号），被告人郭明先涉嫌参加黑社会性质组织、故意杀人、故意伤害三个罪名，因此，该案例的标题直接将三个罪名都在标题中列明。但也有例外情况，如余某某等人重大劳动安全事故重大责任事故案（检例第 94 号），该案中，被告人余某某等人涉嫌重大劳动安全事故罪、重大责任事故罪、帮助毁灭证据罪三个罪名，其中，重大劳动安全事故罪、重大责任事故罪是案件的主要罪名，该罪名同案例的要旨与指导意义紧密相关，而帮助毁灭证据罪是检察机关在办案中依法追诉的罪名，不是案例中涉及的主要罪名，同案例的要旨关联度不大，因此被省略。

二是多被告人的案件。对于存在多名被告人的刑事检察案例，标题一般将首要分子或者在共同犯罪中起主要作用的主犯列明在标题中，其余被告人用“等”字省略。

示例 1：林某彬等人组织、领导、参加黑社会性质组织案（检例第 84 号）。林某彬是该案中的首要分子，因此将其放在标题中，其余被告人在标题中用“等”字省略。

示例 2：叶经生等组织、领导传销活动案（检例第 41 号）。叶经生在组织、领导传销活动共同犯罪中起主要作用，系主犯，将其列在标题中，其余被告人用“等”字省略。

三是刑事申诉案件。刑事申诉案件的标题一般直接写明案件类型，对案件重点在于采取特殊程序如公开听证的申诉案件，应进行注明以示突出，基本格式一般为：当事人 + 申诉 +（特殊程序）+ 案。

示例 1：于英生申诉案（检例第 25 号）。于英生是原审生效刑事判决的被告人，也是该申诉案的当事人，申诉就是该案的案件类型。

示例 2：陈满申诉案（检例第 26 号）。陈满是原审被告人，申诉就是该案的案件类型。

示例 3：陈某某刑事申诉公开听证案（检例第 158 号）。陈某某是刑事案件的被害人，也是该申诉案的当事人，作了隐名化处理，刑事申诉就是案件类型，公开听证是该案中检察机关履职的特殊程序。

示例 4：董某某刑事申诉公开听证案（检例第 160 号）。董某某是刑事案件的被害人，也是该申诉案的当事人，作了隐名化处理，刑事申诉就是案件类型，公开听证是该案中检察机关履职的特殊程序

四是立案监督、不捕不诉等特殊情形的案件。特殊情形的案例，具体的概括原则是要在标题中直截了当地展现出案件类别，基本格式一般为：当事人 + 案由 + 监督方式（特殊程序）+ 案。

示例 1：丁国山等故意伤害核准追诉案（检例第 21 号）。丁国山就是该案的犯罪嫌疑人，系主犯，故意伤害就是刑事案件的案由，核准追诉就是检察机关在该案当中的监督方式。

示例 2：许某某、包某某串通投标立案监督案（检例第 90 号）。许某某、包某某就是该案的犯罪嫌疑人，串通投标就是刑事案件的案由，立案监督就是检察机关在该案当中的监督方式，因为本案最终是通知公安机关撤案，

因此标题中，对犯罪嫌疑人作了隐名化处理。

示例 3：任润厚受贿、巨额财产来源不明违法所得没收案（检例第 130 号）。该案的犯罪嫌疑人是任润厚，受贿、巨额财产来源不明是刑事案件的案由，违法所得没收是该案的特殊刑事诉讼程序，在标题中予以突出。

二、民事检察案例

民事检察指导性案例的标题一般由当事人、案由、监督方式组成，基本格式一般为：当事人 + 案由 + 监督方式，一般对当事人进行隐名处理，监督方式在标题中也存在省略的情况。

示例 1：胡某祥、万某妹与胡某平赡养纠纷支持起诉案（检例第 123 号）。胡某祥、万某妹与胡某平是该案的当事人，并作了隐名化处理。赡养纠纷是该案民事诉讼的案由，另外，“支持起诉”是检察机关的监督方式，根据民事检察指导性案例的格式要求，形成了上述标题。

示例 2：江苏某银行申请执行监督案（检例第 108 号）。该案中，江苏某银行是申请检察机关监督的当事人，申请执行监督是本案的案由，因此二者都列在标题中，标题中对当事人作了隐名化处理。作为该案监督方式的检察建议，在标题中被省略了。

示例 3：郑某安与某物业发展公司商品房买卖合同纠纷再审检察建议案（检例第 156 号）。郑某安与某物业发展公司，作为该案的当事人，列明在标题中，并作了隐名化处理。商品房买卖合同纠纷是本案民事诉讼的案由，列明在标题中，另外，“再审检察建议”作为检察机关的监督方式，列明在标题中。

示例 4：陈某与向某贵房屋租赁合同纠纷抗诉案（检例第 157 号）。陈某与向某贵作为该案的当事人被列明在标题中，并作了隐名化处理。房屋租赁合同纠纷作为该案民事诉讼的案由列明在标题中，另外，抗诉作为检察机关的监督方式列明在标题中。

三、行政检察案例

行政检察指导性案例的标题一般由当事人、案由、监督方式组成，基本格式一般为：当事人 + 案由 + 监督方式，一般对当事人进行隐名化处理，检察机关的具体监督方式一般不在标题中列明，而是直接用“检察监督”代替。

示例 1：陈某诉江苏省某市某区人民政府强制拆迁及行政赔偿检察监督案（检例第 117 号）。该案中，陈某和江苏省某市某区人民政府是行政诉讼的当事人，作了隐名化处理。要求确认强制拆迁违法和行政赔偿是行政诉讼的案由。检察机关在该案中是通过多种方式促成当事人和解后，陈某主动撤回了监督申请，检察机关实质性化解了行政争议，体现了检察机关的具体监督过程。根据行政检察指导性案例的格式要求，形成了上述标题。

示例 2：魏某等 19 人诉山西省某市发展和改革局不履行法定职责检察监督案（检例第 118 号）。该案中，魏某等 19 人和山西省某市发展和改革局是行政诉讼的当事人，魏某等人认为山西省某市发展和改革局不履行法定职责是行政诉讼的案由。检察机关先抗诉，并通过跟进监督、公开听证等检察监督方式，实质性化解了行政争议，后当事人之间达成和解，检察机关撤回抗诉，体现了检察机关的具体监督过程。

示例 3：卢某诉福建省某市公安局交警支队道路交通行政处罚检察监督案（检例第 146 号）。卢某和福建省某市公安局交警支队是该案的当事人，道路交通行政处罚是行政诉讼的案由，该案中，检察机关除了对个案抗诉监督之外，还通过类案监督，推动有关机关统一执法司法标准，保障法律统一正确实施。

示例 4：糜某诉浙江省某市住房和城乡建设局、某市人民政府信息公开及行政复议检察监督案（检例第 149 号）。糜某和浙江省某市住房和城乡建设局、某市人民政府是该案的当事人，信息公开及行政复议是行政诉讼的案由，检察机关通过抗诉、检察建议等检察监督方式在监督纠正个案的同时，促进社会治理。

四、公益诉讼检察案例

公益诉讼检察指导性案例的标题一般由承办检察院、被监督对象、公益案由、监督类型等组成，民事公益诉讼案例标题的基本格式一般为：承办检察院 + 被监督对象 + 公益案由 + 监督类型，被监督对象一般作隐名化处理。行政公益诉讼案例稍有不同，一般在标题中不再列明被监督对象。

示例 1：江西省上饶市人民检察院诉张某某等三人故意损毁三清山巨蟒峰民事公益诉讼案（检例第 114 号）。江西省上饶市人民检察院是该案的承办检察院，张某某等三人是被监督的对象，故意损毁三清山巨蟒峰是公益案由，民事公益诉讼是该案的监督类型。

示例 2：江西省浮梁县人民检察院诉 A 化工集团有限公司污染环境民事公益诉讼案（检例第 164 号）。江西省浮梁县人民检察院是该案的承办检察院，A 化工集团有限公司是被监督的对象，污染环境是公益案由，民事公益诉讼是该案的监督类型。

示例 3：贵州省沿河土家族自治县人民检察院督促履行食品安全监管职责行政公益诉讼案（检例第 144 号）。贵州省沿河土家族自治县人民检察院是该案的承办检察院，督促履行食品安全监管职责是公益案由，行政公益诉讼是该案的监督类型。

示例 4：江苏省溧阳市人民检察院督促整治网吧违规接纳未成年人行政公益诉讼案（检例第 145 号）。江苏省溧阳市人民检察院是该案的承办检察院，督促整治网吧违规接纳未成年人是公益案由，行政公益诉讼是该案的监督类型。

第五章 关键词的撰写技巧与方法

第一节 概 述

一般来说，关键词是用于索引和概括文章内容的词语，可以用最简短的语言、最直观的方式让读者了解文章主题，帮助快速判断这篇文章是否值得进一步阅读。案例关键词同样如此，是指从指导性案例中提炼出的、能够反映案例核心内容和法律适用问题的关键性词或词组，在案例检索、理解和适用过程中起着至关重要的作用。目前，最高人民检察院发布的指导性案例、典型案例以及省级院发布的参考性案例中都有关键词。这些关键词通常包括案件类型、所涉法律领域、核心争议点、法律适用原则等，有助于读者快速定位和理解案例的精髓。

一、主要特点

指导性案例的关键词一般有以下几个特点：

（一）准确性

关键词是对案例进行深入分析和提炼的结果，必须准确无误地反映案例的核心内容和法律适用问题。通过关键词，读者在查阅案例时能够迅速抓住关键要素，迅速捕捉到案例的精髓，准确理解案例的类型和主要内容。关键词的表述需要准确无误，避免产生歧义或误导。在选择关键词时，应当充分考虑其含义和语境，确保它们能够准确表达案例的法律问题和法律适用规则。

（二）精炼性

关键词的目的在于用最短的时间了解最多的、最核心的信息。因此，简短且数量有限的关键词对于提高案例的可读性和影响力至关重要。每个关键词都可以独立表达一个明确的概念或问题，以便于读者快速理解和检索，当两个或多个关键词表意相近或可以相互涵盖时，可以考虑是否能够合二为一。

（三）全面性

在保持精炼的同时，关键词应尽可能全面地涵盖案例的主要内容，包括案件类型、所涉法律领域、核心争议点、法律适用原则等，以确保读者在研究、学习参照案例时能够从多个角度理解案例。关键词的选取应充分考虑其在案例中的重要性，只有对案例理解至关重要的词或词组才应该被选作关键词。

（四）关联性

关键词之间可以具有一定的关联性，能够形成一个有机的整体，共同反映案例的核心内容和法律适用问题。这种关联性结合读者适当联想，在查阅时可以形成对案例的完整认识。比如，沈某某、郑某某贪污案（检例第 187 号），关键词分别为“贪污罪→期货交易→交易异常点→贪污数额认定”，读完之后即会对本案有大致印象，这起贪污案是与期货交易相关的，其中可以发现交易异常点，在数额认定方面具备一定参考借鉴意义。

（五）便利性

关键词的选取还应考虑案例检索的需求和便利性。合理设置关键词及排序，可以方便读者在数据库或搜索引擎中快速找到相关案例。关键词应当注意呼应案例的主题、要旨和指导意义，符合检索习惯，达到快速、准确检索的效果。

二、具体功能

关键词的功能主要体现在以下几个方面：

（一）定位与查询功能

在案例查询过程中，关键词发挥着重要的作用。如果说标题是一个案例的门牌号，那关键词就是打开门的钥匙。它们标识出了案例的核心内容和裁判规则。通过输入关键词，用户可以快速便捷地从众多案例中找出所需案件，提高查询效率。

（二）概括与总结功能

从阅读次序上看，关键词是读者对案例的第一印象，相当于案例的“标签”或“摘要”，它们将案件的主要法律问题与事实集中提炼出来，有助于读者快速了解案例的基本情况和指导意义。这种概括和总结的功能，使案例在司法实践中更易于被理解和应用。

（三）学习与研究功能

对于法学研究者和检察官来说，关键词也是重要的学习资料和研究对象。它们不仅有助于了解案例的基本情况和法律适用规则，还可以通过分析关键词的选择和排序，深入研究案例的核心要义和逻辑推理过程，提高法律素养和研究能力。

第二节　撰写技巧与方法

一、撰写原则

撰写关键词要注意把握以下几个原则：

（一）紧密相关

关键词应紧密反映指导案例的指导意义，与案例的核心内容高度相关。

因此，要选用与要旨或指导意义联系紧密的词或词组，使案例整体传达的核心内容保持一致。同时，要保持一定区分度，杜绝选取每个案件都能适用的词语，以便反映出该指导案例与其他案例的区分点。一般来说，关键词选取的都是文中出现的词汇，为了简洁和理解不得不对原词进行修饰，要能清晰地看到词汇在案例中的出处。

（二）简明规范

关键词应简明扼要，避免冗长和重复。关键词的数量一般不超过6个，以保持其精炼性和易于检索的特点。从词语选择来看，关键词需综合案件争议内容、法律适用难点、检察工作经验等因素进行概括提炼，既可以选用要旨或指导意义中已有的词或词组，也可以选用能够概括体现指导意义核心内容的词或词组。提取关键词时应注意简洁和准确两个特点，一般不采用不易理解、自己创造的词汇，同时要抓住关键词的词语特征，避免将关键词写成句子。

（三）逻辑顺畅

关键词的排列应具有一定的逻辑性，通常按照关键词的含义由大到小排列。如果案例中有多个主题内容，则按其重要性由大到小排列。从排序来看，关键词一般按照从主到次、由重到轻、从一般到特殊的顺序排列，一般为主题、罪名、案由、案件类型、涉及的实体、程序问题、监督方式等。关键词处在案例最前端，好似一个广告展示位，一定要避免提炼多个意义过于相近的关键词，浪费介绍展示案例的机会。

二、选取标准

在撰写指导性案例的关键词时需综合案件争议焦点、法律适用难点、检察工作特色亮点等因素概括提炼，可以从以下几个方面考虑来选取案例的关键词。

（一）案例发布主题

指导性案例一般都是根据计划分批印发，每一批次都有相对应的主题，案例发布主题一般可以直接作为关键词。如第三十二批指导性案例（检例第 127—130 号）的主题为“职务犯罪适用违法所得没收程序”，该批次案例关键词均列明“违法所得没收”；第三十批指导性案例（检例第 116—121 号）的主题为“行政争议实质性化解”，该批次案例关键词均对此予以列明。

（二）案件类别

案件类别对于实现精准检索具有较为重要的作用，可以选择将其列为关键词。该类案例主要是行政公益诉讼和民事公益诉讼，如检例第 49—50 号为行政公益诉讼案件，关键词中均列明“行政公益诉讼”；检例第 58 号、检例第 59 号为行政非诉执行监督案件，关键词中均列明“行政非诉执行监督”。

（三）行为方式

将案例体现出的较为典型的或者新型的犯罪行为方式作为关键词，用以明确该类犯罪行为的法律适用问题。如朱炜明操纵证券市场案（检例第 39 号）将“‘抢帽子’交易”作为关键词，精准地概括了类似犯罪行为的行为方式，明确了该类行为的法律性质。

（四）证据审查

突出审查证据的创新方法、统一标准以及对于证据规则的严格遵守。如张凯闵等 52 人电信网络诈骗案（检例第 67 号），对检察机关在办案中如何依法审查境外电子证据提出了明确的要求和具体审查方法，因此将“境外证据审查”“电子数据”列为关键词。又如，王玉雷不批准逮捕案（检例第 27 号），检察机关严格坚持证据合法性原则，坚决排除非法证据，对犯罪嫌疑人作出不批准逮捕的决定，因此将“排除非法证据”列为关键词。

（五）制度适用

案例体现检察机关正确适用司法制度处理案件的，可将相关制度列为关键词。如检例第45、47、48号均将“正当防卫”作为关键词，体现司法机关正确适用正当防卫，弘扬社会公平正义的履职情况。第二十二批指导性案例（检例第81—84号）为不同类型的认罪认罚案件，重点阐述了检察机关办理认罪认罚案件的履职情况，因此均在关键词中列明“认罪认罚”。

（六）司法理念

案例体现检察机关依法履职，积极践行司法理念的，可以将其列为关键词。如深圳市丙投资企业（有限合伙）被诉股东损害赔偿责任纠纷抗诉案（检例第77号），检察机关严格适用依法保护投资者个人财产安全，体现服务民营企业发展的司法理念，将“优化营商环境”列为关键词。又如广州卡门实业有限公司涉嫌销售假冒注册商标的商品立案监督案（检例第99号），检察机关依法监督公安机关撤销案件，保护涉案企业合法权益，将“民营企业保护”列为关键词。

三、具体方法

关键词一般可从罪名、实体、程序等方面提炼，大致可以分为三个步骤：第一步，分析案件主要特点和本批次案例主题；第二步，根据案例本身特性筛选合适词汇；第三步，在初步筛选的情况下进行修饰概括，具体可以根据案件类型进行撰写。

（一）刑事检察案例

刑事检察案例的关键词主要围绕罪名、案件争议焦点、法律适用难点、行为方式、案件特色、证据审查与判断等进行提炼，一般格式为：罪名+案件特色+争议焦点。

示例1：齐某强奸、猥亵儿童案（检例第42号）。该案有“强奸罪”“猥亵儿童罪”“情节恶劣”“公共场所当众”四个关键词。强奸罪、猥亵儿童罪表明案例的类型以及涉及的具体罪名，是否属于“情节恶劣”“公共场所当众”强奸、猥亵是本案的争议焦点，也是本案法律适用的难点问题。另外，本案的要旨和指导意义就是解决司法实践中如何认定奸淫幼女中的“情节恶劣”以及“公共场所当众”强奸、猥亵，因此，“情节恶劣”“公共场所当众”作为本案的关键词同时呼应了本案的要旨和指导意义。

示例 2：孙旭东非法经营案（检例第 177 号）。该案有“非法经营罪”“POS 机套现”“违反国家规定”“自行侦查”四个关键词。非法经营罪是该案的罪名，“POS 机套现”是被告人实施犯罪的具体的行为方式，同时，本案的被告人是否使用“POS 机套现”，也是本案的争议焦点。“违反国家规定”是非法经营罪法律适用的难点问题，认定构成非法经营罪的前提就是被告人的行为违反了国家规定。“自行侦查”体现了检察机关的履职特色，经二次退回补充侦查仍未达到起诉条件的案件，检察机关依法可以自行侦查。

（二）民事检察案例

民事检察案例的关键词主要围绕案件类型（监督案由）、检察履职特色、争议焦点、工作方法、监督方式等方面进行提炼，一般格式为：案件类型（监督案由）+ 检察履职特色 + 工作方法 + 监督方式。

示例 1：深圳市丙投资企业（有限合伙）被诉股东损害赔偿责任纠纷抗诉案（检例第 77 号）。该案有“企业资产重整”“保护股东个人合法财产”“优化营商环境”“抗诉监督”四个关键词，“企业资产重整”体现的是民事法律关系的类型，说明案件是企业破产重整过程中产生的民事纠纷。“保护股东个人合法财产”体现了本案的具体争议焦点，必须严格区分公司财产和股东个人合法财产，依法保护股东个人合法财产。“优化营商环境”体现了检察机关的工作理念和检察履职特色，通过积极发挥监督职责，推动法治化营商环境建设。“抗诉监督”就是民事检察监督的具体方式。

示例 2：李某荣等七人与李某云民间借贷纠纷抗诉案（检例第 154 号）。该案有“民间借贷”“举证责任”“司法鉴定”“抗诉”四个关键词。“民间借贷”就是该案民事纠纷的具体类型，体现的是民事法律关系的类型。民事诉讼的证据要求是“谁主张，谁举证”，原审判决的举证责任分配存在明显问题，举证责任分配是否符合法定规则是检察机关法律监督的重要方面。“司法鉴定”是民事诉讼程序的重要组成部分，如何认定、采信鉴定意见是本案的争议焦点，该案例对如何采信司法鉴定意见进行了详细的说明，有很强的指导意义。“抗诉”是该案的具体监督方式。

（三）行政检察案例

行政检察案例的关键词主要围绕案件类型（监督案由）、检察履职特色、争议焦点、工作理念、具体违法行为，工作方法、监督方式等方面进行提炼。一般格式为：案件类型（监督案由）+ 检察履职特色 + 工作方法（工作理念）+ 监督方式。

示例 1：姚某诉福建省某县民政局撤销婚姻登记检察监督案（检例第 121 号）。该案有“行政争议实质性化解”“超过起诉期限”“调查核实”“公开听证”“撤销冒名婚姻登记”“刑事立案监督”等六个关键词。其中，“行政争议实质性化解”体现了行政检察案件的类型，同时也彰显了检察机关的工作理念和工作目标；“超过起诉期限”是本案当事人无法通过法律途径维护合法权益的主要事由；“调查核实”“公开听证”这两个关键词反映的是检察机关的主要工作方法；“撤销冒名婚姻登记”是本案的争议焦点，冒名婚姻登记是否可以撤销，法律没有明确规定，检察机关经调查核实、公开听证，根据相关法律规定，建议婚姻登记机关依法撤销了冒名婚姻登记，体现了检察履职的特色和成效；“刑事立案监督”体现的是在行政监督案件办理中发现犯罪线索的，应及时开展立案监督，是检察机关的具体监督方式。

示例 2：湖南省某市人民检察院对市人民法院行政诉讼执行活动检察监督案（检例第 147 号）。该案有“行政检察”“类案监督”“行政诉讼执行活动”“程序违法”“异地管辖”六个关键词。“行政检察”体现了该案的案件类型，表明本案的监督案由是行政检察监督。“类案监督”体现了案例中检察机关主要通过类案监督的方式履行法律监督职责。“行政诉讼执行活动”表明了检察机关行政检察监督的对象和范围，通过对人民法院行政诉讼执行活动的全过程进行监督，促进行政裁判确定的内容得以依法及时实现，也体现了检察履职的特色和成效。“程序违法”体现的就是检察机关在法律监督中发现的问题，是人民法院的具体违法行为。“异地管辖”是人民法院对原审案件的管辖方式，检察机关在法律监督中发现异地管辖存在问题，建议以对应监督管辖为原则，以异地集中管辖为例外，体现了检察机关司法为民的工作理念。

（四）公益诉讼检察案例

公益诉讼检察案例的关键词主要围绕案件类型（监督案由）、检察履职特色、工作理念、工作方法、行为方式、法律适用、监督方式等方面进行提炼。一般格式为：案件类型（监督案由）+ 检察履职特色 + 工作方法（工作理念）+ 监督方式。

示例 1：海南省海口市人民检察院诉海南 A 公司等三被告非法向海洋倾倒建筑垃圾民事公益诉讼案（检例第 111 号）。该案有“民事公益诉讼”“海洋倾废”“联合调查”“检察建议”“二审出庭”五个关键词。“民事公益诉讼”是该案的监督案由。“海洋倾废”精准地体现了海南 A 公司等三被告非法向海洋倾倒建筑垃圾的行为。“联合调查”体现了检察机关联合海洋行政执法机关人员共同出海，开展特定海域调查行动的行为，是检察机关履行法律监督职能的具体工作方法。“检察建议”是本案的具体监督方式之一，在书面检察建议未能完全实现维护公益的目的后，检察机关直接提起民事公益诉讼。在民事公益诉讼案件中，上级检察机关派员“二审出庭”，是上、下级检察机关协作配合、共同履行法律监督职责的重要工作方法，也是检察机关的履职特色，目的是更好地维护公共利益。

示例 2：贵州省榕江县人民检察院督促保护传统村落行政公益诉讼案（检例第 115 号）。该案有“行政公益诉讼”“传统村落保护”“推动完善地方立法”“促进乡村振兴”四个关键词。“行政公益诉讼”是该案的监督案由。“传统村落保护”是否系行政公益诉讼的受案范围是本案法律适用的一个焦点问题，纳入《中国传统村落名录》的传统村落属于环境保护法所规定的“环境”范围，在其未得到有效保护，损害公共利益时，检察机关应切实发挥行政公益诉讼职能。“推动完善地方立法”是检察机关在履行法律监督职责过程中的一个重要工作方法，是法律监督职能的延伸，体现了检察履职的特色和成效。“促进乡村振兴”是检察机关的工作理念和工作目标，通过对传统村落的保护与建设，因地制宜、发展特色经济，为我国乡村振兴战略提供检察助力。

第六章　要旨的撰写技巧与方法

第一节　概　述

一、要旨的鲜明特征

要旨是经由指导性案例提炼出的要点和主旨，是一种规则指引，是指导性案例“指导性”最为集中的体现，也是类似案件办理应当参照适用的“司法规则”。它通过简要归纳和提炼指导性案例所体现的具有普遍适用价值的重要司法规则或者工作方法，填补法律空白，作为后案参照适用的规范，具有“准司法解释”的作用。要旨的质量和深度，直接决定了指导性案例的高度和生命力。

要旨的目的是为基层检察人员办案提供指导，其内容应做到简明扼要、准确精练、结构严谨、表达清晰、语义确切。应尽量避免语义含糊的表述和不准确不规范的表达。要旨既要在法律精神涵摄范围内，又要讲清法律或司法解释规定模糊歧义之处。要旨相当于指导性案例的裁判要点，相当于英美判例法中的判决理由，是对论证过程及其精华的提炼和总结，直接体现为规则。

要旨的内容应具有一定的抽象性，可以在脱离指导性案例的情况下被理解适用。因此，在要旨的描述中应当包含理由、结论和适用情形等要素，以最大限度凸显指导功能。

如许某某、包某某串通投标立案监督案（检例第 90 号）。刑法规定了串通投标罪，但未规定串通拍卖行为构成犯罪（理由、背景）。对于串通拍卖行为，不能以串通投标罪予以追诉（结论）。公安机关对串通竞拍国有资产行为以涉嫌串通投标罪刑事立案的，检察机关应当通过立案监督，依法通知公安机关撤销案件（适用情形）。

二、要旨的语言风格

一是准确精练、结构严谨。要旨的语言风格可以总结为：法律条文体，即像起草法律条文、司法解释一样撰写要旨，写成具有操作性、指引性、普适性的办案规则。要旨须准确精练地简要归纳和提炼案例所体现的具有普遍适用价值的重要司法规则或者工作方法，便于理解和参照适用。

示例 1：叶源星、张剑秋提供侵入计算机信息系统程序、谭房妹非法获取计算机信息系统数据案（检例第 68 号）。

对有证据证明用途单一，只能用于侵入计算机信息系统的程序，司法机关可依法认定为“专门用于侵入计算机信息系统的程序”……

示例 2：深圳市丙投资企业（有限合伙）被诉股东损害赔偿责任纠纷抗诉案（检例第 77 号）。

公司股东应以出资额为限，对公司承担有限责任。股东未滥用公司法人独立地位逃避债务并严重损害公司债权人利益的，不应对公司债务承担连带责任……

二是简明扼要、表达清晰。指导性案例的读者不仅是法官、检察官、律师等专业人士，还包括普通社会公众。要旨的表述应当简洁明了，避免晦涩难懂，避免过于学术化，做到“像哲学家一样思考，像农夫一样说话”。

示例：白静贪污违法所得没收案（检例第 127 号）。该案在报送时，将要旨归纳为：

在违法所得没收程序中，“有证据证明有犯罪事实”相当于审查逮捕标准中的“有证据证明有犯罪事实”，但不完全一致。申请没收的财产具有

"高度可能"属于违法所得，是指能够证明申请没收的财产直接来源于犯罪所得，或者能够排除财产合法来源的可能性。庭审中，对于犯罪事实可以简要举证，对于申请没收的财产高度可能属于违法所得应当重点举证。

最终发布时，将要旨归纳为：

检察机关提出没收违法所得申请，应有证据证明申请没收的财产直接或者间接来源于犯罪所得，或者能够排除财产合法来源的可能性。人民检察院出席申请没收违法所得案件庭审，应当重点对于申请没收的财产属于违法所得进行举证。对于专业性较强的案件，可以申请鉴定人出庭。

三、要旨的行文结构

要旨一般以200字左右的篇幅为宜，最长不宜超过350字。行文结构原则上应归纳为一个自然段。有两个以上要旨的，可以按照要旨的重要性或者逻辑关系分段叙述并用阿拉伯数字序号标示，也可以在一段中用分号或句号分开表述。

示例1：齐某强奸、猥亵儿童案（检例第42号）。

1. 性侵未成年人犯罪案件中，被害人陈述稳定自然，对于细节的描述符合正常记忆认知、表达能力，被告人辩解没有证据支持，结合生活经验对全案证据进行审查，能够形成完整证明体系的，可以认定案件事实。

2. 奸淫幼女具有《最高人民法院、最高人民检察院、公安部、司法部关于依法惩治性侵害未成年人犯罪的意见》规定的从严处罚情节，社会危害性与刑法第二百三十六条第三款第二至四项规定的情形相当的，可以认定为该款第一项规定的"情节恶劣"。

3. 行为人在教室、集体宿舍等场所实施猥亵行为，只要当时有多人在场，即使在场人员未实际看到，也应当认定犯罪行为是在"公共场所当众"实施。

该案例对所归纳的三个要旨，进行了分段表述，每段前标注了序号，总体结构显得非常清晰。

示例 2：仇某侵害英雄烈士名誉、荣誉案（检例第 136 号）。

侵害英雄烈士名誉、荣誉罪中的“英雄烈士”，是指已经牺牲、逝世的英雄烈士。在同一案件中，行为人所侵害的群体中既有烈士，又有健在的英雄模范人物时，应当整体评价为侵害英雄烈士名誉、荣誉的行为，不宜区别适用侵害英雄烈士名誉、荣誉罪和侮辱罪、诽谤罪。《刑法修正案（十一）》实施后，以侮辱、诽谤或者其他方式侵害英雄烈士名誉、荣誉的行为，情节严重的，构成侵害英雄烈士名誉、荣誉罪。行为人利用信息网络侵害英雄烈士名誉、荣誉，引起广泛传播，造成恶劣社会影响的，应当认定为“情节严重”。英雄烈士没有近亲属或者近亲属不提起民事诉讼的，检察机关在提起公诉时，可以一并提起附带民事公益诉讼。

该案例要旨包含五句话，每句话都表达了独立的内容，句与句之间使用句号间隔，存在递进的逻辑关系。

第二节　撰写技巧与方法

一、要旨的提炼步骤

要旨是对办理同类案件解决方案的高度概括，应针对相同类型案件办理中普遍存在的疑难问题，通过指导性案例提炼类案适用规则，作出统一明确的回答。因此，应当围绕案件的争议焦点、所反映的社会问题和法律问题展开，运用类型化思维，进行抽象、归纳、提炼。通常，提炼要旨可以遵循以下步骤：

第一步，找出问题。应根据案件的具体情况，详细分析检察官办理此类案件面临的主要问题、存在的主要困难，既可以是事实认定问题，也可以是法律适用问题；既可以是办案程序不明确的问题，也可以是缺少科学办案方法的问题；既可以是检察机关自身办案中面临的难点，也可以是控辩双方的争议点、检察机关与侦查机关等意见不一致的地方。

示例：叶源星、张剑秋提供侵入计算机信息系统程序、谭房妹非法获取计算机信息系统数据案（检例第68号）。

针对类案中“专门用于侵入计算机系统的程序、工具”的认定标准问题，该案提炼出了类案适用规则，即：

对有证据证明用途单一，只能用于侵入计算机信息系统的程序，司法机关可依法认定为“专门用于侵入计算机信息系统的程序”；难以确定的，应当委托专门部门或司法鉴定机构作出检验或鉴定。

第二步，检验问题。对提炼出的问题进行审示，判断由解决该类问题形成的要旨是否有必要作为指导性案例发布。

第三步，回应问题。即针对归纳出的问题，总结指导性案例的主要做法，形成规则性的表述，供检察官在办案时参考。

二、要旨的基本类型

根据《最高人民检察院关于案例指导工作的规定》（2019年修订）第二条，指导性案例应当在事实认定、证据运用、法律适用、政策把握、工作方法等方面对办理类似案件具有指导意义。据此，根据指导性案例所要解决的问题，要旨大致可以分为五种类型。

（一）法律事实认定类

所谓事实认定，就是指司法人员根据证据对案件事实所作的判定。该类指导性案例中，诉讼各方往往持有不同的事实主张，或者对同一事实的认定存在模糊之处，要旨就是对不同看法、模糊界限的回应。该类要旨一般采取“事实描述＋性质认定”的表述方法。可以表述为：“某类行为，造成某种后果，属于……”“……，可以（应当）认定为……”“某行为，构成……”

示例 1：陕西省宝鸡市环境保护局凤翔分局不全面履职案（检例第 49 号）。

此案确定了“虽有履职行为，但未依法全面运用行政监管手段制止违法行为”可以认定为未全面依法履职的规则。要旨提炼为：

行政机关在履行环境保护监管职责时，虽有履职行为，但未依法全面运用行政监管手段制止违法行为，检察机关经诉前程序仍未实现督促行政机关依法全面履职目的的，应当向人民法院提起行政公益诉讼。

示例 2：柯某侵犯公民个人信息案（检例第 140 号）。

此案的控辩双方针对案件中涉及的业主房源信息是否属于法律保护的公民个人信息进行了激烈辩论，要旨要对双方争议焦点进行回应，并作出确定性结论。因此总结为：

业主房源信息是房产交易信息和身份识别信息的组合，包含姓名、通信通讯联系方式、住址、交易价格等内容，属于法律保护的公民个人信息……

示例 3：李丙龙破坏计算机信息系统案（检例第 33 号）。

以修改域名解析服务器指向的方式劫持域名，造成计算机信息系统不能正常运行，是破坏计算机信息系统的行为。

示例 4：杨卫国等人非法吸收公众存款案（检例第 64 号）。

单位或个人假借开展网络借贷信息中介业务之名，未经依法批准，归集不特定公众的资金设立资金池，控制、支配资金池中的资金，并承诺还本付息的，构成非法吸收公众存款罪。

（二）证据运用类

该类要旨的目的是解决类案中证据的审查、收集、采信方法等问题，在要旨中表述一般较为原则，多为方向性概括，具体细节应在指导意义中作进一步回应。

1. 在证据收集方面，该类要旨是为了明确类案中进行调查取证的条件或方向，可以表述为：“特定情形 / 案件，围绕……收集证据。”

示例 1：李某滨与李某峰财产损害赔偿纠纷支持起诉案（检例第 122 号）。

因监护人侵害智力残疾的被监护人财产权，智力残疾人诉请赔偿损失存在障碍而请求支持起诉的，检察机关可以围绕法定起诉条件协助其收集证据，为其起诉维权提供帮助。在支持起诉程序中，检察机关应当依法履行支持起诉职能，保障当事人平等行使诉权。

示例 2：张业强等人非法集资案（检例第 175 号）。

……检察机关应当围绕私募基金宣传推介方式、收益分配规则、投资人信息、资金实际去向等重点判断非法集资人是否具有非法占有目的，针对性开展指控证明工作。

2. 在证据审查方面，可以采取“对……证据，着重审查……方面”的表述方法。

示例 1：张凯闵等 52 人电信网络诈骗案（检例第 67 号）。

跨境电信网络诈骗犯罪往往涉及大量的境外证据和庞杂的电子数据。对境外获取的证据应着重审查合法性，对电子数据应着重审查客观性。主要成员固定，其他人员有一定流动性的电信网络诈骗犯罪组织，可认定为犯罪集团。

示例 2：桑某受贿、国有公司人员滥用职权、利用未公开信息交易案（检例第 188 号）。

检察机关在办理投融资领域受贿犯罪案件时，要准确认定利益输送行为的性质，着重审查投融资的背景、投融资方式、融资需求的真实性、行为人是否需要承担风险、风险与所获收益是否相符等证据……

3. 在证据采信方面，可以采取“……案件，……能够形成完整证明体系的，可以认定案件事实”的表述方法。

示例：齐某强奸、猥亵儿童案（检例第 42 号）。

性侵未成年人犯罪案件中，被害人陈述稳定自然，对于细节的描述符合正常记忆认知、表达能力，被告人辩解没有证据支持，结合生活经验对全案证据进行审查，能够形成完整证明体系的，可以认定案件事实……

（三）法律适用类

即对法律规则的适用条件、法律规则的要素涵义等作出解释、界定，明确法律规则的具体含义。该类要旨的功能相当于对法律条文中不明确、有争议之处所作的释明，在写法上与司法解释的表达方式基本相同，通常可以在检察法律文书中直接援引要旨进行释法说理，可参照性较强。最理想状态下，此类要旨可以为法律、司法解释所吸收，转化为案件办理的直接依据。在指导性案例中占比较高，主要包括三种类型：

1. 为了解决法律适用问题，对法律条文的模糊之处进行深入解释。

示例 1：马乐利用未公开信息交易案（检例第 24 号）。

刑法第一百八十条第四款利用未公开信息交易罪为援引法定刑的情形，应当是对第一款法定刑的全部援引。其中，“情节严重”是入罪标准，在处罚上应当依照本条第一款内幕交易、泄露内幕信息罪的全部法定刑处罚，即区分不同情形分别依照第一款规定的“情节严重”和“情节特别严重”两个量刑档次处罚。

上述要旨对《刑法》第一百八十条第四款利用未公开信息交易罪为援引法定刑的情形进行了具体解释，使模糊的法律条文得到进一步的明确，后被《最高人民法院、最高人民检察院关于办理利用未公开信息交易刑事案件适用法律若干问题的解释》吸收。

示例 2：朱炜明操纵证券市场案（检例第 39 号）。

证券公司、证券咨询机构、专业中介机构及其工作人员违背从业禁止规定，买卖或者持有证券，并在对相关证券作出公开评价、预测或者投资建议后，通过预期的市场波动反向操作，谋取利益，情节严重的，以操纵证券市场罪追究其刑事责任。

上述要旨后被《最高人民法院、最高人民检察院关于办理操纵证券、期货市场刑事案件适用法律若干问题的解释》和《刑法修正案（十一）》吸收。

示例 3：孟某某等人组织、领导、参加黑社会性质组织、寻衅滋事等犯罪再审抗诉案（检例第 181 号）。

被告人不服第一审判决，上诉后又在上诉期满后申请撤回上诉、人民法院裁定准许的，如果人民检察院认为该一审判决确有错误，作出准许撤回上诉裁定人民法院的同级人民检察院有权依照审判监督程序提出抗诉。抗诉后人民法院指令按照第一审程序审理的案件，人民检察院发现原案遗漏犯罪事实的，应当补充起诉；发现遗漏同案犯罪嫌疑人的，应当追加起诉，并建议人民法院对指令再审的案件与补充、追加起诉的案件并案审理，数罪并罚……

该要旨阐述了抗诉程序的选择，体现了刑事抗诉工作应当坚持的依法、准确、及时、有效的要求。

示例 4：许某某、包某某串通投标立案监督案（检例第 90 号）。

刑法规定了串通投标罪，但未规定串通拍卖行为构成犯罪。对于串通拍卖行为，不能以串通投标罪予以追诉。公安机关对串通竞拍国有资产行为以涉嫌串通投标罪刑事立案的，检察机关应当通过立案监督，依法通知公安机关撤销案件。

《刑法》第二百二十三条串通投标罪中的“串通投标”是否包括串通拍卖，实践中有不同观点。有意见认为，拍卖与投标都是竞争性的交易方式，形式上具有一定的相似性，串通竞买行为与串通投标行为具有同样的社会危害性，可以扩大解释为串通投标行为。该案的要旨进一步划定了刑法规定的“串通投标”的边界，为司法人员提供了清晰、具体的办案指引。

2. 对于疑难法律的适用问题，通过案例要旨作进一步明确。一般采取“对于……应当 / 可以……”的表述方式，如“对于某类行为，应当认定为何种犯罪或应当适用何种法律”。

示例：徐孝伦等人生产、销售有害食品案（检例第 13 号）。

在食品加工过程中，使用有毒、有害的非食品原料加工食品并出售的，应当认定为生产、销售有毒、有害食品罪；明知是他人使用有毒、有害的非食品原料加工出的食品仍然购买并出售的，应当认定为销售有毒、有害食品罪。

该要旨针对有关食品生产加工、销售的两种行为进行描述，并明确了该类行为可以分别认定为生产、销售有毒、有害食品罪和销售有毒、有害食品罪。

3. 对新型犯罪的认定指导。这类要旨多集中体现在新类型、新领域的指导性案例中，前半段一般为罪状描述，后半段给出构成的具体罪名。

示例 1：杨卫国等人非法吸收公众存款案（检例第 64 号）。

单位或个人假借开展网络借贷信息中介业务之名，未经依法批准，归集不特定公众的资金设立资金池，控制、支配资金池中的资金，并承诺还本付息的，构成非法吸收公众存款罪。

针对假借开展网络借贷信息中介名义收集不特定公众资金的新型犯罪行为，上述要旨给出了明确的界定。

示例 2：隋某某利用网络猥亵儿童，强奸，敲诈勒索，制作、贩卖、传播淫秽物品牟利案（检例第 200 号）。

行为人实施线上猥亵犯罪行为后，又以散布私密照片、视频相要挟，强迫未成年被害人与其发生性关系的，构成两个独立的犯罪行为，应分别认定为猥亵儿童罪和强奸罪……

在重述检例第 43 号骆某猥亵儿童案的“隔空猥亵”规则的基础上，该案明确对儿童实施“隔空猥亵”后，行为人又以传播线上猥亵所获得私密照片、视频相要挟，强迫被害人与其发生性关系的，线上猥亵行为与线下强奸行为在时空上相对独立，是两个独立的犯罪行为。明确了罪数认定和并罚规则，改变了司法实践中出现的线上猥亵犯罪行为作为线下强奸的手段进行评价，并以牵连犯从一重处罚简单化处理的问题，更加有力地体现了从严惩治性侵害未成年人犯罪和保护未成年人身心权益的立场。

（四）政策把握类

该类要旨是对检察机关在办理类案时进行的司法政策指导，进而更好地落实党和国家的决策部署。在归纳中，应使用确定性语言，注意言之有物，除政策引导外，切实给出工作的方向，避免一味强调办案效果，作出自吹自擂式描述。

示例 1：施某某等 17 人聚众斗殴案（检例第 1 号）。

检察机关办理群体性事件引发的犯罪案件，要从促进社会矛盾化解的角度，深入了解案件背后的各种复杂因素，依法慎重处理，积极参与调处矛盾纠纷，以促进社会和谐，实现法律效果与社会效果的有机统一。

该案强调了检察机关办案应注重法律效果和社会效果的统一。此外，在政策导向类要旨中，对政策的说明应简明扼要。同时，可以附上相关工作方法给予具体指导。

示例 2：刘远鹏涉嫌生产、销售“伪劣产品”（不起诉）案（检例第 85 号）。

该案体现了检察机关在办理涉企案件中，应当遵循的企业保护立场。其要旨表述为：

检察机关办理涉企案件，应当注意保护企业创新发展。对涉及创新的争议案件，可以通过听证方式开展审查。对专业性问题，应当加强与行业主管部门沟通，充分听取行业意见和专家意见，促进完善相关行业领域标准。

（五）工作方法类

该类要旨主要是总结检察工作经验，提炼检察办案过程中形成的切实可行、值得推广的工作方法。提炼时，应当阐明适用该种工作方法的具体情形，如明确的工作情境、要达到的工作目的等，并对工作做法进行简要总结。

表述方式一：工作目的 + 工作做法

示例 1：姚晓杰等 11 人破坏计算机信息系统案（检例第 69 号）。

该案提炼了检察机关在打击网络犯罪中，应当注意的工作方法，即：

为有效打击网络攻击犯罪，检察机关应加强与公安机关的配合，及时介入侦查引导取证，结合案件特点提出明确具体的补充侦查意见。对被害互联网企业提供的证据和技术支持意见，应当结合其他证据进行审查认定，客观全面准确认定破坏计算机信息系统罪的危害后果。

示例2：钱某故意伤害案（检例第82号）。

该案要旨对检察机关开展量刑协商工作的经验进行了总结：

检察机关应当健全量刑协商机制，规范认罪认罚案件量刑建议的形成过程。依法听取犯罪嫌疑人、辩护人或者值班律师的意见，通过出示有关证据、释法说理等方式，结合案件事实和情节开展量刑协商，促进协商一致。注重运用司法救助等制度措施化解矛盾，提升办案质效。

表述方式二：具体情形（案件）+工作方法，具体表述为"对于（某种情形）/办理（某种案件），应当/可以……"

示例1：王某凤等45人诉北京市某区某镇政府强制拆除和行政赔偿检察监督系列案（检例第120号）。

该案要旨阐释了办理行政诉讼监督案件的方法，具体表述为：

人民检察院办理行政诉讼监督案件，应当把实质性化解行政争议作为"监督权力"和"保障权利"的结合点和着力点。对与行政争议直接相关的民事纠纷应一并审查，促进各方达成和解，通过解决民事纠纷促进行政争议的一并化解，及时有效保护各方当事人的合法权益。

示例2：周某某与项某某、李某某著作权权属、侵权纠纷等系列虚假诉讼监督案（检例第192号）。

对于知识产权领域虚假诉讼案件，检察机关应依职权启动监督程序，通过监督民事生效裁判、移送刑事案件线索、提出社会治理意见建议等方式促进综合治理。

示例3：江苏省常州市人民检察院诉许建惠、许玉仙民事公益诉讼案（检例第28号）。

环境污染导致生态环境损害无法通过恢复工程完全恢复的，恢复成本远远大于其收益的或者缺乏生态环境损害恢复评价指标的，可以参考虚拟治理成本法计算修复费用……

示例4：南京百分百公司等生产、销售伪劣农药案（检例第62号）。

对于使用伪劣农药造成的农业生产损失，可采取田间试验的方法确定受损原因，并以农作物绝收折损面积、受害地区前三年该类农作物的平均亩产量和平均销售价格为基准，综合计算认定损失金额。

示例5：江西省上饶市人民检察院诉张某某等三人故意损毁三清山巨蟒峰民事公益诉讼案（检例第114号）。

对独特景观的生态服务价值损失，可以采用“条件价值法”进行评估，确定损害赔偿数额。

第三节　撰写注意事项

在撰写、提炼、打磨要旨的过程中，应当注意以下方面的问题：

一、要旨应当具有严谨性

要旨具有“准司法解释”效力，应立足于现行法律法规、司法解释，不能与其相冲突。公权力应当遵循“法无授权不可为”，而不是“法无禁止即自由”。要旨应当忠实于生效法律文书，在法律文书阐述理由的基础上进行提炼和概括，表达简明，语义确切，避免产生歧义。

二、要旨应当具有针对性

要旨的价值在于通过确立规则杜绝司法实践中“同案不同办”“类案不同处”现象，办案过程中控辩双方的争议焦点，一审、二审、再审裁判认定不一致的问题通常可以提炼司法规则。因此，提炼要旨时要坚持问题导向，增强问题意识，聚焦案例要解决哪些争议性问题，所有要旨均可以还原为“问题”的形式。

三、要旨应当具有普适性

指导性案例的要旨对类似案件具有“应当参照”的效力。如果只具有个案的典型性，不能普遍推广适用，换一种情境则不适用，或者相关问题争议较大，与相关办案机关认识分歧较大，暂无法形成一致意见的，则不适宜作为要旨。

示例 1：张四毛盗窃案（检例第 37 号）。

该案办理主要涉及域名定性，这一问题在实践中存在较大争议，理论界也有不同观点。该案要旨为：

网络域名具备法律意义上的财产属性，盗窃网络域名可以认定为盗窃行为。

实际上通过这一案例提炼了一条比较明确的规则，即“盗窃域名构成盗窃罪”。类似盗窃域名的案件办理，都应当遵循这一规则。

示例 2：江苏省宿迁市人民检察院对某电竞酒店向未成年人提供互联网上网服务提起民事公益诉讼案（2022 年度十大法律监督案例）。

该案报送稿将要旨归纳为：“具备互联网上网服务功能的电竞酒店，应认定为不适宜未成年人进入的营业场所，不得违规接纳未成年人并提供上网服务。新兴业态领域，因法律规定滞后性出现监管盲区时，检察机关可以能动履职，提起民事公益诉讼，通过个案办理促进经营规范、形成行业共识，推动行政监管完善和法律制度健全。”

修改后的要旨为：“虽未取得互联网服务经营许可证，但是以提供互联网上网服务作为主营业务和主要招揽手段，具备互联网上网服务经营场所实质功能的营业场所（电竞酒店、电竞书房、网咖等），应当认定为《中华人民共和国未成年人保护法》第五十八条规定的‘不适宜未成年人进入的场所’。上述营业场所违规接纳不特定未成年人并为其提供上网服务，损害社会公共利益，人民检察院依法可以对其提起公益诉讼。”

上述要旨中，报送稿的要旨内容仅局限于“电竞酒店”，修改后凸显出具有共同特征的此类场所。因此，应注意运用类型化思维，进行抽象、归纳，由此提炼要旨。

四、要旨应当具有新颖性

要旨既不是对法律、司法解释的直接援引或者变相重述，也不是法学理论通说和司法实践中已经形成的常识性认识。如果提炼出的问题，根据法律或者司法解释应有之义，通过演绎推理或者当然解释，就能够得出比较明确的法律适用结论，则不适宜作为要旨。同时，应当注意避免与此前发布的指导性案例要旨相雷同。

例如，在编研刑事抗诉指导性案例时，将一起入户盗窃转化为入户抢劫的抗诉案件作为备选案例。但考虑到该案与“陈邓昌抢劫、盗窃、付志强盗窃案”（检例第 17 号）的要旨雷同，尽管抗诉效果较好，但问题不具有新颖性和争议性，最终未作为备选案例。

五、要旨应当具有确定性

指导性案例的重要功能是推进法律统一适用，规范检察官办案的自由裁量权。因此，要旨的内容宜具体、明确，不应过于原则、笼统、含糊其词、模棱两可，如使用“办理某类案件，应当严格区分刑事犯罪与民事纠纷的界限”“对于某类事实，应当根据……方面综合认定”等表述。

最理想的要旨应当达到这样的效果：检察人员只需要浏览要旨就能明白如何参照指导性案例办理案件，并可以直接援引要旨在法律文书中进行释法说理。如果检察人员只看要旨还不清楚应该怎么做，需要通读整篇案例才能准确领会要旨的含义，那么要旨的提炼就是不成功的。要旨就如同一个“批复”，只不过是以案例形式呈现，案情、检察机关履职过程、指导意义等都是为要旨作注脚。

六、要旨应当避免简单重复法律、司法解释的规定，但可以对法律、司法解释的具体适用提出相应的细化规则

《最高人民检察院关于案例指导工作的规定》（2019 年修订）第十五条第一款规定：“各级人民检察院应当参照指导性案例办理类似案件，可以引述相关指导性案例进行释法说理，但不得代替法律或者司法解释作为案件处理决定的直接依据。”如果要旨重复法律、司法解释的规定，那么检察人员在办理案件时只需要援引法律、司法解释的规定即可，不需要再援引案例要旨进行释法说理，案例的指导价值便无从体现。

示例 1：江苏省常州市人民检察院诉许建惠、许玉仙民事公益诉讼案（检例第 28 号）。

侵权人因同一行为已经承担行政责任或者刑事责任的，不影响承担民事侵权责任。

该内容与《中华人民共和国侵权责任法》第四条的规定重复。

示例 2：曾云侵害英烈名誉案（检例第 51 号）。

对侵害英雄烈士的姓名、肖像、名誉、荣誉，损害社会公共利益的行为人，英雄烈士近亲属不提起民事诉讼的，检察机关可以依法向人民法院提起公益诉讼，要求侵权人承担侵权责任。

该内容与《英雄烈士保护法》第二十五条的规定重复。从该案指导意

义中可以挖掘以下要旨：一是检察机关办理侵害英雄烈士名誉民事公益诉讼案件，应当在提起诉讼前确认英雄烈士是否有近亲属以及近亲属是否提起诉讼。对于英雄烈士有近亲属的，应当当面征询英雄烈士的近亲属是否提起诉讼；对于英雄烈士近亲属下落不明的，可以通过公告的方式履行告知程序。二是检察机关办理侵害英雄烈士名誉民事公益诉讼案件，除围绕侵权责任构成要件收集、固定证据外，还要就侵权行为是否损害社会公共利益进行调查取证。

示例 3：无锡 F 警用器材公司虚开增值税专用发票案（检例第 81 号）。

对被不起诉人（单位）需要给予行政处罚、处分或者需要没收其违法所得的，应当依法提出检察意见，移送有关主管机关处理。

该内容与《中华人民共和国刑事诉讼法》第一百七十七条第三款的规定重复。从该案第三点指导意义中可以概括以下要旨：人民检察院依法向有关主管机关提出对被不起诉人（单位）给予行政处罚、处分或者没收违法所得的检察意见的，应当要求有关主管机关将处理结果及时通知人民检察院。有关机关未及时通知处理结果的，人民检察院应当依法予以督促。

示例 4：林某彬等人组织、领导、参加黑社会性质组织案（检例第 84 号）。

认罪认罚从宽制度可以适用于所有刑事案件，没有适用罪名和可能判处刑罚的限定……认罪认罚从宽制度贯穿刑事诉讼全过程，适用于侦查、起诉、审判各个阶段。

该内容与《最高人民法院、最高人民检察院、公安部、国家安全部、司法部关于适用认罪认罚从宽制度的指导意见》第五条的规定重复。

七、要旨应当突出指导性

指导性案例旨在解决检察机关在服务党和国家中心工作、司法办案堵点难点、深化检察改革等方面存在的问题。因此，要旨应该能够积极回应上述问题，引领高质效监督办案。要避免写成经验材料，不应宣传办案效果，不应出现“具体到本案中……”的表述或者描述具体案件的相关内容。

示例：黑龙江省检察机关督促治理二次供水安全公益诉讼案（检例第89号）。

报送稿将要旨概括为：“二次供水安全”是一项系统工程，事关人民群众切身利益。黑龙江省人民检察院践行以人民为中心的发展理念，针对二次供水安全公益保护专项监督中发现的“九龙治水”疏漏问题，在监督办案和调查研究的基础上，向黑龙江省人民政府发出检察建议，得到高度重视，促成行政机关依法全面履职，推动二次供水领域的沉疴顽疾得到整改，有效助力省域社会治理现代化。

上述内容是经验材料的写法，介绍检察机关经验做法和取得的成效，没有提炼出普遍适用的办案规则。

修改稿将要旨归纳为：检察机关办理涉及重大民生的公益诉讼案件，如果其他地方存在类似问题时，应当在依法办理的同时，向上级人民检察院报告。对于较大区域内存在公共利益受损情形且涉及多个行政部门监管职责的问题，可以由上级人民检察院向人民政府提出检察建议，促使其统筹各部门协同整改。

八、要旨应当把握立场和角度

检察指导性案例的要旨是为检察机关如何履职提供明确指导，而非指导人民法院如何裁判，应当从检察机关如何监督的角度表述规则，凸显检察案例的特色。换言之，检察指导性案例的要旨不是对当事人、公安机关、法院提出义务要求，明确他们当为什么、不当为什么，而是规定人民检察院应当如何履行职责。要旨一般采取“假定 + 行为模式”，即“监督事由（违法情形）+ 监督方式（程序）”的表达方式，主语应为“人民检察院”。

示例 1：黑龙江何某申请执行监督案（检例第 110 号）。

执行程序应当按照生效判决等确定的执行依据进行，变更、追加被执行人应当遵循法定原则和程序，不得在法律和司法解释规定之外或者未经依法改判的情况下变更、追加被执行人。对于执行程序中违法变更、追加被执行人的，人民检察院应当依法监督。

上述要旨中，如果没有最后一句话，则是法院案例的写法。以下列举的，就是针对同一案例，检察院和法院立足不同角度的表述。

示例 2–1：吉林省白山市人民检察院诉白山市江源区卫生和计划生育局及江源区中医院行政附带民事公益诉讼案（检例第 29 号）。

检察机关在履行职责中发现负有监督管理职责的行政机关存在违法行政行为，导致发生污染环境，侵害社会公共利益的行为，且违法行政行为是民事侵权行为的先决或者前提行为，在履行行政公益诉讼和民事公益诉讼诉前程序后，违法行政行为和民事侵权行为未得到纠正，在没有适格主体或者适格主体不提起诉讼的情况下，检察机关可以参照《中华人民共和国行政诉讼法》第六十一条第一款的规定，向人民法院提起行政附带民事公益诉讼，由法院一并审理。

示例 2–2：吉林省白山市人民检察院诉白山市江源区卫生和计划生育局、白山市江源区中医院环境公益诉讼案（指导案例 136 号）。

人民法院在审理人民检察院提起的环境行政公益诉讼案件时，对人民检察院就同一污染环境行为提起的环境民事公益诉讼，可以参照行政诉讼法及其司法解释规定，采取分别立案、一并审理、分别判决的方式处理。

可以看到，两个案例分别在开头便亮明了身份。检例第 29 号中，主语为检察机关，重点阐述检察机关提起刑事附带民事公益诉讼的适用情形。指导案例 136 号中，主语是人民法院，焦点集中在审判环节对检察机关提起的刑事附带民事公益诉讼处理方式。

示例 3–1：江西省上饶市人民检察院诉张某某等三人故意损毁三清山巨蟒峰民事公益诉讼案（检例第 114 号）。

破坏自然遗迹和风景名胜的行为，属于“破坏生态环境和资源保护”

的公益诉讼案件范围，检察机关依法可以提起民事公益诉讼。对独特景观的生态服务价值损失，可以采用“条件价值法”进行评估，确定损害赔偿数额。

示例 3–2：江西省上饶市人民检察院诉张永明、张鹭、毛伟明生态破坏民事公益诉讼案（指导案例 208 号）。

1. 破坏自然遗迹和风景名胜造成生态环境损害，国家规定的机关或者法律规定的组织请求侵权人依法承担修复和赔偿责任的，人民法院应予支持。

2. 对于破坏自然遗迹和风景名胜造成的损失，在没有法定鉴定机构鉴定的情况下，人民法院可以参考专家采用条件价值法作出的评估意见，综合考虑评估方法的科学性及评估结果的不确定性，以及自然遗迹的珍稀性、损害的严重性等因素，合理确定生态环境损害赔偿金额。

该案中，两个案例确定的两条核心观点是相呼应的，却因凸显不同环节的工作，采取了不同的表述方式。

示例 4–1：江苏省睢宁县人民检察院督促处置危险废物行政公益诉讼案（检例第 112 号）。

对犯罪行为造成的持续污染，检察机关可综合运用刑事检察和公益诉讼检察职能，对损害国家利益和社会公共利益的情形进行全方位监督。公安机关调查取证完成后，犯罪嫌疑人无力处置污染物，行政机关又不履行代处置义务的，检察机关应当督促其依法履职。

示例 4–2：睢宁县人民检察院诉睢宁县环境保护局不履行环境保护监管职责案（指导案例 216 号）。

危险废物污染环境且污染者不能处置的，危险废物所在地的生态环境主管部门应履行组织代为处置的法定职责，处置费用依法由污染者承担。生态环境主管部门以危险废物的来源或产生单位不在其辖区范围内为由进行不履责抗辩的，人民法院不予支持。

检察机关立足法律监督职能，将督促行政机关依法履职作为要旨进行强调，用以指导监督办案。而法院则是从不支持抗辩理由的角度阐明自身观点。

第四节　撰写示例展示

要旨是案例的魂，是得以影响后来案件的核心，是从案例中归纳、提取、升华，确立的类案办理规则，只有反复打磨，才能精益求精。通过对比指导性案例要旨部分不同修改版本，可以更加直观地展现指导性案例要旨的撰写修改过程。

示例 1：盛开水务公司污染环境刑事附带民事公益诉讼案（检例第 86 号）。

过程稿 1：刑事附带民事公益诉讼被告接受检察机关提出的诉讼请求，愿意积极赔偿损失，在不损害社会公共利益的前提下，检察机关可以与之调解。环境公益诉讼赔偿主体，可以根据案外第三人主动申请增加，增益公益修复目的和能力。检察机关可以综合考虑刑事附带民事公益诉讼被告、案外第三人履行赔偿能力、损害修复效果等因素，要求采用“现金赔偿 + 替代性修复”方式履行损害赔偿责任。

过程稿 2：刑事附带民事公益诉讼被告自愿接受公益诉讼请求，不损害社会公共利益，检察机关可与之和解或调解。为增益公益修复目的和能力，检察机关可以有条件根据第三人主动申请增加环境公益诉讼赔偿主体，并综合考虑公益诉讼被告方赔付能力、技术优势、生态修复效果等因素，要求采用“现金赔偿 + 替代性修复”方式履行公益损害赔偿责任。

过程稿 3：刑事附带民事公益诉讼被告接受诉讼请求且自愿调解的，检察机关可以在查清事实、明确责任的基础上，坚持依法、公开和不让渡公共利益的原则，积极稳妥地与之达成调解协议。检察机关可以依申请将案外第三人列为生态环境损害共同赔偿主体，并全面考察被告及案外第三人实际赔偿能力、经营发展状况、损害修复效果等因素，综合运用现金赔偿、替代性修复、行政诉前检察建议、提起立法议案等方式，充分履行法律监督职责，确保受损公益得以恢复，立足办案促进社会综合治理，服务发展大局。

发布稿：检察机关办理环境污染民事公益诉讼案件，可以在查清事实明确责任的基础上，遵循自愿、合法和最大限度保护公共利益的原则，积极参与调解。造成环境污染公司的控股股东自愿加入诉讼，愿意承担连带责任并提供担保的，检察机关可以依申请将其列为第三人，让其作为共同赔偿主体，督促其运用现金赔偿、替代性修复等方式，承担生态损害赔偿的连带责任。对办案中发现的带有普遍性的问题，检察机关可以通过提出检察建议、立法建议等方式，促进社会治理创新。

该案撰写过程中，因实际案情复杂、亮点较多，写作时倾向于面面俱到，过程稿较为还原个案事实及办案过程、办案细节，如“全面考察被告及案外第三人实际赔偿能力、经营发展状况、损害修复效果等因素”，没有较好地紧扣“社会治理案例”主题，重点不够突出、观点提炼不够精确，语言概括度欠缺。办案规则应来源于个案高于个案，提炼升华为非特定的、非个体的而具有一般性的规则，才能对同一类相似案件具有普遍性的指导意义。发布稿突出办案主体为检察机关、办案领域界定环境污染民事公益诉讼案件，办案规则三个层次：个案调解最大限度保护公共利益的原则；检察机关审查第三人能否加入赔偿主体并督促其创新使用现金与替代性修复赔偿方式；检察建议、立法建议促进社会治理创新。发布稿要旨对法律的适用内容全面、层次清晰、详略得当、含义确定，用语严谨、规范、精当、抽象性程度高于案情具体化程度，增强了案例的规范性和实际指导性。

示例 2：李卫俊等“套路贷”虚假诉讼案（检例第 87 号）。

过程稿 1：恶势力犯罪集团通过“套路贷”手段，获取虚增债务数额的借条、虚假租赁合同等证据后，隐瞒真实借款事实，向法院提起民事诉讼，欺骗法院作出错误民事裁判，严重扰乱当地社会秩序，妨害司法权威，检察机关应依法予以监督；在案件办理中对发现的审判程序违法、金融监管漏洞，检察机关可发出检察建议，促进规范管理、行业整治。

过程稿 2：针对“套路贷”犯罪案件中发现的民事虚假诉讼，检察机关应当在依法打击刑事犯罪同时，通过发送再审检察建议、提请抗诉等方式对虚假诉讼行为进行监督；对发现的金融监管漏洞，检察机关可以通过发送检察建议促进行业规范。

发布稿：检察机关办理涉及“套路贷”案件时，应当查清是否存在通过虚假诉讼行为实现非法利益的情形。对虚假诉讼中涉及的民事判决、裁定、调解协议书等，应当依法开展监督。针对办案中发现的非法金融活动和监管漏洞，应当运用检察建议等方式，促进依法整治并及时堵塞行业监管漏洞。

在反复修改打磨的过程中，语言可以变得更加简洁，概念也更加周延，提炼的规则要素之间更有层次感。这部分很难，最初的写作稿件中，撰写者既要体现刑民一体查办提升监督质效的内容，又要体现“套路贷”中审查民事虚假诉讼的方法，还要去展现综合运用多种方式促进金融治理，所以开始的要旨偏长，有点啰唆，核心点也展现不充分，在后期不断修改完善后，层次逐渐清晰，提炼了三个核心规则，每个规则中都体现了检察履职的方法，而且语言也很简洁和规范。由此看来，要旨的撰写也是一个学习的过程，撰写人从一个单纯的办案检察官到充分参与案后的总结提炼，视野和角度更开阔，思考问题更深入，收获很大。

示例 3：江苏省扬州经济技术开发区人民检察院督促整治闲置国有土地行政公益诉讼案（检例第 184 号）。

过程稿 1：检察机关在办理国有土地使用权出让领域公益诉讼案件时，应当通过个案办理，注重挖掘具有普遍性的问题，深入开展调查研究，推动系统治理……国有土地关系国计民生，相关行政机关监管不到位导致土地长期闲置。检察机关可以通过一体化办案机制，依法综合开展行政公益诉讼和民事公益诉讼，堵塞行政监管制度机制方面的缺漏，维护良好的国有土地出让秩序，更好地服务保障当地经济社会发展大局。

过程稿 2：对于土地闲置低效的多种情形，检察机关可以开展成因调查，找准问题症结，提出检察监督事项和依法履职的司法路径。因行政机关不积极履职致使国有土地资源长期闲置或低效利用的，检察机关可以依法履行公益诉讼职责，坚持因地施策、分类处置的办案理念，督促行政机关履行相应职责，维护合法有序的国有土地监管秩序。

过程稿 3：对于国有土地使用权出让后土地闲置、违反土地出让协议约定用途等情形，检察机关可以通过分析研判，找准法律监督的切入点。紧紧依靠党委，通过行政公益诉讼督促负有监管职责的行政机关依法履行职责。涉及多个行政机关、多个相对人、多种违法违约类型的，可以采取不同办案方式分类处置。

发布稿：对于国有土地使用权出让后土地闲置、违反土地出让协议约定用途等情形，检察机关可以通过行政公益诉讼督促负有监管职责的行政机关依法履行职责。涉及多个行政机关、多个相对人、多种违法行为类型的，检察机关可以采取不同办案方式分类处置。

国有土地是国家的重要物质基础，关系国计民生，但该领域一直存在办案线索隐秘性强、来源渠道窄、办案阻力大的难题。在本案办理中，检察机关以突破 326 亩闲置国有土地行政公益诉讼为抓手，把维护国家级开发区健康合法的土地市场监管秩序和市场交易秩序作为监督重点。该案申报稿修改共计 44 稿，在酝酿、打造最终入选指导性案例的过程中，既离不开上级院的精心指导谋划，也离不开承办单位和承办检察官深入的分析研判、扎实的履职办案，以及反复的打磨提炼。办案中，检察官牢牢把握从履职要求层面延展到最终效果实现层面，将“分类施策”“协同共治”作为办案与案例打造的“题眼”，在案例不断修改过程中也得到了上级院的肯定与强化，相应的要旨也就水到渠成了。

第七章　基本案情的撰写技巧与方法

第一节　概　述

基本案情部分主要是简要概括案件的事实要素，通常包括当事人和事实两部分，部分案例还可以根据需要，简要列明诉讼经过、裁判结果、申请监督、监督结果等相关内容，以体现基本案情的完整性。基本案情的定位是服务提炼办案规则和展示案例应用场景，与承担指控犯罪、确定法律关系的案件事实存在明显差异，这也决定了基本案情一般要在案件事实的基础上进行编辑加工，以凸显案例指导工作的针对性、阅读的便捷性以及与要旨、指导意义等的对应性。其基本特点如下：

一是遵从既判事实。遵从既判事实是指导性案例既判力在事实层面的具体体现。凡是基本案情叙述的事实，均应当是法律文书认定的事实或者是科学定律等社会普遍认知的事实；凡是与终局性法律文书认定不一致且有必要在基本案情中进行说明的，需明确认定该法律文书或作出该法律文书的主体，以显示非终局性法律事实或者观点。对于部分具有承继关系的法律文书，比如维持或部分改变一审裁判结果的法律文书，被终局性法律文书认可的事实、理由、说理等也是终局性法律文书认定事实的一部分，也可以作为基本案情的素材。[①] 为提高基本案情归纳的准确性，规避中间环节法律文书在事实认定等方面与终局性文书存在出入，可以在终局性文

① 参见江厚良、王成:《从判决到“判例”：指导性案例的文书剪辑与编写》，载易延友主编:《中国案例法评论》2015 年第 2 辑（总第 2 辑），法律出版社 2015 年版。

书认定的案件事实和诉讼过程的基础上进行摘录和加工。

示例：广州蒙娜丽莎建材有限公司、广州蒙娜丽莎洁具有限公司与国家知识产权局商标争议行政纠纷诉讼监督案（检例第191号）。

该案例基本案情部分概述了一审法院的裁判结论："北京市第一中级人民法院一审认为，……争议商标与引证商标在整体视觉效果上区别明显，不构成近似商标。判决撤销被诉裁定，由商标评审委员会重新作出裁定。"

同时列明了二审法院认定的情况："北京市高级人民法院作出二审判决认定，争议商标核定使用的'盥洗室（抽水马桶）、坐便器'商品，与引证商标核定使用的'蒸气浴设备、桑拿浴设备、浴室装置'等商品不构成类似商品；……判决驳回上诉，维持原判。建材公司、洁具公司申请再审，再审申请被驳回。"

因上述判决系阶段性判决且与终局性判决不一致，在表述时均明确"北京市第一中级人民法院一审认为""北京市高级人民法院作出二审判决认定"。

二是内容详略得当。法律文书中案件事实旨在全面展示案涉当事人之间法律关系及具体行为，服务于认定当事人的法律责任，而基本案情则是提炼办案规则的场景，服务于案例指导工作。因此，基本案情只需完整、准确、客观展示与要旨、指导意义等相关的内容，不要求全面展示案件涉及的当事人、每个当事人的具体行为、每一个法律关系或事实。对与办案规则提炼和应用不相关的事实、情节等内容，可以略去或者概括表述，保持基本案情的简洁、凝练，提高案例指导工作的针对性。

示例：李某荣等七人与李某云民间借贷纠纷抗诉案（检例第154号）。

2004年至2005年期间，李某云因经营耐火材料厂，分四次向魏某义借款140万元并出具借条。2006年7月31日，魏某义因病去世。魏某义的法定继承人（即李某荣等七人）凭借条多次向李某云催要借款，李某云以已经偿还为由拒绝还款。

2007年6月5日，李某荣等七人将李某云诉至河南省新密市人民法院，请求判令：李某云偿还借款140万元及起诉后的利息。李某云应诉后，向一审法院提交内容为“李某云借款已全部还清，以前双方所写借款条和还款条自行撕毁，以此为据。2006.5.8立字据人：魏某义”的字据（以下简称还款字据），据此主张已将借款还清。李某云于2007年7月9日自行委托河南某司法鉴定中心对还款字据进行鉴定。2007年7月17日，该司法鉴定中心作出鉴定意见，认为还款字据中“魏某义”的签名系本人所写，指纹系本人捺印。经李某荣等七人申请，一审法院于2007年7月26日委托西南某司法鉴定中心对还款字据进行鉴定。2007年9月4日，该司法鉴定中心作出鉴定意见，认为还款字据上“魏某义”三字不是本人书写形成，不能确定指印是否打印形成。法庭质证中，李某云对内容为“李某云原借款下欠20万元未还，因合作硅砖款未收回，收回后归还，其他借款已全部归还，原借款条作废。2006.5.4.魏某义”的鉴定样本提出异议。经法庭核实，双方均否认提交过该鉴定样本，法院亦未向西南某司法鉴定中心送检。李某云以此为由主张鉴定意见不应采信并申请重新鉴定。一审法院委托辽宁某司法鉴定所重新鉴定。2008年5月21日，该司法鉴定所作出鉴定意见，认为还款字据上“魏某义”签名与样本上“魏某义”签名为同一人所写。一审法院采信辽宁某司法鉴定所作出的鉴定意见，判决驳回李某荣等七人提出的全部诉讼请求。

李某荣等七人不服一审判决，向郑州市中级人民法院提出上诉。二审中，李某荣等七人申请对还款字据重新鉴定。二审法院委托北京某物证鉴定中心对还款字据进行鉴定。2009年10月19日，该鉴定中心作出鉴定意见，认为还款字据上“魏某义”签名字迹与样本上“魏某义”签名字迹是同一人所写，指印是魏某义用印油按捺形成……

该案例基本案情简要介绍借款事实和因继承产生债权关系转移等情况后，详细叙述了与本案要旨鉴定意见审查采信规则相关的案涉还款字据鉴

定和法院裁判采纳情况，做到了详略得当。

三是叙述简洁明了。基本案情在具体表述时，除了需要具备客观、规范等基本要求，还要力求干净、简洁、直接。在句式选择上，多使用竹节式短句，便于快速理解基本案情所表达的内容。在语言表达上，力求规范、书面表达，慎重创设新名词、新词汇，除直接引用、客观陈述事实或情节外，慎用网络用语、口语等不规范表达，以体现基本案情表述的规范性；对于具体技术术语、专利名称等烦琐表达，可以使用简化的、无歧义的规范的简称、英文缩写等来概括。基本案情简洁表述的同时，还要注意避免以偏概全，不当扩大或限缩案件事实。[①] 在逻辑关系上，宜按照事情发展经过、诉讼程序和履职过程等时间顺序进行叙述，必要时可以分段、分罪名表述。

示例：李某某帮助信息网络犯罪活动案（检例第 203 号）。

2019 年，李某某在某职业中学就读期间，为方便支取生活费，在当地商业银行开设账户，办理了一张单日转账额度最高可为 50 万元人民币的借记卡。2021 年 5 月，李某某的同学卢某某、彭某某（均已满 18 周岁，另案处理）向其提出“需要将网络赌博平台上汇集的充值资金，使用绑定的银行卡转账，如果愿意提供本人银行卡用于转账，就可以分钱”，并给其看了该赌博平台应用程序的截图。李某某为了能“轻松挣钱”遂表示同意。5 月 7 日至 18 日，在彭某某的指使下，李某某使用本人借记卡代为转账，并采取变更转账地点的方式规避调查。上述期间内，该借记卡单向流水金额合计人民币 420 余万元，李某某在分得人民币 3000 元后，因“感觉容易出事”遂未再参与。

该案例基本案情共有四句话。其中，第一句话点明李某某办理银行卡的目的是自用而非为了实施犯罪；第二句话既说明其是被同学利用而使用

① 参见吴颖超：《论指导案例的编写》，载《法律适用·司法案例》2018 年第 14 期。

银行卡帮助转账，也明确其对违法犯罪行为的明知；第三句话则简要说明转账过程；第四句话则说明转账金额、获利金额以及认识到违法犯罪后不再参与实施犯罪情况。上述案件基本案情表述简洁明了，逻辑清晰，没有赘述。

四是做到前后呼应。指导性案例各部分之间是一个有机整体。基本案情作为基础部分，应当与其他各部分，尤其是要旨、检察机关履职情况、指导意义等部分，做到内在关联、前后呼应。前后呼应既要关注法律关系层面的对应关系，也要尽量避免各部分之间的重复。对于历经多个司法程序的监督类案例，可以在基本案情中对诸如诉讼过程、裁判结果、监督结果等内容，一并予以表述，不仅能体现案情的完整性，同时也有助于后续的履职部分聚焦案件争议焦点。对于部分专业性术语、词汇等与理解案情相关的释义，也可以在基本案情中予以说明。对检察机关履职具有指导作用或者价值考量的党和国家出台的相关政策、案件办理背景等案外事实、情节，亦可以根据需要在基本案情中作客观陈述。

示例 1：防止未成年人滥用药物综合司法保护案（检例第 171 号）。

"右美沙芬"属于非处方止咳药，具有抑制神经中枢的作用，长期服用会给人带来兴奋刺激，易产生暴躁不安、冲动、醉酒样等成瘾性身体表现，易诱发暴力型犯罪或遭受侵害。该药物具有一定的躯体耐受性，停药后会出现胸闷、头晕等戒断反应……

该案例在基本案情中交代了"右美沙芬"药品属性和长期服用产生的不良后果，凸显了滥用药物的社会危害性，与检察机关公益诉讼履职的必要性相呼应。

示例 2：赵某诉内蒙古自治区某旗退役军人事务局给付烈士子女定期生活补助诉讼监督案（检例第 208 号）。

2012 年 1 月 20 日，民政部、财政部《关于给部分烈士子女发放定期生活补助的通知》（民发〔2012〕27 号，以下简称《通知》）规定，从 2011

年7月1日起，给居住在农村和城镇无工作单位、18周岁之前没有享受过定期抚恤金待遇且年满60周岁的烈士子女发放定期生活补助。2012年2月16日，内蒙古自治区民政厅、财政厅《关于落实给部分烈士子女发放定期生活补助政策的实施意见》（内民政优〔2012〕32号，以下简称《意见》）规定……发放程序为个人申报、初审认定、建立档案。2019年1月，该职能由旗民政局转至旗退役军人事务局。

该案例在基本案情中介绍了向烈士子女发放定期生活补助等相关政策和规定，与检察机关履职过程部分认定行政机关违法相呼应。

第二节　主要结构类型

一、线性叙事型

线性叙事型是按照案件发生的时间顺序，截取与案件起因、发展、结果等相关的关键节点，展现案件发展基本过程。线性叙述符合人的思维习惯和认识事物的客观规律，是基本案情最为常见的叙事方式。

示例1：黄某某等人重大责任事故、谎报安全事故案（检例第96号）。

同年11月3日16时许，“天桐1”船舶靠泊在A公司2000吨级码头，准备接运A公司3005#储罐内的碳九。

18时30分许，当班的刘某某、陈小某开始碳九装船作业……

19时许，刘某某、陈小某打开码头输油阀门开始输送碳九……

4日凌晨，输油软管因两端被绳索固定致下拉长度受限而破裂，约69.1吨碳九泄漏，造成A公司码头附近海域水体、空气等受到污染，周边69名居民身体不适接受治疗。泄漏的碳九越过围油栏扩散至附近海域网箱养殖区，部分浮体被碳九溶解，导致网箱下沉。……

该案例基本案情根据安全事故的起因、发展和结果过程，截取4个时间段进行叙述，清晰地反映了案件全貌。

示例 2：隋某某利用网络猥亵儿童，强奸，敲诈勒索制作、贩卖、传播淫秽物品牟利案（检例第 200 号）。

2022 年 1 月，隋某某通过网络社交软件添加未成年被害人刘某某为好友，随后多次向刘某某发送淫秽视频，并威胁、诱导刘某某自拍裸照、裸体视频发送其观看。

2022 年 2 月 8 日、15 日，隋某某以传播刘某某裸照、裸体视频相威胁，两次强迫刘某某与其发生性关系。隋某某还以传播照片、视频相威胁，先后三次向刘某某索要钱财，共计得款人民币 840 元。

2022 年 3 月 5 日，隋某某将编辑后的刘某某视频以 5 元一件的价格出售给王某某等多人，其中 7 人为未成年学生，获利人民币 50 元。

该案例基本案情根据猥亵儿童、强奸、敲诈勒索以及制作、贩卖、传播淫秽物品牟利等 4 个罪名的案发时间，展示整个案件全貌，也与要旨中“数罪并罚”相契合。

二、概括归纳型

概括归纳型是对犯罪方法或者某个犯罪行为进行概括、笼统叙述，避免类似犯罪行为、作案手法等简单重复表述，让读者可以在短时间内了解整个案件情况。多适用于犯罪人数众多的共同犯罪和一人犯多起同种犯罪的情形。

示例 1：叶经生等组织、领导传销活动案（检例第 41 号）。

金乔网的经营模式是：1. 经上线经销商会员推荐并缴纳保证金成为经销商会员，无需购买商品，只需发展下线经销商，根据直接或者间接发展下线人数获得推荐奖金，晋升级别成为股权会员，享受股权分红。2. 经销商会员或消费者在金乔网经销商会员处购物消费满 120 元以上，向宝乔公司支付消费金额 10% 的现金，即可注册成为返利会员参与消费额双倍返利，可获一倍现金返利和一倍的金乔币（虚拟电子货币）返利。3.金乔网在全国各地设立省、地区、县（市、区）三级区域运营中心，各运营中心设区域代理，由经销商会员负责本区域会员的发展和管理，享受区域范围内不同种类业绩一定比例的提成奖励。

该案例基本案情对金乔网的经营模式，即犯罪方式进行概括叙述，相较于分节式表述，可以更好展示案件整体情况，也便于案例发布后的实践应用。

示例2：梁永平、王正航等十五人侵犯著作权案（检例第193号）。

自2018年起，梁永平先后成立武汉链世界科技有限公司、武汉快译星科技有限公司，指使王正航聘用万萌军等人开发、运营“人人影视字幕组”网站及安卓、苹果、TV等客户端；梁永平又聘用谢明洪等人组织翻译人员，从境外网站下载未经授权的影视作品，翻译、制作、上传至相关服务器，通过所经营的“人人影视字幕组”网站及相关客户端为用户提供在线观看和下载服务。经鉴定及审计，“人人影视字幕组”网站及相关客户端内共有未授权影视作品32824部，会员数量共计683万余个。为牟取非法利益，梁永平安排谢文翔负责网站和客户端广告招商业务；安排丛军凯负责在网站上销售拷贝有未经授权影视作品的移动硬盘。自2018年1月至2021年1月，非法经营数额总计人民币1200余万元，其中收取会员费人民币270余万元，赚取广告费人民币880余万元，销售硬盘获利人民币100余万元。

该案例基本案情从四个维度概括了本案侵犯知识产权犯罪方式，即在成立的武汉链世界科技有限公司、武汉快译星科技有限公司之下，分为开发、运营网站和客户端→境外网站下载未经授权的影视作品并上传网站和客户端→网站和客户端广告招商业务→网站上销售拷贝有未经授权影视作品的移动硬盘等，归纳后整个犯罪模式清晰易懂，便于读者理解。若先整体表述犯罪方式，最后再整体叙述侵权影视作品数量及牟利情况，可以避免把“侵权”与“牟利”两者相互割裂，更符合案件发生的客观实际。

三、罪名分叙型

罪名分叙型是以犯罪嫌疑人、被告人涉嫌的罪名为主线进行分段叙述，每个罪名根据各自的起因、发展、结果等进行全面描述。该类型可以完整展示每个犯罪事实的发展过程，便于展示每个罪名事实的发展和案件犯罪嫌疑人、被告人涉嫌犯罪的整体概况。多用于一人涉嫌多个罪名且不同罪名之间不宜放在一起表述的情形。

示例1：彭旭峰受贿，贾斯语受贿、洗钱违法所得没收案（检例第128号）。

（一）涉嫌受贿犯罪事实

2010年至2017年，彭旭峰利用担任某市住房和城乡建设委员会副主任、轨道交通集团有限公司党委书记、董事长等职务上的便利，为有关单位或个人在承揽工程、承租土地及设备采购等事项上谋取利益，单独或者伙同贾斯语及彭某一等人非法收受上述单位或个人给予的财物共计折合人民币2.3亿余元和美元12万元……

（二）涉嫌洗钱犯罪事实

2012年至2017年，贾斯语将彭旭峰受贿犯罪所得人民币4299万余元通过地下钱庄或者借用他人账户转移至境外。

2014年至2017年，彭旭峰、贾斯语先后安排彭某一等人将彭旭峰受贿款兑换成外币后，转至贾斯语在其他国家开设的银行账户，先后用于在4个国家购买房产、国债及办理移民事宜等。应中华人民共和国刑事司法协助请求，相关国家对涉案房产、国债、资金等依法予以监管和控制。

该案例基本案情根据彭旭峰、贾斯语涉嫌受贿罪和贾斯语涉嫌洗钱罪两个不同罪名进行分开表述，不仅解决了一并表述存在的衔接难题，还可以更全面地阐述清楚每个犯罪事实的发展过程。

示例2：桑某受贿、国有公司人员滥用职权、利用未公开信息交易案

（检例第 188 号）。

（一）受贿罪。2009 年至 2017 年，被告人桑某利用担任甲公司投资投行部总经理，乙公司总经理、董事长等职务上的便利，为相关公司或个人在企业融资等事项上提供帮助，收受公司、个人给予的股权、钱款共计折合人民币 1.05 亿余元……

（二）国有公司人员滥用职权罪。（略）

（三）利用未公开信息交易罪。2015 年 6 月至 2016 年 9 月，桑某利用职务便利，获取乙公司及该公司实际控制的某基金证券账户投资股票名称、交易时间、交易价格等未公开信息。……桑某违反相关规定，利用上述未公开信息，操作其本人控制的公司和他人名下证券账户进行关联趋同交易，非法获利 441.66 万元。

该案基本案情对桑某涉嫌的受贿、国有公司人员滥用职权、利用未公开信息交易罪等犯罪事实分别进行叙述，全面展示了各个犯罪行为的发展过程。

对于虽然涉嫌多个罪名，但犯罪事实简单、罪名之间关联性较强且没有单独叙述必要情形的，无须按照罪名来分别叙述。具体可以参照隋某某利用网络猥亵儿童，强奸，敲诈勒索，制作、贩卖、传播淫秽物品牟利案（检例第 200 号）中基本案情的表述方式。

四、履职排列型

履职排列型是根据履职的时间顺序或者逻辑顺序进行叙述的一种方法，主要适用于监督类案例。在适用履职排列法时，可以与线性叙事法等进行结合，更好反映案件事实和检察履职过程，多用于民事检察、行政检察、公益诉讼检察等领域案例。

示例 1：糜某诉浙江省某市住房和城乡建设局、某市人民政府信息公开及行政复议检察监督案（检例第 149 号）。

……

2017年2月9日，市住建局作出《政府信息依申请公开告知书》，并向糜某提供其申请公开的房地产所有权证复印件一份。

2月16日，糜某向市人民政府申请行政复议。……遂于4月16日作出维持原行政行为的行政复议决定书，……专递送达。

同年4月18日，某邮政公司投递员因电话联系糜某未果……其于同年5月10日才实际收到该邮件。

2017年5月12日，糜某向某市某区人民法院提起行政诉讼……一审法院认为，糜某于2017年4月18日收到行政复议决定，5月12日提起行政诉讼，已超过法定的十五日起诉期限，裁定不予立案。

该案基本案情按照行政机关履职、文书送达、法院履职等顺序进行表述，完整反映了整个案件履职过程及存在的违法行为。

示例2：罪犯向某假释监督案（检例第195号）。

……

2014年10月28日，向某等三人驾车途中与被害人张某某产生纠纷，在争执过程中发生打斗，向某持随手捡起的砖块击打被害人张某某头部，张某某经送医抢救无效后死亡。

2015年8月25日，向某因犯故意伤害罪被山东省临清市人民法院判处有期徒刑十年六个月，刑期至2025年5月2日止。该犯不服，提出上诉后被法院裁定驳回上诉，维持原判。

2016年1月8日，向某被交付山东省聊城监狱执行刑罚。

聊城市中级人民法院于2018年7月26日、2020年11月16日分别裁定对向某减刑九个月，刑期至2023年11月2日止。

该案例基本案情在简要叙述原刑事案件案发经过后，又简明阐述了判刑、交付执行、减刑等诉讼程序过程，并对检察机关监督纠正的减刑情况进行客观表述。

第三节　撰写技巧与方法

基本案情的撰写是在案件事实的基础上进行删减、合并、提炼、修正的过程，主要有以下撰写方法：一是事实剪辑法，通过删除与案例规则不相关内容，对终局性法律文书认定的事实进行再“编辑”，实现简洁明了、前后呼应。事实剪辑法只能删减与案例规则不相关的内容，不得对时间、地点、人物、起因、经过、结果等基本要素进行删减。删减后的“案例事实”与终局性法律文书所呈现的案件事实之间，应避免出现“失真”问题。二是内容扩充法，对超出案件事实但需要在基本案情中呈现的内容，可以进行扩写。扩写的内容应当是具有效力的法律文书认定的事实、情节以及符合社会一般认知的客观事实等，未被法律文书认定且客观真实性存有争议的内容，不得出现在基本案情中。扩写主要服务于案例规则提炼和便于案例应用。三是归纳提炼法，通过对法律文书认定的事实进行概括、提炼，在不改变基本事实的前提下，对相关犯罪手法、没有争议的法律关系等进行概括表达，达到避免重复表达、简化内容的目的。归纳提炼法要求概括精准、适可而止、便于阅读，既要防止过于抽象，无法体现案件个性事实，也要防止以偏概全，改变案件事实的内涵和外延。四是言辞修正法，在对案件事实删减、增加、归纳等基础上，对基本事实整体表达进行修正，改正修辞、语法错误等问题，从而提高基本案情用语的严谨和规范，便于后续案例理解和应用。[①]

下文根据刑事检察、民事检察、行政检察、公益诉讼检察、综合履职等履职特点，简要释明各类案例基本案情要素和需要关注的事项。

---

① 参见江厚良、王成:《从判决到“判例”：指导性案例的文书剪辑与编写》，载易延友主编:《中国案例法评论》2015 年第 2 辑（总第 2 辑），法律出版社 2015 年版。

一、刑事检察案例

刑事检察案例应当列明当事人基本信息、案件事实等必备要素。根据叙述需要，可以在基本案情中列明裁判结果、诉讼程序、执行情况、违法行为等其他内容。基本结构是“当事人＋事实＋其他”。当事人信息，主要包括姓名、性别、出生年月、职业或籍贯等信息；对于涉案人员较多的，可以只列举案件主要当事人，其他用“被告人××等××名被告人基本情况略”等替代。除介绍当事人信息时明确犯罪嫌疑人、被告人等身份外，基本案情中只写明姓名或名称即可，无须在姓名前加被告人、犯罪嫌疑人等身份。案件事实，主要包括时间、地点、人物、起因、发展、经过、后果等基本要素。其他，主要是超出案件基本事实的内容，不是每个案例都需要叙述，确有必要叙述时，需注重遵循裁判既判力原则和所表述内容需客观、真实且无争议。

示例1：于海明正当防卫案（检例第47号）。

于海明，男，1977年3月18日出生，某酒店业务经理。

2018年8月27日21时30分许，于海明骑自行车在江苏省昆山市震川路正常行驶，刘某醉酒驾驶小轿车（经检测，血液酒精含量87mg/100ml），向右强行闯入非机动车道，与于海明险些碰擦。刘某的一名同车人员下车与于海明争执，经同行人员劝解返回时，刘某突然下车，上前推搡、踢打于海明。虽经劝解，刘某仍持续追打，并从轿车内取出一把砍刀（系管制刀具），连续用刀面击打于海明颈部、腰部、腿部。刘某在击打过程中将砍刀甩脱，于海明抢到砍刀，刘某上前争夺，在争夺中于海明捅刺刘某的腹部、臀部，砍击其右胸、左肩、左肘。刘某受伤后跑向轿车，于海明继续追砍2刀均未砍中，其中1刀砍中轿车。刘某跑离轿车，于海明返回轿车，将车内刘某的手机取出放入自己口袋。民警到达现场后，于海明将手机和砍刀交给处警民警（于海明称，拿走刘某的手机是为了防止对方打电话召集人员报复）。刘某逃离后，倒在附近绿化带内，后经送医抢救无效，因腹部大静脉等破裂致失血性休克于当日死亡。于海明经人身检查，见左颈部条形挫伤1处、左胸季肋部条形挫伤1处。

8月27日当晚公安机关以“于海明故意伤害案”立案侦查，8月31日公安机关查明了本案的全部事实。9月1日，江苏省昆山市公安局根据侦查查明的事实，依据《中华人民共和国刑法》第二十条第三款的规定，认定于海明的行为属于正当防卫，不负刑事责任，决定依法撤销于海明故意伤害案。其间，公安机关依据相关规定，听取了检察机关的意见，昆山市人民检察院同意公安机关的撤销案件决定。

该案例基本案情分为三部分：第一部分介绍了案涉于海明个人基本信息（当事人）；第二部分介绍了案件基本事实，是基本案情的核心部分（事实）；第三部分介绍了立案、撤案和听取检察机关意见过程（其他）。为简化表述、提高阅读效率，对部分细节性事实可以通过加括号的方式予以客观叙述。

示例2：宋某某危险驾驶二审、再审抗诉案（检例第182号）。

公安机关侦查终结后，2015年12月18日以宋某某涉嫌危险驾驶罪向海口市秀英区人民检察院移送审查起诉。2016年6月3日，秀英区人民检察院认为该案认定宋某某危险驾驶的事实不清、证据不足，不符合起诉条件，对宋某某作出不起诉决定，同日报上级检察院备案审查。海口市人民检察院审查后报海南省人民检察院。海南省人民检察院经审查，认为不起诉决定有误，要求秀英区人民检察院纠正。2017年3月23日，秀英区人民检察院撤销原不起诉决定，同月29日以危险驾驶罪对宋某某提起公诉。2017年9月28日，秀英区人民法院经审理认为，检察机关指控宋某某犯危险驾驶罪的事实不清、证据不足，判决宋某某无罪。

该案例基本案情除叙述了当事人和案件基本事实，还详细介绍了该案移送起诉、作出不起诉、撤销不起诉、提起公诉、法院判决无罪等相关诉讼程序，体现了检察机关履职全过程，客观反映了案件历经二审、再审抗诉的艰难过程。

执行监督类案例，一般不涉及原刑事案件事实认定和实体处理，可以不表述基本案情或者直接以裁判认定的罪名概括表述，只需客观陈述执行违法行为或者执行情况及过程。

示例3：宣告缓刑罪犯蔡某等12人减刑监督案（检例第70号）。

罪犯蔡某，女，1966年9月6日出生，因犯受贿罪于2009年12月22日被江苏省南京市雨花台区人民法院判处有期徒刑三年，缓刑四年，缓刑考验期自2010年1月4日起至2014年1月3日止。另有罪犯陈某某、丁某某、胡某等11人分别因犯故意伤害、盗窃、诈骗等罪被人民法院判处有期徒刑并宣告缓刑。上述12名缓刑罪犯，分别在南京市的7个市辖区接受社区矫正。

2013年1月，南京市司法局以蔡某等12名罪犯在社区矫正期间确有悔改表现为由，向南京市中级人民法院提出减刑建议。2013年2月7日，南京市中级人民法院以蔡某等12名罪犯能认罪服法、遵守法律法规和社区矫正相关规定、确有悔改表现为由，依照刑法第七十八条规定，分别对上述罪犯裁定减去六个月、三个月不等的有期徒刑，并相应缩短缓刑考验期。

该案基本案情分为两部分：第一部分介绍了罪犯、判决、社区矫正情况；第二部分介绍了减刑情况，也即本案的违法行为。

示例4：罪犯唐某假释监督案（检例第199号）。

罪犯唐某，男，1988年3月出生，户籍所在地湖南省衡阳县金兰镇。

2017年1月4日，唐某因犯贩卖毒品罪被湖南省衡阳县人民法院判处有期徒刑十年，并处罚金人民币3万元，刑期至2024年11月19日止。唐某提出上诉，2017年6月7日，被湖南省衡阳市中级人民法院裁定驳回上诉，维持原判。后唐某被交付湖南省雁南监狱执行刑罚。

该案例基本案情仅叙述了唐某一审、二审和交付执行等诉讼和交付执行情况，未对执行违法或者检察监督履职进行叙述。这样既未明确执行违法也未交代检察机关履职情况的情形较为少见，从叙述的完整性上，增加监狱征求检察机关意见、检察机关不同意假释等内容，更能体现前后呼应的要求。

二、民事检察案例

民事检察案例基本案情应当列明诉讼当事人基本情况或关系、案件事实、诉讼过程、裁判结果、执行情况等基本要素。根据案例具体需要，也可以列明违法行为、检察监督等其他相关内容。整体结构是“当事人 + 事实 + 诉讼过程 + 裁判结果 + 执行情况 + 其他”。当事人信息，只要列明在民事诉讼、执行等诉讼地位、与相关案件当事人关系即可，无须和刑事案例一样详细列明个人基本信息，有时也可以省略。事实，可以参照刑事案例事实要求，对不涉及事实认定和实体处理的情形，也可以简化为“× × 纠纷”等民事诉讼事由。诉讼过程，根据案例具体情况，列明一审、二审、再审、抗诉、申诉等情况。裁判结果，是案件的阶段性处理情况，多与诉讼过程一并表述。执行情况，主要介绍生效裁判文书送达、执行等过程和结果，多在执行监督案件中出现。其他，内容不固定，一般是民事案件审判执行过程中违法行为、检察监督等内容。具体撰写时，需要根据案例具体情况，做到有针对性地取舍。

示例 1：湖北某房地产公司申请执行监督案（检例第 109 号）。

2004 年 9 月，某银行与某娱乐公司、某房地产公司因借款合同纠纷，向武汉仲裁委员会申请仲裁。武汉仲裁委员会裁决某娱乐公司向某银行偿还贷款本息共计 3590.45 万元，某银行对担保人某房地产公司抵押的财产优先受偿。……2013 年 1 月，某银行申请恢复执行，武汉市中级人民法院于 2013 年 2 月作出（2004）武执字第 428 号执行裁定，对某房地产公司唯一资产——位于武汉市硚口区某地块 1.3 万余平方米的土地进行为期两年的查封，并于2015年1月作出（2004）武执字第00428—1号执行裁定，对上述土地续查封一年。上述两份执行裁定均未向某房地产公司和某银行送达。2014年7月，武汉市中级人民法院委托评估机构对上述土地使用权价值进行评估，评估价为5778.57万元。某房地产公司对上述评估结果不服，提出执行异议，武汉市中级人民法院未对评估过程中是否存在程序违法进行审查，亦未交评估机构对异议内容进行复核。

2015年2月25日，涉案土地公开拍卖，某置业公司经两轮竞价，以5798.57万元的价格竞买成交。2016年6月，武汉市土地交易中心为竞买人办理变更使用权人登记时，为确定税费对涉案土地再次委托评估，确定总地价为21300.7万元……

该案例基本案情主要介绍了双方当事人（某银行和某娱乐公司、某房地产公司）、事实（借款合同纠纷）、裁判结果、执行情况等。在执行情况中，列明了法院存在的执行违法行为。

示例2：某小额贷款公司与某置业公司借款合同纠纷抗诉案（检例第155号）。

2012年11月23日，某置业公司与某小额贷款公司签订《借款合同》，约定：借款金额为1300万元……借款月利率15‰……同日，某置业公司（甲方）与某信息咨询服务部（乙方）签订《咨询服务协议》，约定：甲方邀请乙方协助甲方办理贷款业务，为甲方提供贷款基本资料、贷款抵押品估价等办理贷款相关手续的咨询服务……标准为：以贷款金额为标的，每月按20‰收取咨询服务费。某信息咨询服务部负责人赵某露在乙方负责人处签字。同日，某小额贷款公司按约向某置业公司支付1300万元，某置业公司当即通过转账方式向赵某露支付咨询服务费45.5万元。其后，某置业公司又陆续向某小额贷款公司、某信息咨询服务部支付508.1602万元。

2015年6月24日，某小额贷款公司将某置业公司诉至重庆市永川区人民法院，请求判令：某置业公司偿还借款本金1300万元及约定的借期与逾期利息。一审法院认定……某小额贷款公司主张逾期月利率为22.5‰过高，调整为按中国人民银行同期同类贷款基准利率的四倍计息。某置业公司与某信息咨询服务部签订的《咨询服务协议》合法有效且已经实际履行，故某置业公司辩称咨询服务费应作为本金抵扣的理由不能成立。一审法院遂于2016年10月31日作出判决，判令：某置业公司偿还某小额贷款公司借款本金1300万元；截至2015年3月20日，利息142.2878万元；从2015年3月21日起，以1300万元为基数按中国人民银行同期同类贷款基准利率的四倍计算至本金付清之日止的利息。当事人双方均未上诉，一审判决生效。

该案例基本案情介绍了某置业公司与某小额贷款公司借款、服务费支付、诉讼过程和判决情况，判决理由及结果即是本案例的违法情形。

三、行政检察案例

行政检察案例基本案情应当列明事实、行政行为等基本要素。对裁判结果监督类案例，还需要根据具体情况，列明诉讼过程、裁判结果、申请监督等内容，整体结构是“当事人+事实+行政行为+诉讼过程+裁判结果+其他”。当事人，根据案情需要，列明相关信息即可，有时也可以省略。行政检察案件普遍涉及行政行为、复议复核、行政诉讼等，当事人在案例中往往有多重身份，以与案例直接关联身份为准，必要时可以在事实中简要介绍营业范围、职业等关涉信息。事实，是引发行政行为的客观事实。对执行监督类案例，还需列明执行过程、违法行为等内容。

示例1：李某诉湖北省某市人力资源和社会保障局某市人民政府工伤保险资格认定及行政复议诉讼监督案（检例第205号）。

李某系湖北省某市某区某橱柜经营部（以下简称经营部）聘用的设计师。2014年7月5日下班时间前后，单位领导指派李某驾驶单位车辆送橱柜材料至客户家中。李某送完材料后驾车回家的途中，于20时左右在高新大道古米山加油站附近撞上道路中心花坛受伤。2014年10月20日，李某向某市人力资源和社会保障局（以下简称市人社局）申请认定工伤。市人社局以李某需提交相关部门出具的事故责任认定书为由，暂予中止工伤认定。处理案涉事故的交通大队称，李某所发生事故为单方事故，无法提供事故责任认定书，只能提供《交通事故证明》。李某撤回工伤认定申请。2015 年 3 月，李某以经营部应承担赔偿责任为由，向法院提起民事诉讼。某市中级人民法院终审认为李某与经营部存在劳动关系，应当走工伤认定程序予以救济。2017 年，李某再次向市人社局申请认定工伤。2017 年 6 月 20 日，市人社局以李某受伤情形不能认定为在下班途中受到非本人主要责任的交通事故伤害为由，作出《不予认定工伤决定书》。李某提起行政复议……2018 年 1 月，李某提起行政诉讼……

2018 年 3 月 28 日，某市某区人民法院作出一审判决。……判决驳回李某要求认定工伤的诉讼请求。

李某不服提起上诉，某市中级人民法院于 2018 年 6 月 15 日作出二审判决，以相同理由驳回上诉。李某向湖北省高级人民法院申请再审，湖北省高级人民法院于 2018 年 9 月 11 日作出行政裁定，驳回再审申请。

该案例基本案情在事实部分介绍了李某的身份（当事人），与工伤认定具有直接关联性。事实之外，详细介绍了申请工伤认定（行政行为）、提起民事诉讼、再次申请工伤认定、行政诉讼（诉讼过程 + 裁判结果）等过程。

示例 2：赵某诉内蒙古自治区某旗退役军人事务局给付烈士子女定期生活补助诉讼监督案（检例第 208 号）。

2012 年 1 月 20 日，民政部、财政部《关于给部分烈士子女发放定期生活补助的通知》（民发〔2012〕27 号，以下简称《通知》）规定，从 2011 年 7 月 1 日起，给居住在农村和城镇无工作单位、18 周岁之前没有享受过定期抚恤金待遇且年满 60 周岁的烈士子女发放定期生活补助。2012 年 2 月 16 日，内蒙古自治区民政厅、财政厅《关于落实给部分烈士子女发放定期生活补助政策的实施意见》(内民政优〔2012〕32号，以下简称《意见》)规定……发放程序为个人申报、初审认定、建立档案。2019年1月，该职能由旗民政局转至旗退役军人事务局。

赵某轩在解放战争中牺牲被评为烈士。其子赵某（1946年3月出生，农民）得知该政策后，向旗退役军人事务局提出烈士子女定期生活补助申请并于2019年6月获得批准。自2019年7月起赵某开始享受定期生活补助。2021年初，赵某向旗退役军人事务局申请补发2011年7月至2019年6月期间的烈士子女定期生活补助。2021年7月，旗退役军人事务局作出《关于赵某要求履行行政职能申请的答复意见》……赵某向人民法院提起行政诉讼……

2021年11月10日，某旗人民法院作出行政判决……一审判决生效后，赵某不服，向某市中级人民法院申请再审。2022年5月26日，某市中级人民法院作出裁定，驳回再审申请。

该案基本案情分为四部分：第一部分介绍了烈士子女享受定期生活补助的国家政策和国家机构改革后职权承继情况（其他）；第二部分明确烈士子女赵某符合申领补助条件及办理情况（当事人 + 事实）；第三部分介绍了申请补助、行政行为情况（行政行为）；第四部分介绍了行政诉讼情况（诉讼过程）。

四、公益诉讼检察案例

公益诉讼检察案例基本案情应当列明违法行为、公共利益损害后果等案件事实。必要时，可以简要说明线索发现渠道、案件背景、督促履职过程、诉讼程序等内容。基本体例为“事实 + 违法行为 + 危害后果 + 督促履职 + 诉讼程序 + 其他”。

示例1：最高人民检察院督促整治万峰湖流域生态环境受损公益诉讼案（检例第166号）。

万峰湖地处广西、贵州、云南三省（区）接合部，属于珠江源头南盘江水系……多年来，湖区污染防治工作滞后，网箱养殖无序发展，水质不断恶化，水体富营养化严重，部分水域呈劣Ⅴ类水质……

2016年，第一轮中央生态环保督察第一批第六督察组在广西督察时发现：……2017年，第一轮中央生态环保督察第一批第七督察组在贵州督察时发现：……贵州省黔西南州、广西壮族自治区百色市政府就督察发现的问题分别组织了整改，但相关问题并未从根本上解决。此外，万峰湖流域还存在干支流工业废水直排、生活垃圾污染等问题，也直接影响着万峰湖水质，公共利益受到损害。

（一）非法网箱养殖污染。广西壮族自治区隆林县、西林县辖区内水域违法网箱养殖面积达53.6万平方米，日均投放饲料达上百吨，导致网箱养鱼库湾及其附近水域水质总氮超标，投饵后部分水域水质为劣Ⅴ类水。云南省师宗县辖区内也有非法网箱养殖情况，对万峰湖库区的生态环境造成不利影响。

……

该案基本案情整体分为两部分：第一部分重点介绍了万峰湖案背景情况，包括万峰湖三省交界特殊地理环境、水质恶化现状以及中央巡察组督察反馈问题整改不到位等问题；第二部分从七个方面详细介绍了存在的问题（事实）和造成的危害后果（危害后果）。

示例2：江苏省睢宁县人民检察院督促处置危险废物行政公益诉讼案（检例第112号）。

2017年10月，冯某某等将从浙江舟山市嘉达清舱有限公司（以下简称嘉达公司）非法收购的船舶清舱油泥，运输至江苏省睢宁县岚山镇境内，非法倾倒过程中被公安机关现场查获，清理出油泥及污染物共计135吨。徐州市睢宁生态环境局（原睢宁县环境保护局）将油泥转移至一停车场内，其中71吨用塑料桶贮存、64吨临时放置货车上……

……徐州铁路运输检察院于7月23日就刑事部分向徐州铁路运输法院提起公诉，并于9月18日提起刑事附带民事公益诉讼。2019年8月8日，徐州铁路运输法院作出刑事附带民事公益诉讼判决书……判令冯某某等人赔偿尚未倾倒的64吨油泥需要支出的应急处置费545166元、135吨油泥混合物处置费用931665.8元。……各被告均未提出上诉，并主动支付相关处置费用。

2019年4月17日，在刑事附带民事公益诉讼案件审理期间，鉴于本案刑事诉讼证据已经固定，涉案油泥在未按规定进行专业技术封存的情况下存放长达18个月，持续造成环境污染，睢宁县人民检察院（以下简称睢宁县院）会同法院、公安、生态环境局等部门召开油泥处置协调会并形成会议纪要，鉴于污染者处于刑事羁押状态，检察机关已经通过刑事附带民事公益诉讼要求判令其承担环境修复费用，为避免污染持续发生，依据《固体废物污染环境防治法》《行政强制法》相关规定，应由环境主管部门组织对污染物代为处置。但会后，生态环境局仍未依法履职。

该案例基本案情分为三部分：第一部分介绍了案例涉及危险废物来源及存储情况（事实）；第二部分介绍了案涉危险废物污染环境情况（危害后果）；第三部分介绍了环境主管部门未执行会议纪要（督促履职）和法定代为处理义务（违法行为）等内容。

五、融合履职案例

融合履职案例的基本案情是刑事检察、民事检察、行政检察、公益诉讼检察中两项及以上基本案情的集成，可以简化为“基本履职＋其他履职”。具体表述时，宜先表述基本履职的基本案情，后表述其他履职案情。因后者履职是源于前者，在表述基本履职案情时，应当找到与后者履职的连接点，以体现融合履职。

示例1：禁止向未成年人租售网络游戏账号检察监督案（检例第204号）。

被告人孙某，男，2000年7月19日生，汉族，中专文化，原系某房地产公司销售人员。

2021 年 1 月，被告人孙某以诈骗为目的，在某互联网平台发布出售网络游戏账号的虚假信息，骗取未成年被害人华某某信任后，向其提供虚假的游戏账号密码，并编造钱款被冻结、需支付保证金、过户费等理由，共骗取华某某人民币 15347 元。

孙某用以出售网络游戏账号的互联网平台是上海某公司开发运营的电子商务应用类平台。该平台上有数十家经营者不经身份核实，向包括未成年人在内的用户提供多款热门网络游戏账号的租售服务，部分经营者的累计订单数已达十万余件。

该案例基本履职是刑事检察，其他履职则是公益诉讼检察。基本案情在具体表述时，先表述刑事检察相关案情，后表述公益诉讼相关案情。本案前后履职的连接点即“某互联网平台”。

示例 2：周某某与项某某、李某某著作权权属、侵权纠纷等系列虚假诉讼监督案（检例第 192 号）。

民事诉讼原告周某某。

民事诉讼被告项某某、李某某。

本系列案件共涉及虚假诉讼 64 件，其他案件当事人情况略。

2007 年 10 月，周福仁、陈员兰成立杭州美速版权代理有限公司（以下简称美速公司），主要经营版权登记和版权维权业务……自 2008 年起，美速公司非法诱导绍兴柯桥中国轻纺城市场的部分经营户将他人创作的纺织花型图案交由该公司进行著作权登记，并委托该公司维权。周福仁在明知其客户无实际著作权的情况下，仍指使王江梅等人编造花型创作思路、说明，并将创作日期提前一年，帮助代理著作权登记。在发现市场其他经营户使用该部分花型后，美速公司假借维权之名，以侵犯其客户著作权为由，通过发律师函、提起诉讼等方式要求赔偿，诈骗金额累计人民币 340 余万元。其中涉及虚假诉讼 64 件，周某某与项某某、李某某著作权权属、侵权纠纷案即为其中一例。

2012 年 10 月，周某某通过美速公司从浙江省版权局取得美术作品《婀娜多姿》的著作权登记。2014 年 7 月，周某某以项某某、李某某为被告向浙江省绍兴市柯桥区人民法院（以下简称柯桥区法院）提起诉讼，主张……2014 年 12 月 15 日，柯桥区法院作出（2014）绍柯知初字第 162 号民事判决……故判决项某某、李某某停止销售印有《婀娜多姿》花型的窗帘布，李某某赔偿周某某经济损失人民币 1.4 万元。

该案例是民事检察和刑事检察综合履职案例，刑事检察是民事监督的保障，在本案中仍是基本履职。因该案例突出虚假诉讼民事监督，仍然参照民事监督案例体例，刑事检察案情则主要介绍虚假诉讼作案手段和方式，并通过“周某某与项某某、李某某著作权权属、侵权纠纷案即为其中一例”前后衔接。

对于基本履职和其他履职具有因果关系等情形的，尤其是其他履职涉及事实是“因”、基本履职涉及事实是“果”的情形，可以融合在一起写。

示例 3：阻断性侵犯罪未成年被害人感染艾滋病风险综合司法保护案（检例第 172 号）。

被告人王某某，男，1996 年 8 月出生，2016 年 6 月因犯盗窃罪被刑事拘留，入所体检时确诊为艾滋病病毒感染者，同年 10 月被依法判处有期徒刑 6 个月。2017 年 10 月确诊为艾滋病病人，但王某某一直未按县疾病预防控制中心要求接受艾滋病抗病毒治疗。

该案例在介绍被告人王某某基本情况时，客观表述其确诊感染艾滋病病毒、确诊艾滋病、未按要求接受艾滋病抗病毒治疗等情况，结合后续刑事案件案发及对被害人产生的感染风险，客观展示了存在的监管漏洞。这种管理漏洞与危害后果相印证的表述，实现了不同履职事实在基本案情中的融合。

第八章　检察机关履职过程的撰写技巧与方法

第一节　概　述

2019年，最高人民检察院修订《关于案例指导工作的规定》时，将指导性案例原有的“诉讼过程”修改为“检察机关履职过程”。作出这种修改，是为了改变检察机关原有指导性案例“诉讼过程”过于简略，难以体现检察机关履职过程和履职特色的不足。因此，“检察机关履职过程”是检察工作的集中体现，是指导性案例着力体现检察特色的重要内容，也是研究编制指导性案例需要重点归纳总结的部分。

具体而言，刑事检察指导性案例应当着重反映指控证明犯罪过程或者检察机关对诉讼活动的监督作用。自侦指导性案例，应当反映案件查办过程、效果。民事、行政和公益诉讼检察指导性案例，应当反映检察机关发现监督线索、开展调查核实、诉前程序以及提起诉讼的职能作用。

一、功能与定位

检察机关履职过程，是最高人民检察院提出的坚持一体履职、综合履职的集中体现，是检察机关履行法律监督职责的重要着力点，是在新征程上推动“四大检察”全面协调充分发展的破局之策，是检察机关监督办案的凝练呈现。

检察机关履职过程的编写应恰当地把握好指导性案例作为司法工作、法律政策宣传产品与指导司法实践现实需要之间的关系。指导性案例兼有宣传属性和司法属性，指导性案例的应用则兼有社会化应用和司法化应用，但只有司法化应用才是指导性案例作为法律规定的特定类型案例特殊性的重要体现，宣传属性及社会化应用不应遮蔽其司法属性及司法化应用。

检察指导性案例具有参照适用的效力，其中要旨是指导监督办案的重要依据，但要旨的确立需要通过案例本身的检察履职与指导意义的再论证、再说理，从而强化其规则属性。指导性案例的指导作用主要来源于对法律适用中的论证与说理，因为一个逻辑严密、论证充分、说理透彻的案例会告知拟“参照适用”者是否应适用以及如何适用，其应当通过以下方面体现：（1）通过对已决案件的事实再次叙明，对原司法判决再次论证，让拟适用案例者全面了解案情、洞察法律内涵。（2）告知如何运用法律规范，对案件中各行为主体及其行为进行法律分析，各行为主体为何应当承担及承担何等程度的责任的理由叙明，在处理结论中释明法理，实现责之以法。（3）通过整个案例的语言文字修辞及语句表述，最终作出具有普遍可接受性的司法结论。故履职过程，通过程序、问题、行为、效果的逻辑结构，突出法律论证与说理，使司法结论获得社会认同和信服。

二、叙述方法

案例是对案件的提炼、编写，其应当在客观真实的基础上以简明扼要的风格与充分说理的论证完成规则提炼的前后呼应。其在编写中应当遵守规范性、逻辑性、客观性与说理性的要求。

行文结构上，体例应逻辑清晰、层次分明，一般按照不同办案阶段时间线叙述，依照诉讼流程顺次叙述，时间点要清晰，必要时以时间开启记叙；不应采取倒叙、插叙、夹叙夹议的叙述方式；每个办案节点也应逻辑清晰，以问题、做法、结果的方式，通过摘选、提炼形成清晰的履职过程；为避免逻辑转折的突兀，不同办案节点之间应有所连接。

叙述体例上，应前后呼应，一是印证要旨和指导意义的出处，揭示归纳推理的过程，二是明确履职的具体过程，便于对内指导，提供案例参照。

叙述角度上，应注意围绕检察视角展开，以检察履职为脉络，列明问题、做法与效果，避免叙述视角的轮番更替，导致逻辑线不清。

叙述方法上，应避免过于抽象，做到有血有肉有细节，避免不同办案环节提炼标题，尤其不能使用宣传类型总结词，切记客观规范的行文要求。

三、行文重点

一是应围绕要旨及指导意义重点记叙，前后呼应，不应面面俱到。可选择性忽略一般工作环节，有的环节只需简要提及，有的环节需详细撰写，注重与要旨、指导意义的印证关系及检察履职的功能价值。

二是体现检察履职特色。检察机关的履职环节，应体现检察机关在解决法律适用、事实认定、履职方式、推动社会治理等方面的创新点。

三是详略得当，突出重点。在案例叙述时，要注意根据不同类型案例选择不同的叙述方式。对刑事类的指导性案例，指控证明犯罪过程应当围绕审查、庭审不同阶段，体现出控辩双方观点的针锋相对，概括叙述检察机关围绕案件事实举证、质证，运用证据揭示犯罪社会危害性的过程，对辩方的观点应当有重点地予以选择提炼，并有针对性地回应，事实、证据、结论互相呼应。对检察自行侦查案件，应主要围绕线索发现、侦查取证、调查结果展开。对民事、行政类案例来说，应注意把握主要的案件事实脉络，提炼、凸显核心的法律关系，避免法律事实的叙述过于繁复，切忌不同案件、法律关系多头记叙，逻辑关系纠缠。对于公益诉讼类指导性案例而言，应当注意办案环节的把握，避免使公益诉讼案件的叙述，变成一个“事件”。

四、注意事项

一是切忌主观化表述。在叙述履职过程时应以具体办案的检察机关为主体，客观描述具体的检察作为，不要出现“我认为”“经讨论认为”“倾向于”“第一种观点认为”等意见性的表述，须区别于审查报告与案例分析。

二是切忌评价性表述。检察履职过程应具体、明确、客观，履职过程本身即可体现检察作为，无须以效果、评价、修饰性词汇来渲染，关于目的、意义、成效等可以根据需要在新闻发布材料、解读文章中展开论述。

三是切忌逻辑不清晰。检察履职过程一般较为复杂，在引导侦查、补充侦查、诉辩对抗表述等内容涉及不同层面时，应注重区分层次，提炼内容，逻辑分明。在履职环节，应始终坚持问题导向，围绕指导意义与要旨的关键点展开叙述与论证。

四是切忌原文摘抄。编写履职过程时应避免直接摘抄法律文书、讯问笔录、庭审笔录等原文、原话，内容不应过于细致，应注重总结。

第二节　检察机关履职过程的基本要素

不同类型的指导性案例侧重点应有所不同。刑事、民事、行政、公益诉讼、自侦案件，检察机关履职的具体方式、环节、流程、结果存在差异，在指导性案例的内容体例上应呈现区别。具体分述如下：

一、“四大检察”指导性案例检察机关履职过程基本要素的撰写重点

（一）刑事检察指导性案例检察机关履职过程的基本要素

刑事检察指导性案例，指控与证明犯罪类案件与刑事诉讼监督案件的履职过程撰写体例存在明确差异。

第一，指控与证明犯罪类案例履职过程的基本要素，主要包括：（1）案件来源；（2）检察机关侦查过程（直接受理侦查的案件）；（3）提前介入引

导侦查;（4）检察机关审查逮捕的过程（包括羁押必要性审查）;（5）检察机关审查起诉的过程及结果（包括退回补充调查或者退回补充侦查、自行侦查或者自行补充侦查、公开听证、作出不起诉决定或者提起公诉等）;（6）法庭审理阶段控辩意见，提炼控辩双方观点对峙和运用证据举证、质证、辩论过程;（7）法庭裁判结果等;（8）对刑事诉讼的监督情况等;（9）参与社会治理等。第二，刑事诉讼监督类案例的履职基本要素，主要包括:（1）案件来源（监督线索发现），包括来源的具体途径、受理依据;（2）调查核实及认定事实，包括调查核实的内容、方法；认定事实包括认定侦查机关、审判机关存在违法或者不当情形及主要依据;（3）监督意见，包括提出抗诉、检察建议、纠正违法等过程和意见;（4）监督结果。

（二）民事和行政检察指导性案例检察机关履职过程基本要素

民事、行政检察指导性案例，主要围绕检察机关在民事诉讼、行政诉讼的法律监督职能，虽属于不同业务条线，履职过程具有一致性。民事、行政检察指导性案例履职要素，主要包括:（1）线索来源;（2）审查、调查核实情况;（3）监督意见;（4）监督结果。

（三）公益诉讼检察指导性案例检察机关履职过程基本要素

公益诉讼检察指导性案例履职基本要素，主要包括:（1）案件线索来源、立案时间;（2）检察机关调查核实的情况，包括调查的方法、查明的事实、结论及依据;（3）检察机关履行公告、诉前检察建议等诉前程序的情况;（4）行政机关是否采纳诉前检察建议的情况;（5）提起公益诉讼的情况;（6）人民法院作出裁判以及裁判执行情况;（7）被监督对象整改和公共利益得到保护或者修复的情况等。

（四）未成年人检察指导性案例检察机关履职过程基本要素

未成年人检察具有综合履职、一体履职的特点，且有特别的程序要求，故描述其履职时应当包含未成年人检察不同的程序环节，并围绕特定主题侧重履职特色。在涉未成年人犯罪处置的指导性案例中，其履职要素主要包括：社会调查、附条件不起诉、帮教措施、综合评估与处理结论。在涉未成年人公益诉讼的指导性案例中，应结合未成年人履职特点与公益诉讼履职方式展开。在涉未成年人的全面司法保护指导性案例中，其履职要素主要包括：刑事案件办理、处理结论、综合履职的过程、全面司法保护的推动等。

二、特定主题指导性案例检察机关履职过程基本要素的撰写重点

"四大检察"除了基本职能，还存在细分的职能领域，因此各业务条线会针对细化职能、特定主题制发相应的指导性案例，其履职过程的基本要素，主要分为履职的具体环节、创新做法。

（一）刑事抗诉指导性案例检察机关履职过程基本要素

刑事抗诉是法律赋予检察机关的重要职权，主要包括二审抗诉与再审抗诉，其履职要素主要包括：提出抗诉、支持抗诉、抗诉意见和理由、抗诉结果等。检察机关通过刑事抗诉，对原判的法律适用问题、事实认定错误、证据采信标准、量刑畸轻畸重问题予以纠正，必要时通过实质性审查、自行补充侦查、全面准确阐明抗诉意见与理由等履职方式，推动审判监督质效，确保法律正确的实施，对维护诉讼当事人合法权益，实现社会公平正义具有重要意义。

（二）刑事申诉指导性案例检察机关履职过程基本要素

刑事申诉，是指对人民检察院诉讼终结的刑事处理决定或者人民法院已经发生法律效力的刑事判决、裁定不服，向人民检察院提出的申诉。其履职要素主要包括：检察机关受理案件、审查或者复查案件、调查核实、会见申诉人、检察听证、司法救助、检察长包案、处理结论和依据、申诉人意见等情况。

（三）刑事复议复核指导性案例检察机关履职过程基本要素

刑事复议复核是侦查机关对检察机关作出的不批捕、不起诉决定提出异议，检察机关通过复议复核的方式实质审查原决定的效力，是自我监督的重要方式，是法律监督职能的组成部分。为体现复议复核的过程，其履职过程主要包括：审查逮捕认定的事实、依据具体理由和决定；审查起诉的过程、认定与结论；复议的提出、审查、依据与复议结果；复核的来源、审查、复核的决定；案件最终的处理结果。

（四）司法救助指导性案例检察机关履职过程基本要素

司法救助，是人民检察院在办理案件过程中，对遭受犯罪侵害或民事侵权，无法通过诉讼获得有效赔偿，生活面临急迫困难的当事人采取的辅助性救济措施。司法救助工作，逐步由被动救助向主动救助转变、由单一救助向多元救助转变、由粗放救助向分类救助转变、由一次救助向长期帮扶转变。司法救助理念与机制的演变，在履职过程中应体现为检察机关发现线索、调查核实、启动程序、救助结果、长效机制等情况。

（五）检察听证指导性案例检察机关履职过程基本要素

检察听证，是指人民检察院对于符合条件的案件，组织召开听证会，就事实认定、法律适用和案件处理等问题听取听证员和其他参加人意见的案件审查活动。其履职过程主要包括：检察机关发现线索、调查核实、听证召开情况（包括主持人是否为院领导、听证员组成、听证过程等）、案件拟处理结果或争议焦点、当事人双方意见、听证员意见、听证结果等。

（六）民事支持起诉类指导性案例检察机关履职过程基本要素

民事检察支持起诉工作是检察机关对损害国家、集体或者个人民事权益的行为，依据宪法规定的法律监督职能，依法支持受损害的单位或者个人向人民法院起诉。履职过程主要包括：（1）受理经过，包括来源的具体途径、受理依据；（2）审查过程；（3）支持起诉意见，包括发出支持起诉意见书，支持的理由；（4）裁判结果。

（七）行政争议实质性化解类指导性案例检察机关履职过程基本要素

行政争议实质性化解是检察机关在办理行政诉讼检察监督案件时，坚持社会治理理念的应有之义。其履职过程主要包括：（1）案件来源；（2）调查核实情况；（3）检察释法说理；（4）公开听证；（5）监督意见；（6）争议化解；（7）社会治理。

第三节　撰写技巧与方法

检察机关履职过程具有鲜明的阶段性特征，在具体表述时一般会按照时间线顺序，分阶段进行叙述，不同类型的案例突出的阶段也不一致。本书选出较有代表性的指导性案例作为展示，具体阐述不同类别案例履职过程的写法。

一、刑事检察案例

刑事检察指导性案例履职过程的撰写方式，主要分为指控犯罪类案例与刑事诉讼监督类案例。

（一）指控犯罪类指导性案例

指控犯罪类指导性案例是刑事检察履职的核心，履职过程具有检察特色，内容全面，具体体例结构提炼为：（1）提前介入。主要交代案发、立案情况、案件来源，引入提前介入环节。提前介入引导侦查，通常包括取证途径和取证内容，围绕为什么、做什么、怎么做，提出引导侦查的具体意见。（2）审查逮捕。根据案件情况，可直接交代审查逮捕节点，或不批捕补充侦查和逮捕继续侦查情况，以展现全程跟踪、引导侦查取证的工作情况。（3）审查起诉。案情相对简单的，一般包括依法讯问犯罪嫌疑人，听取被害人及其法定代理人、辩护人的意见，核实案件事实与证据以及最终认定的结论。案件较为复杂的，可提炼表述犯罪嫌疑人的辩解和辩护人提出的辩护意见，检察机关的审查认定意见，发现案件证据存在的问题，退回补充调查、退回补充侦查的意见，或者依法开展的自行侦查、自行补充侦查，以及经补充侦查、补充调查，调取的证据情况和查实的事实，进而作出的起诉或者不起诉决定。（4）追加认定事实、追诉漏罪漏犯。（5）公开听证。写明听证原因、时间、地点、人员、告知争议观点、方案、听证人员意见、结论。（6）法庭审理。开庭审理的时间、庭审程序、方式，有重点地记叙法庭调查、法庭辩论焦点，提炼被告人辩解及辩护意见，概括叙述检察机关围绕案件事实举证、质证、答辩，控辩呼应，事实、证据、结论相互印证。（7）法庭裁判情况。包括时间、判决层级、判决罪名、主刑、附加刑情况及上诉、生效情况。（8）推动社会治理。具体包括发现的问题、采取的方式和履职的效果。

范本：第十八批指导性案例、第三十四批指导性案例、第三十七批指导性案例

示例 1：仇某侵害英雄烈士名誉、荣誉案（检例第 136 号）。

该案系刑事附带民事公益诉讼，检察履职部分包含引导侦查、审查逮捕、审查起诉、指控与证明犯罪及处理结果五个部分，属于一般刑事案件的常用体例结构。具体如下：

（一）引导侦查取证

2021 年 2 月 20 日，江苏省南京市公安局建邺分局对仇某以涉嫌寻衅滋事罪立案侦查并刑事拘留。当日，江苏省南京市建邺区人民检察院经公安机关商请介入侦查，围绕犯罪对象、动机、情节、行为方式及造成的社会影响等方面提出收集证据的意见，并同步开展公益诉讼立案调查。

（二）审查逮捕

2021 年 2 月 25 日，建邺分局以仇某涉嫌寻衅滋事罪提请批准逮捕。3

月 1 日，建邺区人民检察院以仇某涉嫌侵害英雄烈士名誉、荣誉罪批准逮捕。检察机关认为……

（三）审查起诉

2021 年 3 月 11 日，建邺分局以仇某涉嫌侵害英雄烈士名誉、荣誉罪移送审查起诉。因本案系新罪名案件，没有类案和量刑指导意见供参考，建邺区人民检察院在依法审查证据、认定事实基础上，邀请不同职业、年龄、文化程度的群众参加听证，就量刑问题听取意见，并对仇某依法开展认罪认罚教育工作。仇某认罪认罚，同意量刑建议和程序适用，在辩护人见证下自愿签署具结书。

4 月 26 日，建邺区人民检察院以仇某涉嫌侵害英雄烈士名誉、荣誉罪提起公诉，提出有期徒刑八个月的量刑建议。同时，检察机关就公益诉讼听取祁发宝和烈士近亲属的意见，他们提出希望检察机关依法办理。检察机关遂提起附带民事公益诉讼，请求判令仇某在国内主要门户网站及全国性媒体公开赔礼道歉、消除影响。

（四）指控与证明犯罪

2021 年 5 月 31 日，江苏省南京市建邺区人民法院依法公开开庭审理本案。仇某对检察机关指控的事实、证据及量刑建议均无异议，当庭再次表示认罪认罚，真诚向英雄烈士及其家属道歉，向社会各界忏悔。辩护人对指控罪名不持异议，认为仇某主观恶性较小，发布的微博虽多次发酵，但绝大多数网友对仇某的观点是不赞同的，造成的不良影响较小。公诉人答辩指出，仇某作为具有媒体从业经历的“网络大 V”，恶意用游戏术语诋毁、贬损卫国戍边官兵，主观恶性明显。其微博账户拥有 250 余万粉丝，其不当言论在网络上迅速扩散、蔓延，网友对其口诛笔伐，恰恰说明其言论严重伤害民众情感，损害社会公共利益。

公益诉讼起诉人出示证据，证明仇某的行为、后果，发表了公益诉讼的意见。仇某及其诉讼代理人对检察机关提起刑事附带民事公益诉讼的事实、证据及诉讼请求均无异议。

（五）处理结果

建邺区人民法院审理后当庭宣判，采纳检察机关指控的事实、罪名及量刑建议，支持检察机关的公益诉讼，以仇某犯侵害英雄烈士名誉、荣誉罪判处有期徒刑八个月，并责令仇某自判决生效之日起十日内通过国内主要门户网站及全国性媒体公开赔礼道歉，消除影响。判决宣告后，仇某未提出上诉，判决已生效。2021 年 6 月 25 日，仇某在《法治日报》及法制网发布道歉声明。

根据办案程序区分不同节点，并以时间、诉讼参与主体、具体行为开始各个环节的叙述，符合案例的客观性、逻辑性特征。需要注意的是，以案例本身的客观情况为标准取舍相关环节，既可以根据案件本身特点突出重点环节，也可以对非重点或者与要旨关联度不高的部分进行省略。如何某贩卖、制造毒品案（检例第 153 号），根据案情需要，检察机关履职过程只包含引导侦查、审查起诉、指控与证明犯罪、处理结果四个部分，且围绕物理方法制造毒品的法律适用争议，在审查起诉环节通过听取辩护人意见、检察机关审查意见、被告人认罪认罚的方式，体现检察机关追加认定制造毒品罪的过程与依据。又如，邓秋城、双善食品（厦门）有限公司等销售假冒注册商标的商品案（检例第 98 号），案例围绕办理侵犯注册商标类犯罪案件中制假售假的犯罪数额认定与上下游人员打击范围问题，检察机关履职过程通过审查起诉、指控与证明犯罪、处理结果三个部分展开，并侧重于检察机关在审查起诉环节的具体履职，通过准确认定罪名、犯罪主体，强化补充侦查追加认定犯罪数额、综合判断被告人主观明知、综合考量制假售假上下游环节的量刑均衡，分层次展开检察机关的履职方式、结果，为类案的办理提供直观的参考。

示例 2：张凯闵等 52 人电信网络诈骗案（检例第 67 号）。

该案中引导侦查、审查起诉、出庭指控犯罪阶段内容复杂、层层递进，对司法实务中的证据收集、引导侦查与证据审查采信上具有代表性，在提炼总结、逻辑清晰的表述上具有参考性。具体为：

（一）介入侦查引导取证

……

鉴于肯尼亚在遣返犯罪嫌疑人前已将起获的涉案笔记本电脑、语音网关（指能将语音通信集成到数据网络中实现通信功能的设备）、手机等物证移交我国公安机关，为确保证据的客观性、关联性和合法性，检察机关就案件证据需要达到的证明标准以及涉外电子数据的提取等问题与公安机关沟通，提出提取、恢复涉案的Skype聊天记录、Excel和Word文档、网络电话拨打记录清单等电子数据，并对电子数据进行无污损鉴定的意见。

引导侦查体例，一般应包括引导侦查的目的、内容与方式，结合围绕什么问题，提出引导侦查的意见，概括引导侦查的结果。

（二）审查起诉

审查起诉期间，在案犯罪嫌疑人均表示认罪，但对其在犯罪集团中的作用和参与犯罪数额各自作出辩解。

经审查，北京市人民检察院第二分院认为现有证据足以证实张凯闵等人利用电信网络实施诈骗，但案件证据还存在以下问题……

针对上述问题，北京市人民检察院第二分院于2016年12月17日、2017年3月7日两次将案件退回公安机关补充侦查，并提出以下补充侦查意见……

检察机关经审查认为……

审查起诉环节，可以着重从被告人的辩解、辩护人提出的辩护意见与检察机关审查发现的问题出发，通过列明引导补充侦查、自行补充侦查的内容等，最终经审查证据得出结论，体现检察机关审查起诉阶段的履职特点。审查起诉环节与退回补充侦查、自行补充侦查环节合并撰写时，对于检察机关发现的问题、引导侦查的方向、审查认定的依据与结论，需注意视角的统一，以确保履职过程的逻辑性。

（三）出庭指控犯罪

2017 年 4 月 1 日，北京市人民检察院第二分院根据犯罪情节，对该诈骗犯罪集团中的 52 名犯罪嫌疑人作出不同处理决定。对张凯闵等 50 人以诈骗罪分两案向北京市第二中级人民法院提起公诉，对另 2 名情节较轻的犯罪嫌疑人作出不起诉决定。7 月 18 日、7 月 19 日，北京市第二中级人民法院公开开庭审理了本案。

庭审中，50 名被告人对指控的罪名均未提出异议，部分被告人及其辩护人主要提出以下辩解及辩护意见……

总结归纳主要辩护意见，并逐条列出。

针对上述辩护意见，公诉人答辩如下……

答辩意见有针对性，对上述列明的辩护人意见一一进行回应，围绕双方争议的犯罪集团认定、主从犯区分标准、非接触式境外电信诈骗犯罪集团与被害人之间的关联性，逐一充分答辩。

对于被告人、辩护人提出意见较多的，检察机关应当有针对性地答辩，体现诉辩观点对峙和充分运用证据举证、质证的过程，使履职部分的内容精炼、逻辑分明。同时，应注意区别于案例分析、调研报告，在观点阐明、论辩的过程中，突出证据、事实、法律的印证、论证，而不能以跳脱个案的抽象方式论证。

（二）刑事诉讼监督类指导性案例

检察机关的主责主业是法律监督，基本形式是办案。最高人民检察院指出，刑事检察全过程参与、全流程监督刑事诉讼，是检察机关的基本职能。刑事检察依法履行法律监督职能，应当在具体案例中贯彻，在办案中监督，在监督中办案。这一理念，在刑事诉讼监督指导性案例中予以体现，并指导各级检察机关切实强化监督职能，提升监督质效。

具体体例结构提炼为围绕监督履职过程、特点展开，基本逻辑结构包括发现问题、监督方式、监督成效。一般应写明：（1）线索发现。（2）调查核实。调查核实权是检察机关监督办案的重要手段，只有调查核实才能发现、认定、纠正事实认定错误、法律适用错误。调查核实要从案卷中走出来，从办公室走出来，从检察机关走出来，以亲历性保障准确性、实效性，以法律事实最大限度地还原客观真实。（3）监督意见。对侦查监督、审判监督的具体意见、制发文书等，部分案件中包括跟进督促、持续监督、移送职务犯罪线索等。（4）监督结果。对于监督方式不同、制发的对象不同，可分别单列。对于监督效果不局限于个案，建章立制效果突出，可以另行展开。

范本：第五十二批指导性案例、第五十三批指导性案例

示例1：刘甲、刘乙恶势力犯罪集团侦查活动监督案（检例第215号）。

该案是侦查活动监督的基本类型，包含了线索发现、调查核实、纠正侦查违法、排除非法证据和监督结果，并基于履职成效，增加了自行补充侦查和建章立制等新的探索。具体为：

（一）线索发现。2019年10月，在审查逮捕过程中，承办检察官发现卢某某供述前后矛盾，遂要求其说明理由，卢某某长时间沉默不语。后经检察官释法说理、耐心沟通，卢某某反映其在指定居所监视居住期间，曾遭受殴打及饥饿、疲劳讯问。

（二）调查核实。针对发现的侦查违法线索，高新区人民检察院开展了以下调查核实工作：一是根据卢某某反映的遭受殴打的时间、地点，调取并审查指定居所监视居住期间相应时段的录音录像，发现部分关键时段录像缺失。二是调取并审查全案指定居所监视居住期间录音录像，经与传讯通知书、讯问笔录进行比对，发现侦查人员存在较长时间内对犯罪嫌疑人连续疲劳讯问情况，违反了讯问应当保证犯罪嫌疑人必要休息时间的法律规定，并有违法使用戒具等情形。三是逐一讯问被指定居所监视居住的同案犯罪嫌疑人，详细了解饮食、休息等情况，刘甲、刘乙等人均反映存在长时间未保障必要饮食和休息等违法情形，发现有个别犯罪嫌疑人因长期未获得休息、饮食保障，身体健康状况受到严重影响。

侦查违法线索发现难，认定更难，实践中亟须借鉴学习可行、有效的调查核实方式，为监督质效提供履职基础。履职过程调查核实方式具有实效性、创新性的，可侧重撰写，写明调取、审查、讯问等调查核实方式、结果。

（三）纠正侦查违法。经调查核实，高新区人民检察院认为，公安机关侦查活动存在严重违法，涉嫌刑讯逼供，依法应予以监督纠正……

该段写明制发《纠正违法通知书》、要求更换侦查人员、初审刑讯逼供线索材料，体现纠正侦查违法的全面履职。

（四）排除非法证据。根据非法证据排除的相关法律规定，高新区人民检察院认为侦查人员在指定居所监视居住期间采取了违法使用戒具等暴力方法，以及饥饿、疲劳审讯等变相肉刑的恶劣手段，使犯罪嫌疑人遭受难以忍受的痛苦，侦查活动严重违法，依法排除了刘甲、刘乙、卢某某等犯罪嫌疑人在指定居所监视居住期间所作的有罪供述，并告知犯罪嫌疑人及其辩护人。

非法证据的认定标准，属于该指导性案例的要旨之一，故在履职过程中前后呼应，进一步强化释明非法证据的获取方式、程度、依据和排除的具体结果、程序。

（五）自行补充侦查和退回补充侦查。非法证据排除后，在案其他证据能够证明刘甲、刘乙等人涉嫌犯罪，但部分事实不清、证据不足，需要进一步侦查取证。为此，检察机关在审查起诉阶段依法开展了自行补充侦查，重点围绕非法证据所涉及的案件事实，重新讯问了犯罪嫌疑人、询问了被害人，核实了各犯罪嫌疑人实施的犯罪行为及其在犯罪集团中的地位、作用，以亲历性审查确保案件事实认定客观准确。同时，就证明恶势力犯罪集团危害性特征等问题，将案件退回公安机关补充侦查，后公安机关补充收集固定证据50余份。

该环节与要旨前后呼应，是检察机关高质效履职的体现。对于非法证据排除后的证据审查如何开展，具有借鉴性。检察机关对全案证据审查，依法履行非法证据排除义务，但同时仍应强化履行自行补充侦查、退回补充侦查，完整建构证据体系。

（六）监督结果……

完整表述原刑事案件的处理结果与刑讯逼供犯罪线索的查处后果。

（七）建章立制。对于案件中发现的指定居所监视居住不合法、不规范等问题，经高新区人民检察院上报，江苏省人民检察院会同省公安厅开展了深入调研总结，于2021年7月联合制定了《关于适用指定居所监视居住的实施意见》，明确规定公安机关应当在宣布指定居所监视居住决定的24小时内向检察机关抄送相关文书材料；检察机关应及时对决定的合法性进行审查，加强对指定居所监视居住的检察监督；同时规定，指定居所监视居住期间应当保障被监视居住人的饮食和必要的休息等，规范适用有关措施。

建章立制部分，一般包括个案折射的问题到会签规范性文件、建立规章制度，实现从个案延伸到类案、机制的长效运行。该案中，办案机关通过层层上报，经省院调研总结，针对实践中指定居所监视居住的共性问题联合出台规范性文件，形成常态化规范化监督，在履职过程中应当予以单列强调。

示例2：茅某组织卖淫不起诉复议复核案（检例第212号）。

检察机关办理审查逮捕、审查起诉案件，依法作出不批捕、不起诉决定后，侦查机关依法有权复议复核，检察机关应当对复议复核案件开展实质性审查。该案例的检察机关履职过程，包括审查逮捕、审查起诉、不起诉复议审查、不起诉复核审查、处理结果，并在复议审查、复核审查中总结归纳调查、审查的方式与结论。具体为：

（一）审查逮捕

2013年5月，浙江省天台县公安局对王某等人涉嫌组织卖淫罪立案侦查。其间，多次传唤茅某。茅某辩称浴场经营正规项目，由经理和出纳负责日常管理和包厢区对外租赁，自己对王某等人组织卖淫活动不知情。天台县公安局认为证实茅某犯罪的证据不足，未对其立案侦查。2018年，台州市公安局在专项评查中认为，茅某负责浴场租赁、管理，有犯罪重大嫌疑，要求天台县公安局继续侦查。

2019年1月22日，天台县公安局对茅某作出刑事拘留决定，并网上追逃。8月26日，茅某投案，但仍称自己对浴场内存在卖淫活动不知情。天台县公安局认为，浴场工作人员证明包厢区租赁须经茅某同意，浴场经理证明曾受茅某指使规避涉黄检查，可以认定茅某明知王某等人从事卖淫活动仍为其提供场所，涉嫌容留卖淫罪，于9月17日向天台县人民检察院提请批准逮捕。

天台县人民检察院审查认为，在王某组织卖淫案中，浴场经理（因犯协助组织卖淫罪被判刑）和茅某互相推诿，均称浴场由对方管理，双方存在利害关系，故浴场经理证言证明力弱，且没有客观性证据，证明茅某主观明知的证据不足，于2019年9月20日作出不批捕决定，并提出补充侦查意见，要求公安机关调取合同等客观性证据，进一步查明卖淫活动商谈过程。天台县公安局补充调取出纳的证言，证明茅某负责浴场管理和资金结算。

（二）审查起诉

2020年1月2日，天台县公安局以茅某涉嫌容留卖淫罪移送审查起诉。天台县人民检察院两次退回补充侦查后，经检察委员会研究认为，证明茅某明知王某等人在浴场内从事卖淫活动的证据仍不足，于4月27日作出存疑不起诉决定。

（三）不起诉复议审查

天台县公安局认为，有证据证明茅某负责浴场管理、决定项目入场、提供账户收取资金、指使经理规避涉黄检查，可以认定茅某明知存在卖淫嫖娼活动仍为王某等人提供场所，已涉嫌容留卖淫罪，于2020年4月29日对不起诉决定提出复议。

天台县人民检察院另行指派部门负责人办理。经审阅全部案件材料、核实案件事实与证据、听取天台县公安局意见后认为，证明茅某明知浴场存在卖淫活动的证据未达到确实、充分的程度，经检察长批准，于2020年5月29日决定维持原不起诉决定，并当面向公安机关说明理由。

（四）不起诉复核审查

2020年6月4日，天台县公安局向台州市人民检察院提请复核。

台州市人民检察院指派分管副检察长办理，审查了原案卷宗和已判决同案犯的卷宗，核实了案件关键证据，听取了天台县公安局和天台县人民检察院意见。经审查认为，茅某是该浴场的实际经营者，包括卖淫在内的浴场各项事务都由茅某管理、控制，结合浴场经营期间因卖淫嫖娼被行政处罚的事实，即使茅某不认罪，综合全案事实、证据，可以认定茅某明知王某等人在浴场内组织卖淫活动而为其提供场所，同时还负责卖淫资金的管理、结算，卖淫场所和卖淫人员的管理等，已涉嫌组织卖淫罪而非容留卖淫罪。

台州市人民检察院认为，原案在办理中对罪名适用把握不准、对证明标准把握不当，错误作出存疑不起诉决定，于2020年7月3日撤销天台县人民检察院的不起诉决定，并指导天台县人民检察院做好审查起诉和出庭公诉工作。

（五）处理结果

2020年7月3日，天台县人民检察院以涉嫌组织卖淫罪对茅某决定逮捕。茅某被逮捕后，自愿认罪认罚，供述组织卖淫的犯罪事实，并签署认罪认罚具结书。8月12日，天台县人民检察院以茅某涉嫌组织卖淫罪提起公诉。

2020 年 8 月 31 日，天台县人民法院作出一审判决，采纳检察机关指控的事实、罪名及量刑建议，以茅某犯组织卖淫罪判处有期徒刑五年三个月，并处罚金二十万元。宣判后，茅某未提出上诉，判决已生效。

检察机关通过制发第五十二批案例，明确了办理复议复核案件，要注重听取公安机关的意见，充分阐明案件事实、不批捕及复议决定的理由和法律依据，促进形成共识。上级检察院办理不起诉复核案件，认为下级检察院不起诉及复议决定错误的，应当依法予以纠正。公安机关对于不批捕不起诉决定提出复议复核，既是公安机关与检察机关相互制约的体现，也是检察机关内部监督的重要方式。

二、民事、行政检察案例

（一）民事检察指导性案例

民事检察，是指检察机关对民事诉讼和执行活动实行法律监督，以促进民事法律的统一正确实施。民事检察监督，根据最高人民检察院明确要求，优先选择在司法理念方面有纠偏、创新、进步、引领价值的典型案件，力争抗诉一件促进解决一个领域、一个地方、一个时期司法理念、政策、导向等问题，通过优化监督实现强化监督。

1. 民事检察指导性案例的体例结构与刑事诉讼监督类指导性案例具有相似性，一般应写明线索来源、检察机关审查过程、意见以及最终的监督结果，但履职特点有所不同。

范本：第二十八批指导性案例、第三十八批指导性案例

示例 1：江苏某银行申请执行监督案（检例第 108 号）。

线索来源　2017 年 3 月初，某银行向扬中市人民检察院申请执行监督，主张其对毛某芹涉案存单享有质权，《承诺》不构成担保，扬中市人民法院据此追加其为被执行人违法。

调查核实　扬中市人民检察院受理某银行的监督申请后，查明以下事实：一是对涉案合同进行了审查，确认某银行对涉案存单享有质权。因某公司未能在票据到期日将应付票据款1000万元交存某银行，某银行有权根据《质押合同》约定对毛某芹质押的1000万元存单行使优先受偿权。二是本案执行期间，执行法院同时执行的另案，即毛某芹与王某龙民间借贷纠纷案的审判及执行情况。该案一审中，法院依王某龙申请冻结了毛某芹在某银行的12张存单共计6400万元，某银行同样以其对12张存单享有质权为由申请法院解除冻结，并向法院出具书面承诺，内容与本案《承诺》基本一致。法院解除对上述存单的冻结后，王某龙不服，先后提出执行异议和执行异议之诉，法院一审、二审、再审均认为某银行对该12张存单享有质权，依法享有优先受偿权，对王某龙提出的诉求未予支持。

监督意见　2017年3月14日，扬中市人民检察院向扬中市人民法院发出检察建议书，指出某银行出具的《承诺》不构成担保法意义上的保证，法院裁定由其承担还款责任，缺乏事实依据和法律依据。法院对某银行提出的异议予以驳回且引导其提起执行异议之诉，在执行异议之诉被驳回后又告之其依照审判监督程序处理，导致某银行饱受诉累，建议法院依法纠正错误执行行为。

2017年7月28日，扬中市人民法院回函以某银行提起质权确认之诉为由，未采纳检察建议。扬中市人民检察院对该案持续跟进监督，发现在质押合同纠纷案件审理期间，法院根据某小额贷款公司的申请已强行划扣某银行260万元。在质押合同纠纷一案判决确认某银行对涉案存单享有质权，《承诺》不构成对毛某芹债务的担保后，法院亦未将划转的260万元执行回转。扬中市人民检察院遂于2018年8月1日，再次向扬中市人民法院发出检察建议，指出：某银行与毛某芹、某小额贷款公司质押合同纠纷一案已全部审理完毕，原复函中提出的“某银行正在提起质权确认之诉”的情形已不复存在，建议法院依法纠错并进行执行回转。

监督结果　2019年1月25日，扬中市人民法院向扬中市人民检察院复函称，该院作出的（2015）扬执字第1614号裁定确有错误，应予纠正，对检察建议予以采纳。该院已于2018年9月6日裁定执行回转，某小额贷款公司已将260万元执行款返还某银行。

该案例中，监督意见与法庭辩论具有一定的相似性，通过“检察建议提出的理由—法院未采纳的理由—再次提出检察建议的理由”，将案件的主要争议点、问题、依据逐步展现。

示例2：某小额贷款公司与某置业公司借款合同纠纷抗诉案（检例第155号）。

受理及审查情况　重庆市永川区人民检察院在协助上级检察院办理某小额贷款公司与王某、何某等借款合同纠纷监督案中，发现本案监督线索。经初步调查了解，某小额贷款公司可能存在规避行业监管，变相收取高额利息，扰乱国家金融秩序的情形，遂依职权启动监督程序，并重点开展以下调查核实工作：询问赵某露以及某小额贷款公司副总经理、会计等，证实某信息咨询服务部是某小额贷款公司设立，实际上是“一套人马、两块牌子”，赵某露既是某信息咨询服务部负责人，也是某小额贷款公司出纳；调取赵某露银行流水，查明赵某露收到某置业公司咨询费后，最终将钱款转入某小额贷款公司账户；查阅某小额贷款公司财务凭证等会计资料，发现某小额贷款公司做账时，将每月收取的钱款分别做成利息与咨询费，本案实际年利率达到42%。重庆市永川区人民检察院认为原审判决确有错误，依法提请重庆市人民检察院第五分院抗诉。

……

该案例直接使用列举方法，将检察机关办理民事裁判监督类案过程中，可重点开展的调查核实工作予以展现。对于民事生效裁判监督，线索发现和调查核实可以概括为一部分进行撰写，即受理及审查情况。交代案件来源，一般由当事人向检察机关申请监督或者检察机关在办案过程中自行发现监督线索。调查核实部分一般概括检察机关重点审查的内容以及调查核实查明的案件事实。

2. 民事支持起诉指导性案例，基本体例结构为:（1）受理情况。（2）审查过程。（3）支持起诉意见。（4）裁判结果。履职过程一般应写明案件来源、检察机关审查、调取证据过程、支持起诉以及最终的裁判结果。

范本：第三十一批指导性案例

示例：安某民等 80 人与某环境公司确认劳动关系纠纷支持起诉案（检例第 125 号）。

受理情况。2020 年 4 月 20 日，安某民等 80 人因无法收集某环境公司改制的证据等原因，向江苏省南京市玄武区人民检察院（以下简称玄武区检察院）申请支持起诉，请求检察机关为其维权提供法律帮助，该院审查后予以受理。

审查过程。玄武区检察院从南京市玄武区城管局调取了某环卫所改制的相关文件，证明用人单位的沿革及 80 人事实劳动关系的承继，该证据与确认劳动关系及劳动者的工作年限密切相关。从相关街道办事处和某环境公司调取了某环卫所改制前后的工资发放签名表，证明安某民等 80 人与某环境公司存在劳动关系。经询问当事人、走访了解，玄武区检察院查明：安某民等 80 人在某环卫所从事环卫工作均已超过 10 年。某环卫所改制转企后，安某民等 80 人向某环境公司提出补办社保登记、补缴社会保险费未果而形成群体性诉求。经梳理相关证据材料、逐人逐项核对，某环境公司需补缴安某民等 80 人社会保险费共计 400 余万元。

支持起诉意见。2020 年 4 月 27 日，玄武区检察院分别向玄武区法院发出支持起诉意见书。检察机关认为，劳动者的合法权益受法律保护。安某民等 80 名劳动者与某环卫所存在事实劳动关系。某环卫所改制后，某环境公司承继其权利义务并延续与安某民等 80 人的劳动关系。安某民等 80 人提出的诉讼请求具有事实和法律依据。

裁判结果。玄武区法院一审审理中，玄武区检察院派员到庭宣读支持起诉意见书。2020年9月，玄武区法院作出一审民事判决。法院认定，用人单位自用工之日起即与劳动者建立劳动关系。安某民等人在某环卫所从事环卫工作，即与该所建立劳动关系。后某环卫所改制转企，相应的权利义务应由某环境公司承继。遂确认安某民等人与某环境公司存在劳动关系。一审判决生效后，社保部门为安某民等人补办了社保登记手续。玄武区检察院积极协调有关行政部门和用人单位确定社会保险费筹集方案并促成资金落实到位。后社保部门分别为75名环卫工人办理了补缴社会保险费手续。

根据案件类型，在履职过程中单独列出了“支持起诉意见”，对检察机关所持观点进行论述，将检察机关在受理、审查和最终裁判结果联系起来，凸显了检察贡献度。

（二）行政检察指导性案例

1. 行政检察的核心是行政诉讼监督，主要包括生效裁判结果监督、审判程序及审判人员违法监督、执行活动监督三项业务。此外，还包括了行政非诉执行监督、行政违法行为监督以及行政争议实质性化解等业务。

范本：第三十六批指导性案例

示例1：湖南省某市人民检察院对市人民法院行政诉讼执行活动检察监督案（检例第147号）。

类案监督。针对专项监督中发现的问题，市人民检察院研究认为，这20件案件中多个案件存在相同违法情形，分别进行个案监督内容重复、效率不高，应当进行类案监督。2020年9月10日，市人民检察院向市人民法院制发检察建议书，建议改进行政诉讼执行工作：一是严格落实立案登记制，在法定期限内对当事人申请的行政诉讼执行案件予以受理。二是规范送达、告知、执行和解等程序，送达法律文书应当严格按照法定方式和期限送达，并依法告知救济权利和期限；对于执行和解案件，严格审查执行和解协议，申请执行人与被执行人达成和解协议的必须签字确认。三是规范结案程序，作出终结执行或终结本次执行裁定需具备司法解释规定的前置条件。

示例 2：安徽省某县自然资源和规划局申请执行强制拆除违法占用土地上的建筑物行政处罚决定检察监督案（检例第 148 号）。

建立长效机制。县人民检察院就案涉问题报告县人大常委会，并与县政府座谈交流。在各方共同推动下，2020 年 5 月，县人民政府制发《关于进一步建立健全违法违规用地防控治理长效机制的意见》，明确行政执法部门就拆除非法占地违法建筑物向法院申请强制执行，法院裁定准予强制执行后，由县政府安排属地乡镇政府实施。此后，县人民法院对县自然资源和规划局该类案件的强制执行申请均予以受理并裁定准予执行。同时县、乡两级政府及行政主管部门按照“统一领导、属地管理、拆控并重、综合治理”的原则，建立健全网格巡查、快速反应、联合执行、联席会议等八项工作机制，确保对违法违规用地执行到位，有效遏制了土地违法行为。

行政检察监督往往存在类案监督的问题，检察机关对一些具有代表性的相同违法问题，可以通过制发检察建议的方式，开展类案监督。对于行政机关在执法过程中对法律的理解和适用存在认识分歧的，检察机关可以通过座谈研讨等方式与行政机关达成共识，从而推动行政机关下发文件，形成长效机制。

以上案例主要展现了类案监督和长效机制的具体写作方法，在编写案例中遇到此类情况，可以借鉴参考。在类案监督中，以检察机关发现某个同类问题，制发检察建议，并写明检察建议的具体内容。在长效机制中，检察机关通过报告、会商等方式推动，经有关机关出台实施意见、会商意见，由具体执法机关依法落实。

2. 行政争议实质性化解指导性案例，基本结构为：（1）案件来源。（2）调查核实。（3）监督意见。（4）争议化解。履职过程，一般应写明案件来源、检察机关调查、取证过程、组织召开听证会、争议化解、最终处理决定。

范本：第三十批指导性案例

示例：陈某诉江苏省某市某区人民政府强制拆迁及行政赔偿检察监督案（检例第117号）。

案件来源。陈某不服人民法院生效裁定，向检察机关申请监督。江苏省人民检察院依法受理，经审查，提请最高人民检察院抗诉。

调查核实。最高人民检察院围绕陈某的房屋是否在被拆迁范围内、区人民政府是否是拆除案涉房屋的责任主体、案涉被拆除房屋是否为合法建筑等问题进行调查核实，调取案涉拆迁地块用地红线图、拆迁补偿档案等书证，询问区自然资源和规划局工作人员、参与拆迁的某建筑拆除公司负责人、拆迁小组成员以及陈某等。检察机关查明，案涉拆迁地块系用于区人民政府2012年为民办实事重点工程菜市场建设项目，征收拆迁由区人民政府主导、推动和组织实施，区人民政府为此专门成立城市建设指挥部，全面负责拆迁补偿相关事宜。区城市资产经营有限公司代表区人民政府作为拆迁人，委托某房屋拆迁公司具体实施。房屋拆迁公司与菜市场拆迁户签订协议并组织实施拆迁。陈某被拆除房屋在拆迁范围内，总面积330.82m²，其中合法应补偿面积176.52m²。陈某诉请所称厂房系违法建筑，不能按规定给予补偿安置，主张停工停产损失因其未能提供工厂经营的证据材料，不能得到支持。陈某对补偿的期望值与区人民政府的补偿方案差距悬殊，双方始终未能就拆迁补偿事宜达成一致意见，房屋拆迁公司指派实施专项拆除的某建筑拆除公司对陈某的房屋进行了强制拆除。

监督意见。检察机关审查认为，案涉强制拆除行为系因行政征收拆迁引起，区人民政府作为最初委托主体和征收行为主体，其委托的公司在未与陈某达成拆迁补偿协议的情况下违反法定程序实施强制拆除，区人民政府应当对受委托公司的行为后果承担责任。原审人民法院以被告主体不适格裁定驳回起诉不当。最高人民检察院在办案中了解到陈某的实质诉求是得到赔偿，陈某房屋被强制拆除后，区人民政府曾多次与陈某协商，表示作为征收主体愿意承担补偿责任。江苏省人民检察院办案过程中也曾促双方和解。最高人民检察院经研究后认为，本案系以主体不适格驳回起诉案件，即使通过抗诉解决了主体适格问题，实现陈某合法诉求，仍需经历行政确认和赔偿诉讼，促成双方和解更有利于及时实现陈某的实质诉求。鉴于双方均有和解意愿，最高人民检察院决定推动区人民政府与陈某达成和解，实质性化解行政争议。

争议化解。最高人民检察院成立由分管院领导担任主办检察官的办案组，与江苏省三级检察机关联动，共同开展化解工作。2019年12月18日，办案组赴江苏陈某居住地面对面沟通，通过释法说理促其放弃超出法律和政策规定的不合理诉求；与区人民政府工作人员座谈，听取意见并强调人民政府应当秉持诚实信用原则，对受委托主体的违法行为依法承担责任。省、市、区三级检察机关加强与区政府对接，检察机关多次接待陈某，协调区司法局为陈某推荐法律援助律师；推动行政机关召开有陈某、法律援助律师、人大代表、政协委员、街道办、司法局参加的听证会。在四级检察院合力推动和各方积极参与下，双方按照拆迁安置补偿标准和相关利率达成补偿赔偿协议。

2020年7月31日，陈某向检察机关提交撤回监督申请，最高人民检察院依法作出终结审查决定。持续7年的行政争议最终化解。

该案履职过程包括案件来源、调查核实、监督意见、争议化解、终局决定，履职重点围绕调查核实、争议化解举措展开叙述，对行政争议实质性化解奠定事实与证据基础，对类案的办理提供具体的参考。

三、公益诉讼检察案例

不同类型的公益诉讼案件对应的指导性案例体例结构不同，具体分述如下：

第一，民事公益诉讼。具体包括发现线索和调查核实、诉讼过程。发现线索和调查核实，应写明线索来源，发现问题，具体开展的调查取证、核实工作；诉讼过程，包括诉前公告、提起公益诉讼、请求判令、庭审过程、判决情况及参与社会治理情况。

第二，行政公益诉讼。对于诉前检察建议类型的行政公益诉讼，检察机关履职过程以具体的节点按照时间顺序叙述；对于提起行政公益诉讼的，履职过程以“调查核实和督促履职”和“诉讼过程”两个部分展开，以提起公益诉讼节点界分，重点围绕行政公益诉讼的诉讼过程叙述。

第三，刑事附带民事公益诉讼。检察机关履职过程包括三部分：提起公诉追究刑事责任，简单交代刑事案件的诉讼过程，作为公益诉讼的案件来源；提起刑事附带民事公益诉讼，包括公共利益受损、公益诉讼立案、诉前公告、调查核实、提起刑事民事公益诉讼、庭审与判决情况；参与社会治理，该部分内容根据履职情况灵活记述。

第四，行政附带民事公益诉讼。目前已发布的相关案例时间较早，且体例结构不同于近期发布的公益诉讼案例，建议仍以近期发布的公益诉讼案例为参照即可，交代清楚案件来源、调查核实和督促履职、提起行政附带民事诉讼的过程即可。

第五，不同公益诉讼类型混合的情形。若案件同时包含民事公益诉讼、行政公益诉讼、刑事附带民事公益诉讼等，履职过程可以灵活记述，可采用民事公益诉讼案件办理、行政公益诉讼案件办理、刑事附带民事公益诉讼办理分开展开。

范本：第二十三批指导性案例、第二十九批指导性案例、第三十五批指导性案例

（一）民事公益诉讼指导性案例

示例：江苏省宿迁市人民检察院对章某为未成年人文身提起民事公益诉讼案（检例第 142 号）。

发现问题的方式、内容与制发诉前检察建议、主管机关的处理决定：

（一）发现线索和调查核实

2020年4月，江苏省沭阳县人民检察院在办理未成年人刑事案件中发现，一些涉案未成年人存在不同程度的文身，且大部分是满臂、满背的大面积文身，有文身馆存在为未成年人提供文身、清除文身服务的行为。其中，章某经营的文身馆先后为40余名未成年人文身，并在未取得医疗美容许可证的情况下为7名未成年人清除文身。根据卫生部办公厅《医疗美容项目分级管理目录》，清除文身属于医疗美容项目。2020年10月31日，沭阳县人民检察院向县卫生健康局发出行政公益诉讼诉前检察建议，建议该局依法履行对无证清除文身行为的监管职责。县卫生健康局联合市场监督管理局、商务局在全县范围内整治无证清除文身乱象，对5家文身馆立案，并处以2.5万元罚款的行政处罚。

审查认为属于民事公益诉讼的依据与理由：沭阳县人民检察院认为，未成年人文身具有易感染、难复原、就业受限制、易被标签化等危害。章某为未成年人提供文身服务，危害未成年人的身体权、健康权，影响其发展，损害社会公共利益。虽然现行相关规定对文身行业的归类管理不尽完善，对为未成年人文身也没有明确的禁止性规定，但是根据未成年人保护法关于“保护未成年人，应当坚持最有利于未成年人的原则”，以及法律对未成年人给予特殊、优先保护的规定，可以通过履行民事公益诉讼检察职能，禁止文身场所经营者继续向未成年人提供文身服务，切实保护未成年人身心健康。

通过调查核实确定社会公共利益损害的结果：2020年12月，沭阳县人民检察院立案并开展调查取证工作。围绕提供文身服务时章某主观上是否明知未成年人年龄、危害后果、公共利益属性等，与章某、40余名未成年人及其法定代理人等开展谈话询问70余次；对文身馆开展现场勘查、提取相关物证，拍照固定证据；向案件当事人调取支付凭证、门诊病历、发票等书证，进一步证明文身行为事实；检索文身法医学鉴定实例等文献资料以及《中国人民解放军内务条令（试行）》《关于印发公务员录用体检特殊标准（试行）的通知》等规定，对部分未成年人及父母反映的文身难以清除，导致就学、参军、就业等受阻情况进一步调查核实。

该案属于民事公益诉讼的新拓展，案例围绕公共利益的论证，分别从被告、诉讼代理人、公益诉讼起诉人不同视角展开：（二）诉讼过程……被告及其诉讼代理人提出，法律没有禁止给未成年人文身，现行法律没有明确界定公共利益，章某的行为未达到涉及全体或多数未成年人利益的程度，不应认定为侵犯社会公共利益。公益诉讼起诉人提出答辩意见：第一，向未成年人提供文身服务损害社会公共利益。章某对文身对象不进行筛选，对未成年人文身行为予以放任，且文身经营活动具有开放性特征，导致其提供文身服务的未成年人数量众多。文身行为可能在未成年人中随时、随机出现，侵犯未成年人权益，属于侵犯社会公共利益，符合检察机关提起公益诉讼的情形。第二，文身破坏皮肤组织健康且极难清除，清除文身需要多次、反复治疗，并留下疤痕。文身容易被贴上负面评价的标签，易出现效仿和排斥双重效应，影响未成年人正常学习、生活、就业、社交。第三，未成年人心智尚不成熟，缺乏社会经验，对自身行为甄别能力不足，对行为后果缺乏理性判断，很多未成年人对自己的文身行为表示后悔。未成年人正值生长发育期，对任何可能改变其正常身体发育状态、影响其健康成长的行为均应受到合理规制。《中华人民共和国民法典》对未成年人实施民事法律行为的保护规定，《中华人民共和国未成年人保护法》对未成年人生存权、发展权、受保护权、参与权等权利保护规定，都是体现对未成年人的特殊、优先保护。章某明知未成年人文身的损害后果，仍为未成年人文身，不仅侵犯未成年人的身体权、健康权，也影响未成年人发展。

法律后果与推动社会治理：2021 年 6 月 1 日，宿迁市中级人民法院作出一审判决，判令章某停止向未成年人提供文身服务，并在判决生效之日起十日内在国家级媒体公开向社会公众书面赔礼道歉。一审宣判后，章某当庭表示不上诉并愿意履行判决确定的义务。2021年6月3日，章某在《中国青年报》发表《公开道歉书》，向文身的未成年人、家人以及社会各界公开赔礼道歉，并表示今后不再为未成年人文身。

针对文身行业归类不明、监管主体不清、对为未成年人文身行政执法依据不足等问题，沭阳县人民检察院推动起草并由沭阳县人大常委会审议出台《关于加强未成年人文身治理工作的决议》，明确文身场所不允许未成年人进入，任何人不得为未成年人提供文身服务，不得强迫、劝诱未成年人文身。同时结合各行政部门的职能，对各部门在文身治理中的职责、任务进行规范，并对为未成年人文身的从业人员从信用记录等方面予以规制，提供可操作性规则，促进问题源头治理。

公益诉讼案件中，线索发现与调查核实均为实务难点，因此，该类型案例履职过程一般分为两部分，在“发现线索和调查核实”部分中，要重点写明线索来源，发现问题，具体开展的调查取证、核实工作。在“诉讼过程”部分中，一般包括诉前公告、提起公益诉讼、请求判令、庭审过程、判决情况及参与社会治理情况。

根据案件的情况，该部分内容也可以采取其他结构，如江西省上饶市人民检察院诉张某某等三人故意损毁三清山巨蟒峰民事公益诉讼案（检例第114号），直接单列“发现线索和调查核实”和“诉讼过程”两块内容，在“诉讼过程”中分成诉前公告、一审程序、二审程序展开。

（二）行政公益诉讼指导性案例

可以分为以诉前检察建议督促履职和提起行政公益诉讼两类不同案件。

示例1：江苏省溧阳市人民检察院督促整治网吧违规接纳未成年人行政公益诉讼案（检例第145号）。

线索发现和调查核实：2019年11月，江苏省溧阳市人民检察院在办理未成年人孟某某盗窃案中发现，溧阳市辖区内多家网吧违规接纳未成年人上网，部分未成年人甚至通宵在网吧上网。溧阳市人民检察院通过发放

120份调查问卷、调查走访全市所有58家网吧等方式，全面了解辖区内未成年人随意进出网吧的数量和比例，发现120名受访未成年人中曾随意进出网吧未受制止的占32%。未成年人出入网吧影响身心健康，易沾染不良习气，甚至滋生违法犯罪问题。根据《中华人民共和国未成年人保护法》、国务院《互联网上网服务营业场所管理条例》相关规定，市文体广电和旅游局负责对依法设立的互联网上网服务营业场所的经营活动进行监督管理。

制发检察建议，简洁归纳主要内容：2020年3月2日，溧阳市人民检察院向市文旅局发出行政公益诉讼诉前检察建议：一是结合实际情况，处罚涉案网吧；二是联合相关部门，推动专项执法；三是发挥社会力量，加强监督宣传；四是加强监督管理，规范网吧经营；五是完善制度，建立长效机制。

落实情况和实际效果：收到检察建议后，市文旅局对涉案网吧分别给予警告并罚款3000元的行政处罚，对相关责任人进行约谈。市文旅局、市公安局运用信息技术，联合推出双重严防系统，在全市所有网吧内全部强制上线运行，将网吧经营管理后台数据接入公安机关，实现对网吧运行数据的有效监控，确保从源头上杜绝网吧违规接纳未成年人现象。市文旅局在全市开展了为期6个月的“清风行动”，通过定期通报、签订承诺书、“文明网吧”创建等形式，推动网吧规范经营。

书面回复情况：5月2日，市文旅局向检察机关书面回复检察建议落实情况，提出进一步加强网吧监管的工作措施：一是严格审批，强化退出机制，对违法违规的网吧一律列入黑名单；二是对照标准，完善监管体系，会同公安机关建设信息化监管平台；三是依法管理，推进社会监督，聘请200余名市场监督员对网吧进行监督；四是定人定岗，实行网格监管，全市每个网吧均有对应的管理执法人员，进行滚动式巡查；五是严管重罚，在寒假、暑假和法定节假日开展专项治理。

后续工作及相关效果：溧阳市人民检察院与市文旅局、市公安局召开联席会议，从 2020 年 6 月开始开展三个月的“回头看”工作。检察机关将办案中发现的放任未成年人进入营业性娱乐场所、酒吧、网吧的未成年人父母或其他监护人情况，向妇联、关工委等通报，推动妇联、关工委发挥自身优势，动员社会力量，开展家庭教育指导。积极协同相关职能部门，链接司法社工、“五老”、社区网格员、志愿者等多方资源力量，推动构建常态化监管网络体系，有效防止网吧违规接纳未成年人进入的问题复发和反弹。溧阳市人民检察院注重延伸办案效果，扩大保护范围，牵头与市教育局、公安局、司法局、团市委、卫健局、妇联等 6 家单位会签《关于加强未成年人权益保护的意见》，建立市青少年法治教育基地，推动形成全市未成年人保护大格局。

该案例的特色在于检察建议制发后产生的社会效果明显，因此案例内容重点叙述了整改、回复及落实情况，在公益诉讼诉前程序中具有一定代表性。相似案件可以借鉴该案例的“检察机关履职过程”，以具体的节点按照时间顺序叙述，包括问题发现、监管单位、诉前检察建议、检察建议落实情况等。

示例 2：江苏省睢宁县人民检察院督促处置危险废物行政公益诉讼案（检例第 112 号）。

介绍诉前程序的履职，包括调查核实、检察建议情况、行政部门未履职造成的后果：

【调查核实和督促履职】

针对生态环境局怠于履职情形，睢宁县院于 2019 年 5 月 22 日以行政公益诉讼案件立案，并多次到油泥存放现场调查取证，向公安机关核实相关情况，通过拍照、录像、询问证人等方式固定现场证据。经现场勘查，贮存油泥的塑料桶未采取专业技术封存，现场未设置危险废物识别标识，亦未采取防扬散、流失、渗漏或者其他防止污染环境的措施，油泥持续挥发并部分渗漏，对周边空气、土壤造成二次污染。

2019年5月27日，睢宁县院向生态环境局发出诉前检察建议，督促该局依法履行环境监管职责。2019年7月2日，该局书面回复称，其没有处置固体废物的职责，且油泥作为刑事案件证据，不能在办案过程中处置。

对此，睢宁县院再次向公安机关核实涉案污染物最新情况，并到油泥堆放现场跟进调查，证实油泥处置不影响刑事案件办理；检察建议发出后，生态环境局始终未履行代处置职责。因值梅雨季节，油泥渗漏、流淌情形加重，生态环境仍持续受到侵害。

针对双方争议点，归纳写明双方观点和理由：

【诉讼过程】

2019年7月16日，睢宁县院以徐州市睢宁生态环境局为被告，向徐州铁路运输法院提起行政公益诉讼。2019年8月14日，徐州铁路运输法院公开开庭审理本案。

（一）法庭调查

出庭检察人员宣读起诉书，请求：1.确认被告对涉案危险废物贮存状况不履行监管职责的行为违法；2.判令被告依法履行监管职责，尽快将涉案危险废物移交有处置资质的单位依法处置。

睢宁县生态环境局辩称：油泥作为刑事案件的重要物证，暂不能处置。该局已联系有资质单位落实处置工作，并当庭出示了向公安机关移送涉嫌犯罪线索的卷宗等证据。

在法庭举证、质证阶段，睢宁县院围绕生态环境局在危废处置上的法定职责、权限、法律依据，以及由于该局不依法履行职责致使公共利益受到侵害等情况向法庭出示了相关证据。

（二）法庭辩论

出庭检察人员发表辩论意见认为：一是根据《环境保护法》《固体废物污染环境防治法》等法律规定，被告人因刑事犯罪被羁押而无法处置危险废物，生态环境局应当依法履行代处置职责。二是生态环境局不依法履职，致使部分油泥渗漏、流淌，造成周边空气、土壤严重污染，侵害了社会公共利益。

生态环境局辩称：一是该局已对油泥进行鉴定，并移交公安机关立案侦查；二是该局履行了油泥贮存的监管职责，符合危险废物转移、贮存的规范化标准；三是油泥系刑事案件的重要物证，该局多次征求公安机关意见，公安机关认为案件未结，油泥不能处置。

针对答辩意见，睢宁县院认为，生态环境局虽然在案发之初将犯罪线索移交，但在明知油泥系危险废物的情况下，未及时将油泥委托有危险品保管资质的公司贮存，且未采取有效的防扬散、流失、渗漏等措施，而是任其长期露天放置。公安机关出具的《情况说明》证实生态环境局并未与其联系处置油泥事宜，目在油泥处置协调会明确生态环境局的处置职责后，亦未及时履职。

（三）审理结果

2019年11月15日，徐州铁路运输法院作出行政公益诉讼判决，支持了检察机关的起诉意见。生态环境局未上诉，判决生效。

庭审后，生态环境局在网上发布采购公示、中标公告，确定了危废处置公司。在生态环境局的监督下，该公司对涉案油泥及部分受污染的土壤进行了无害化处置，对涉案现场进行了规范化处置。检察机关对上述过程进行了全程监督。

该案例的重点在于行政公益诉讼的庭审过程，故案例编写侧重于“法庭调查”和“法庭辩论”环节，将双方的争议以法庭辩论的形式进行展现。相关案例可以进行借鉴参考，将履职过程以“调查核实和督促履职”和“诉讼过程”两个部分展开，以提起公益诉讼节点界分，重点围绕行政公益诉讼的诉讼过程展开叙述。

（三）附带民事公益诉讼指导性案例

刑事附带民事公益诉讼案件、行政附带民事公益诉讼案件可以分别表述刑事、行政检察履职内容和民事公益诉讼检察履职内容。

示例1：盛开水务公司污染环境刑事附带民事公益诉讼案（检例第86号）。

根据案件特点，分刑事、刑事附带民事公益诉讼和社会治理三个部分阐述：

【检察机关履职过程】

（一）提起公诉追究刑事责任

2017年4月10日，南京市公安局水上分局对盛开水务公司等以污染环境罪立案侦查。2017年8月25日，公安机关对该案侦查终结后移送南京市鼓楼区人民检察院审查起诉。2018年1月23日，根据南京市环境资源类案件集中管辖的要求，南京市鼓楼区人民检察院向南京市中级人民法院指定的南京市玄武区人民法院提起公诉。

2018年10月、2019年3月，南京市玄武区人民法院对该案开庭审理。庭审围绕危险废物判定、涉案公司处理工艺、污染标准认定、虚拟治理成本适用方法等问题展开法庭调查和辩论。（非案例需要突出的重点问题，因此仅对刑事部分争议焦点作简要总结）经审理，法院采纳检察机关刑事指控，认定被告单位及被告人郑一庚等构成污染环境罪。2019年5月17日，玄武区人民法院以污染环境罪判处被告单位盛开水务公司罚金5000万元；判处被告人郑一庚等12人有期徒刑六年至一年不等，并处罚金200万元至5万元不等。一审判决作出后，盛开水务公司及郑一庚等提出上诉，2019年10月15日，南京市中级人民法院作出二审裁定，维持原判。

将论述重点放在了调解和替代性修复方案，与案例的要旨和指导意义相呼应：

（二）提起刑事附带民事公益诉讼

调解过程中，检察机关提出“现金赔偿＋替代性修复”调解方案，由盛开水务公司承担现金赔偿责任，盛开投资公司承担连带责任。同时，盛开投资公司承担替代性修复义务，并确定承担替代性修复义务的具体措施，包括新建污水处理厂、现有污水处理厂提标改造、设立保护江豚公益项目等内容。

经过多次磋商，被告及盛开投资公司认同检察机关关于该案环境损害鉴定方法、赔偿标准与赔偿总额、赔偿方式等问题的主张。2019年12月27日，在南京市玄武区人民法院的主持下，检察机关与盛开水务公司、盛开投资公司共同签署分四期支付2.37亿元的现金赔偿及承担2.33亿元替代性修复义务的调解协议。2019年12月31日，法院对该调解协议在人民法院网进行了为期30日的公告，公告期间未收到异议反馈。2020年2月7日，调解协议签订。目前，盛开投资公司已按期支付1.17亿元赔偿金，剩余1.20亿元分三年支付。替代性修复项目正在有序进行中。

采用夹叙夹议的方式，对检察机关提出的检察建议及落实效果进行论述：

（三）参与社会治理，推动地方立法

办理该案后，检察机关针对办案中发现的环境监管漏洞等问题，积极推动完善社会治理。一是针对办案中发现的污水排放核定标准中氯离子浓度过高等问题，鉴于环保部门未尽到充分注意义务，检察机关发出检察建议，要求将氯离子浓度纳入江苏省《化学工业水污染物排放标准》予以监管，被建议单位予以采纳。二是对包括盛开公司在内的300余名化工企业负责人和环保管理人员开展警示教育，增强公司管理人员环境保护意识和法治意识，促进加强水污染防治监管。三是结合本案，对长江水污染问题开展调研，针对长江生态保护的行政监管部门多，职能交叉、衔接不畅等问题，提出制定“南京市长江生态环境保护实施条例”的立法建议，获得南京市人大常委会采纳，并决定适时研究制定该地方性法规，助力长江生态保护，促进区域治理体系和治理能力现代化建设。

该案件本身较为复杂，涉及争议点、创新点较多，通过归纳总结，最

后作出部分取舍，在完整展现案件的同时，突出了与要旨和指导意义呼应的重点。该案例可以作为刑事附带民事公益诉讼的一般写法进行参考，包括三部分：（一）提起公诉追究刑事责任，简单交代刑事案件的诉讼过程，作为公益诉讼的案件来源；（二）提起刑事附带民事公益诉讼，包括公共利益受损、公益诉讼立案、诉前公告、调查核实、提起刑事民事公益诉讼、庭审与判决情况；（三）参与社会治理，推动地方立法，该部分内容根据履职情况灵活记述。

案件中同时包含民事公益诉讼与行政公益诉讼的，检察机关履职过程可以分别阐述民事公益诉讼案件办理和行政公益诉讼案件办理的过程。

四、涉未成年人检察案例

未成年人检察职能具有综合性、一体性、全面性，因此涉未成年人检察指导性案例在不同类型案件中，履职过程应当围绕具体职能有针对性地展开。

（一）涉未成年人刑事检察指导性案例

未成年人检察履职过程除包括四大检察履职的基本要素外，具有专属履职要素。基本体例结构主要包括：（1）检察机关社会调查。（2）综合评估。（3）附条件不起诉。（4）帮教措施。（5）帮教效果评估。

范本：第二十七批指导性案例

示例：胡某某抢劫案（检例第103号）。

【检察机关履职过程】

（一）补充社会调查，依法作出不批准逮捕决定。案件提请批准逮捕后，针对公安机关移送的社会调查报告不能充分反映胡某某犯罪原因的问题，检察机关及时补充开展社会调查，查明……

（二）综合评估，依法适用附条件不起诉……

（三）立足帮教目标，对照负面行为清单设置所附条件，协调各方开展精准帮教。检察机关立足胡某某系在校学生的实际，围绕亲子共同需求，确立“学业提升进步，亲子关系改善”的帮教目标，并且根据社会调查列出阻碍目标实现的负面行为清单设置所附条件，如：遵守校纪校规；不得进入娱乐场所；不得吸烟、饮酒；接受心理辅导；接受监护人监管；定期参加社区公益劳动；阅读法治书籍并提交学习心得等。在此基础上，检察机关联合学校、社区、家庭三方成立考察帮教小组，围绕所附条件，制定方案，分解任务，精准帮教。学校选派老师督促备考，关注心理动态，社区为其量身定制公益劳动项目，家庭成员接受“正面管教”家庭教育指导，改善亲子关系。检察机关立足保障学业，灵活掌握帮教的频率与方式，最大程度减少对其学习、生活的影响。组建帮教小组微信群，定期反馈与实时监督相结合，督促各方落实帮教责任，对帮教进度和成效进行跟踪考察，同时要求控制知情范围，保护胡某某隐私。针对胡某某的犯罪源于亲子矛盾这一“症结”，检察机关协同公安民警、被害人、法律援助律师、法定代理人从法、理、情三个层面真情劝诫，胡某某表示要痛改前非。

（四）阶段性评估，动态调整考验期限和帮教措施。考验期内，胡某某表现良好，参加高考并考上某影视职业学院，还积极参与公益活动。鉴于胡某某表现良好、考上大学后角色转变等情况，检察机关组织家长、学校、心理咨询师、社区召开“圆桌会议”听取各方意见。经综合评估，各方一致认为原定考验期限和帮教措施已不适应当前教育矫治需求，有必要作出调整。2016年9月，检察机关决定将胡某某的考验期缩短为八个月，并对最后两个月的帮教内容进行针对性调整：开学前安排其参加企业实习，引导职业规划，开学后指导阅读法律读物，继续筑牢守法堤坝。11月10日考验期届满，检察机关依法对其作出不起诉决定，并进行相关记录封存。目前，胡某某已经大学毕业，在某公司从事设计工作，心态乐观积极，家庭氛围融洽。

该案例对未成年人检察附条件不起诉的办案过程进行了完整呈现，在表述每项工作时，采取了“进行本项工作的主要考虑—具体做法—主要成效”的逻辑，为面对相同情况的检察机关办案提供了借鉴。

（二）涉未成年人检察公益诉讼指导性案例

因融合未成年人检察和公益诉讼检察的双重职能，履职过程应分述环节，并将公益诉讼作为未成年人检察的一环论述。具体参见上述公益诉讼检察指导性案例履职过程的撰写分析。

（三）涉未成年人检察全面司法保护指导性案例

基本体例结构围绕综合履职和六大保护的融合展开，通常包括：(1) 案件办理，即线索来源、审查逮捕、审查起诉等。(2) 被害人权益保护。包括刑事附带民事赔偿、家庭保护、监护指导、心理疏导等举措。(3) 社会治理，可通过督促监护、心理疏导、检察建议、精准普法、联席会议、类案线索移交、犯罪预防等方式推动全面司法保护。

范本：第五十批指导性案例

示例：隋某某利用网络猥亵儿童，强奸，敲诈勒索制作、贩卖、传播淫秽物品牟利案（检例第200号）。

【检察机关履职过程】

审查逮捕。2022年3月11日，班主任发现刘某某表现异常后报警。山东省某市公安局某区分局于当日将隋某某抓获。2022年4月11日，公安机关以隋某某涉嫌强奸罪，敲诈勒索罪，制作、贩卖、传播淫秽物品牟利罪向山东省某市某区人民检察院提请批准逮捕。公安机关认为，利用网络实施猥亵是犯罪嫌疑人实现强奸犯罪的手段，应按强奸一罪处理。检察机关审查认为，本案系性侵害未成年人犯罪，情节恶劣，严重损害未成年人身心健康，应当依法从严惩处。根据本案证据，隋某某最初系以刺激、满足性欲为目的，要求被害人拍摄裸照、裸体视频发送供其观看。收到被害人照片、视频后，认为被害人易哄骗、好控制，继而又产生与被害人发生性关系的犯罪意图，后实施强奸行为。本案猥亵行为与强奸行为相隔9天，具有明显的时空间隔，猥亵行为和强奸行为给被害人造成两次不同性质和程度的伤害。隋某某的线上猥亵是独立的犯罪行为，因此不宜评价为强奸犯罪的手段，应当认定为猥亵儿童罪。检察机关在依法批准逮捕隋某某的同时，与公安机关及时沟通，明确补充侦查方向，督促进一步查清隋某某实施猥亵儿童犯罪的事实。

审查起诉及处理结果。2022 年 6 月 17 日，公安机关以隋某某涉嫌猥亵儿童罪，强奸罪，敲诈勒索罪，制作、贩卖、传播淫秽物品牟利罪移送检察机关审查起诉。2022 年 7 月 15 日，检察机关向人民法院提起公诉。2022 年 8 月 11 日，人民法院作出判决，对隋某某以猥亵儿童罪判处有期徒刑一年六个月；以强奸罪判处有期徒刑八年六个月；以敲诈勒索罪判处有期徒刑六个月，并处罚金人民币二千元；以制作、贩卖、传播淫秽物品牟利罪判处有期徒刑九个月，并处罚金人民币一千元。数罪并罚，决定执行有期徒刑十年，并处罚金人民币三千元。

这部分在重述"隔空猥亵"规则的基础上，明确了线上猥亵行为与线下强奸行为的行为分析与认定依据，围绕罪数认定与数罪并罚强化论证，改变了以往司法实践中以牵连犯从一重处罚简单化处理的问题，更加有力地体现了从严惩治性侵害未成年人犯罪和保护未成年人身心权益的立场。

被害人权益保护。隋某某将被害人私密视频通过朋友圈售卖，导致视频在被害人所在学校多名学生间传播。为尽可能将犯罪的伤害降到最低，检察机关督促公安机关第一时间查清相关视频传播路径并固定证据后，将视频进行技术性彻底删除。同时，协调职能部门及时追踪、处理与本案有关的不当泄露的信息，阻断被害人照片及视频传播。联合公安机关对购买相关视频的学生开展法治教育，对学生家长制发督促监护令，避免对被害人造成二次伤害。检察机关还联系专门机构指派专业心理咨询师，为被害人提供心理疏导，持续关注被害人状况，帮助其尽快走出心理阴影。

促进综合治理。针对案件反映出的未成年人网络交友不当、防范网络侵害能力不足等问题，检察机关开展专题调研分析后，向涉案学校和教育行政主管部门制发检察建议，督促学校建立预防、处置网络侵害工作机制，落实侵害未成年人案件强制报告制度，采取科学、合理方式培养和提高未成年人网络素养，有效减少侵害发生。针对未成年人遭受网络侵害时不敢说不、不善求助等问题研发网络安全教育主题课程，组织开展“清朗网络进校园”活动，通过专题授课、短视频、网络安全知识问答等多种方式揭露犯罪分子常用伎俩，揭示网络交友中的风险和陷阱，讲授应对网络性侵的正确处理方式，引导学生理性交友，保护自我，及时求助，提升未成年人文明、安全用网的意识和能力。就未成年人网络保护问题，邀请人大代表、政协委员及未成年人保护相关职能部门进行座谈，推动相关职能部门加强涉未成年人网络侵害线索移送，现已报告并移送线索 9 件。

综合治理是该批指导性案例发布主题的直接体现。在撰写时，侧重于通过综合治理的理念、方式、成效来体现检察机关的履职担当，并切记从检察机关的履职视角、具体方式上展开。正如案例中，检察机关通过督促监护、心理疏导、精准普法、联席会议等履职方式，制发网络空间治理的检察建议与强化类案线索移交打击，提升未成年人综合保护效果。

该批指导性案例以“未成年人网络保护”为主题，这是 2020 年未成年人保护法修订新增“网络保护”专章以来，最高人民检察院首次发布关于这一主题的未成年人“四大检察”综合履职指导性案例。因此，相关案例的履职部分通过审查逮捕、审查起诉、被害人权益保护与综合治理，与该批次的网络空间综合司法保护主题相呼应。

第九章　指导意义的撰写技巧与方法

第一节　概　述

检察指导性案例的指导意义是对要旨所提炼规则的展开论述和深化阐释，以便于检察人员深刻领会和准确理解案例要旨的内涵。

示例：罪犯王某某暂予监外执行监督案（检例第72号）。

【要旨】

人民检察院对违法暂予监外执行进行法律监督时，应当注意发现和查办背后的相关司法工作人员职务犯罪。对司法鉴定意见、病情诊断意见的审查，应当注重对其及所依据的原始资料进行重点审查。发现不符合暂予监外执行条件的罪犯通过非法手段暂予监外执行的，应当依法监督纠正。办理暂予监外执行案件时，应当加强对鉴定意见等技术性证据的联合审查。

【指导意义】

1. 人民检察院对暂予监外执行进行法律监督时，应注重发现和查办违法暂予监外执行背后的相关司法工作人员职务犯罪案件……

2. 对司法鉴定意见、病情诊断意见的审查，应当注重对其及所依据的原始资料进行重点审查……

3. 办理暂予监外执行案件时，应当加强对鉴定意见等技术性证据的联合审查……

一、指导意义的功能和价值

指导意义是从类案角度，引导办案人员领会和运用“要旨”的具体规则或者工作方法，立足个案回应普遍性问题，指导检察办案工作。相较类似案例“灵魂”的要旨部分，指导意义更像是案例的“躯干”，其核心是“如何用”。指导性案例的指导意义立足实践、突出实用、重在指导，即最高人民检察院通过指导性案例，加强对全国检察机关检察工作的领导和指导，各级检察机关通过指导性案例的指导意义可以更加准确、严格地理解和执行国家法律法规和司法解释，可以更加精准、严肃地履行法律监督职能。

二、指导意义撰写的具体要求

一是指导意义政治方向的绝对正确。指导意义必须以习近平法治思想为指导，坚持司法为民、公正司法主线，坚持实体公正与程序公正相统一、坚持惩罚犯罪和保障人权相统一，坚持政治效果、法律效果和社会效果相统一，坚持科学技术与司法工作的有机融合。不断推动检察理念创新、制度创新、实践创新。

二是指导意义的内容需紧扣每期发布的主题。首先，最高人民检察院发布的每期指导性案例均有鲜明的主题，涵盖犯罪类型、程序适用、专项工作、检察工作等，如第十批“金融犯罪”主题、第十五批“行政检察”主题、第二十二批“适用认罪认罚从宽制度”主题、第三十二批“职务犯罪适用违法所得没收程序”主题等。其次，撰写指导意义必须在契合要旨的前提下，围绕发布的主题要求展开，不得发散。指导意义应当注意与要旨和检察机关履职过程前后呼应，避免要旨的内容在指导意义中没有得到体现或者指导意义与要旨的内容关联性不强的情况。指导意义的标题与内容也要能对应起来，防止文题不符，更不能脱离案例谈意义。最后，指导意义应当把握检察立场，从指导检察机关履职的角度编写，不宜过多强调被监督对象应当如何履职。

三是指导意义的结构应层次分明、逻辑严谨。第一，指导意义应当源于个案高于个案，避免就事论事，就案说案。不宜过多强调个案的典型性，而应当总结归纳案例对类似案件处理有何启示、引领和借鉴意义，为指导全国检察机关办理案件发挥示范引领作用，可以跳出个案作适当延伸，从应然角度提出工作要求。第二，指导意义一般采用“总—分”结构，即先概括后阐述，应做到精炼准确、观点清晰、说理透彻、逻辑严密、层次分明。每一部分的指导意义均应以中心句开头，该中心句既可以是要旨，也可以是对要旨的再分割，演绎推理必须严谨且紧扣中心句。一般按照先实体、后程序、再综合的章法，但是也不唯一。指导意义一般不超过三点，聚焦案例要旨，突出案例亮点，有话则长，无话则短，既要防止面面俱到、把指导意义写成对办案效果的宣传材料，还要防止在指导意义中出现过多背景性介绍、阐述不言自明的意义。指导意义的排序应根据其阐述类型、案件关联度及外延范围，由表及里、由窄及广进行排列。第三，指导意义应围绕“要旨”，立足个案，面向类案，通过分类组合事实认定、证据运用、法律适用、政策把握、办案方法等方面进行撰写。指导意义一般有二到三个自然段，每个自然段具有鲜明的主题。第四，指导意义应当注意避免使用“具体到本案中……”之类的表述或者以案件具体内容作为论据进行循环论证，宜使用“司法实践中，……具有一定普遍性，检察机关办理同类案件时，应当注意……”之类的表述。

四是指导意义应注意避免同质化。同一批次指导性案例之间的指导意义或者与此前发布的指导性案例的指导意义的内容应该避免雷同、重复。

第二节　常见的表述

指导意义的句式应力求平铺直叙，删繁就简，清晰明了，规范严谨。具体可以采用以下表述方法。

一、三段论演绎式表述

司法实务中，法律关系的分析过程是按照逻辑三段论模式展开的，但是案件事实（小前提）和与案件法律关系有关联的法律规范（大前提）之间的连接，需要办案人员的理解，当法律规定模糊、有歧义之时难以保证“同案同判”。指导性案例提炼的规则可以弥补该不足。指导意义的表述方式优先选择三段论演绎式，可以直观展示指导意义如何解决案件事实和与案件法律关系有关联的法律规范之间的连接问题。同时，解决上述问题又会涉及法律解释，一般来说有文理解释、目的解释、体系解释等。实际上，所有法律解释都应当立足于价值判断，阐释法律的精神，促使蕴含在法律的情理法得体适用于复杂的社会生活。

如骆某猥亵儿童案（检例第 43 号）的指导意义表述为：

……网络环境下，以满足性刺激为目的，虽未直接与被害儿童进行身体接触，但是通过 QQ、微信等网络软件，以诱骗、强迫或者其他方法要求儿童拍摄、传送暴露身体的不雅照片、视频，行为人通过画面看到被害儿童裸体、敏感部位的，是对儿童人格尊严和心理健康的严重侵害，与实际接触儿童身体的猥亵行为具有相同的社会危害性，应当认定构成猥亵儿童罪。

二、要素罗列式表述

简言之，对要素的归类组合是撰写指导意义的主要方式，通过要素搭建指导意义框架脉络，以要素组合保证指导意义各自然段之间的自然衔接。如事实认定包括举证责任、证据规则要素；证据运用包括证据审查思路、审查方法等。该句式益处在于论点分明，指导意义更具有条理性，易于类案参考对比适用。运用该句式需注意要素应全面、具体，要素之间具有逻辑层次，层层递进。

以张凯闵等52人电信网络诈骗案（检例第67号）为例。该案例的指导意义是对境外实施犯罪的证据应着重审查合法性+对电子数据应重点审查客观性+紧紧围绕电话卡和银行卡审查认定案件事实+诈骗犯罪集团的认定。该指导意义的要素罗列环环紧扣，非常有利于类案办理中的比较和参考。对境外证据的合法性审查，紧扣程序、手续是否完备，是否符合我国刑事诉讼法的相关规定等要素；对电子数据客观性的审查，紧扣电子数据存储介质的真实性，电子数据本身是否客观、真实、完整，电子数据内容的真实性等要素；围绕电话卡和银行卡两个要素，审查被害人与诈骗犯罪组织间的关联及认定被害人及诈骗数额；对诈骗犯罪集团实务认定，紧扣明确首要分子、主要成员固定及主从犯的处理等要素。

细言之，该案例的指导意义对检察机关如何审查、采信境外证据、电子证据、电话卡和银行卡等证据逐一表述，实现了办理该类网络犯罪的四个明确：一是明确对境外实施犯罪的证据应着重审查是否符合我国刑事诉讼法的相关规定。对于能够证明案件事实且符合我国刑事诉讼法规定的，可以作为证据使用。对基于条约、司法互助协定、两岸司法互助协议等调取的证据，以及当事人及其辩护人、诉讼代理人提供的来自境外的证据材料的审查方法作了区分和明确。二是明确对电子数据应重点审查客观性。要求重点审查存储介质的真实性，审查电子数据本身是否客观、真实、完整，审查电子数据内容的真实性。三是明确围绕电话卡和银行卡审查认定案件事实。通过电话卡、银行卡建立被害人与诈骗犯罪组织间的关联，认定诈骗数额。四是明确有明显首要分子，主要成员固定，其他人员有一定流动性的电信网络诈骗犯罪组织，可以认定为诈骗犯罪集团。①

① 参见张晓津、余岚：《最高人民检察院第十八批指导性案例解读》，载《人民检察》2020年第8期。

三、叙事陈述式表述

叙事陈述式表述是对要素罗列式表达方法的进一步概括。该指导意义将要旨规则体现在高度凝练的案件事实中，该句式直观清晰，一般情况下可直接参考适用。如刑事检察中，办案人员可以直接参考案件的时间（履职阶段）、地点（犯罪地）、人物（主体身份）、起因（背景来源）、经过（履职经过）、结果（认定结论）等要素，具体有以下两种表述方式：

（一）结合案件事实和履职事实对犯罪构成展开表述

如齐某强奸、猥亵儿童案（检例第42号）的指导意义表述为：

……（二）准确适用奸淫幼女“情节恶劣”的规定。刑法第二百三十六条第三款第一项规定，奸淫幼女“情节恶劣”的，处十年以上有期徒刑、无期徒刑或者死刑。《最高人民法院、最高人民检察院、公安部、司法部关于依法惩治性侵害未成年人犯罪的意见》第25条规定了针对未成年人实施强奸、猥亵犯罪“更要依法从严惩处”的七种情形。实践中，奸淫幼女具有从严惩处情形，社会危害性与刑法第二百三十六条第三款第二至四项相当的，可以认为属于该款第一项规定的“情节恶劣”。例如，该款第二项规定的“奸淫幼女多人”，一般是指奸淫幼女三人以上。本案中，被告人具备教师的特殊身份，奸淫二名幼女，且分别奸淫多次，其危害性并不低于奸淫幼女三人的行为，据此可以认定符合“情节恶劣”的规定。（三）准确适用“公共场所当众”实施强奸、猥亵未成年人犯罪的规定。刑法对“公共场所当众”实施强奸、猥亵未成年人犯罪，作出了从重处罚的规定。《最高人民法院、最高人民检察院、公安部、司法部关于依法惩治性侵害未成年人犯罪的意见》第23条规定了在“校园、游泳馆、儿童游乐场等公共场所”对未成年人实施强奸、猥亵犯罪，可以认定为在“公共场所当众”实施犯罪。适用这一规定，是否属于“当众”实施犯罪至为关键。对在规定列举之外的场所实施强奸、猥亵未成年人犯罪的，只要场所具有相对公开性，且有其他多人在场，有被他人感知可能的，就可以认定为在“公共场所当众”犯罪。最高人民法院对本案的判决表明：学校中的教室、集体宿舍、公共厕所、集体洗澡间等，是不特定未成年人活动的场所，在这些场所实施强奸、猥亵未成年人犯罪的，应当认定为在“公共场所当众”实施犯罪。

该部分以叙事陈述的方式表述检察机关办理涉未成年人强奸、猥亵犯罪中如何适用“情节恶劣”“公共场合当众”情节。

（二）结合案件事实和履职事实对检察履职展开表述

如福建王某兴等人劳动仲裁执行虚假诉讼监督案（检例第55号）指导意义表述为：

1. 以虚假劳动仲裁申请执行是民事虚假诉讼的一种情形，应当加强检察监督……

2. 办理虚假诉讼监督案件，应当保持对线索的高度敏感性……

3. 检察机关在办理虚假诉讼案件中，发现仲裁活动违法的，应当依法进行监督……

该案例的指导意义以叙事陈述的方式，对检察机关在办理虚假诉讼案件中如何开展检察履职进行了表述。

第三节　主要类型及撰写方法

检察指导性案例指导意义是对“要旨”提炼规则的展开论证和说理解释，应当立足案例回应类案中普遍性的问题，而不是对“要旨”的重复叙述。

一、事实认定类

事实认定属于事实判断，是全部工作的基础和起点。实质上是办案人员从案件事实到最终作出案件决定事实的整个过程。所以事实认定类的指导意义写作可以采取“中心句+归纳审查案件事实+推理论证”的表达方式，包括概念型事实认定、法律型事实认定两种。

（一）概念型事实认定

以柯某侵犯公民个人信息案（检例第140号）为例。该案的指导意义表述为：包含房产信息和身份识别信息的业主房源信息属于公民个人信息。（中心句）公民个人信息，是指以电子或者其他方式记录的能够单独或者与其他信息结合识别特定自然人身份或者反映特定自然人活动情况的各种信息，包括姓名、身份证件号码、通信通讯联络方式、住址、账号密码、财产状况、行踪轨迹等。业主房源信息包括房产坐落区域、面积、售租价格等描述房产特征的信息，也包含门牌号码、业主电话、姓名等具有身份识别性的信息，（审查案件事实）上述信息组合，使业主房源信息符合公民个人信息“识别特定自然人”的规定。（推理论证的过程）上述信息非法流入公共领域存在较大风险。……

（二）法律型事实认定

以于海明正当防卫案（检例第47号）为例。该案的指导意义，认定了“行凶”和“正在进行”两种法律事实。适用本款规定，“行凶”是认定的难点，（中心句）对此应当把握以下两点：一是必须是暴力犯罪，对于非暴力犯罪或一般暴力行为，不能认定为行凶；二是必须严重危及人身安全，即对人的生命、健康构成严重危险。（推理论证的过程）在具体案件中，有些暴力行为的主观故意尚未通过客观行为明确表现出来，或者行为人本身就是持概括故意予以实施，这类行为的故意内容虽不确定，但已表现出多种故意的可能，其中只要有现实可能造成他人重伤或死亡的，均应当认定为“行凶”。正当防卫以不法侵害正在进行为前提。（审查案件事实）所谓正在进行，是指不法侵害已经开始但尚未结束。（中心句）不法侵害行为多种多样、性质各异，判断是否正在进行，应就具体行为和现场情境作具体分析。（审查案件事实）判断标准不能机械地对刑法上的着手与既遂作出理解、判断，因为着手与既遂侧重的是侵害人可罚性的行为阶段问题，而侵害行为正在进行，侧重的是防卫人的利益保护问题。所以，不能要求不法侵害行为已经加诸被害人身上，只要不法侵害的现实危险已经迫在眼前，或者已达既遂状态但侵害行为没有实施终了的，就应当认定为正在进行。[①]

（推理论证的过程）

二、法律适用类

法律适用属于价值判断，是指司法人员把有关的法律规则，运用到已经被认定的案件事实，并作出相应决定的活动。法律规则应该具有明确性、可操作性和可预测性等基本特征，但是，受到概念的模糊性和语词的多义性，以及社会语言的发展变化等因素影响，法律规则往往具有一定的开放性，即主要含义的相对明晰与边缘含义的相对模糊，或者说，在抽象的层面上相对明晰，而在具体的层面上相对模糊。从发布的指导性案例看，法律适用类指导性案例占比较高，包含选择法律、细化法律、宣示法律等。所以法律适用类的指导意义写作可以采取“中心句 + 适用的问题 + 解决问题的法理基础和法律依据 + 确定要旨规则”的表达方式。

（一）选择法律

刑事检察指导性案例中更多体现在对罪名的选择上，主要是解决刑事司法实务中常见罪名选择适用问题，如共同犯罪中多人行为区分难等问题，通过指导意义达到处理的统一性和合理性。

以夏某某等人重大责任事故案（检例第 97 号）为例。该案例的指导意义围绕行为人对交通运输活动是否具有安全管理职责、对事故发生是否负有直接责任、所实施行为违反的主要是交通运输法规还是其他安全管理的

① 参见周颖：《最高人民检察院第十二批指导性案例解读》，载《人民检察》2019 年第 2 期。

法规等区分情况，准确适用交通肇事罪、重大责任事故罪、重大劳动安全事故罪、过失致人死亡罪等罪名。同时，该案例的指导意义还对实务中常见的重大事故中不同责任主体的归罪，进行了详细的推理论证。

（二）细化法律

此类方法主要是对法律的相关规定提出更为具体、更为细致的规则或者适用标准，使法律适用更加明确具体，更具有可操作性。

以骆某猥亵儿童案（检例第43号）为例。该案的指导意义，一是细化了猥亵儿童罪的概念。“猥亵儿童罪是指以淫秽下流的手段猥亵不满14周岁儿童的行为。刑法没有对猥亵儿童的具体方式作出列举，需要根据实际情况进行判断和认定。实践中，只要行为人主观上以满足性刺激为目的，客观上实施了猥亵儿童的行为，侵害了特定儿童人格尊严和身心健康的，应当认定构成猥亵儿童罪。”二是细化了网络猥亵儿童罪的概念。“网络环境下，以满足性刺激为目的，虽未直接与被害儿童进行身体接触，但是通过QQ、微信等网络软件，以诱骗、强迫或者其他方法要求儿童拍摄、传送暴露身体的不雅照片、视频，行为人通过画面看到被害儿童裸体、敏感部位的，是对儿童人格尊严和心理健康的严重侵害，与实际接触儿童身体的猥亵行为具有相同的社会危害性，应当认定构成猥亵儿童罪。”

（三）宣示法律

此类方法主要适用于法律法规或者司法解释出台之后，在理解和适用上需要统一理解和认识的情况。

示例1：林某彬等人组织、领导、参加黑社会性质组织案（检例第84号）。

1. 对于黑社会性质组织犯罪等共同犯罪案件，适用认罪认罚从宽制度有助于提升指控犯罪质效。检察机关应当注重认罪认罚从宽制度的全流程适用，通过犯罪嫌疑人、被告人认罪认罚，有针对性地收集、完善和固定证据，同时以点带面促使其他被告人认罪认罚，完善指控犯罪的证据体系。对于黑社会性质组织等涉案人数众多的共同犯罪案件，通过对被告人开展认罪认罚教育转化工作，有利于分化瓦解犯罪组织，提升指控犯罪的效果。

2. 将认罪认罚与追赃挽损有机结合，彻底清除有组织犯罪的经济基础，尽力挽回被害人损失。检察机关应当运用认罪认罚深挖涉案财产线索，将退赃退赔情况作为是否认罚的考察重点，灵活运用量刑建议从宽幅度激励被告人退赃退赔，通过认罪认罚成果巩固和扩大追赃挽损的效果。

3. 区别对待，准确贯彻宽严相济刑事政策。认罪认罚从宽制度可以适用于所有案件，但“可以”适用不是一律适用，被告人认罪认罚后是否从宽，要根据案件性质、情节和对社会造成的危害后果等具体情况，坚持罪责刑相适应原则，区分情况、区别对待，做到该宽则宽，当严则严，宽严相济，罚当其罪。对犯罪性质恶劣、犯罪手段残忍、危害后果严重的犯罪分子，即使认罪认罚也不足以从宽处罚的，依法可不予以从宽处罚。

该案例的指导意义从适用认罪认罚从宽制度有助于提升指控犯罪质效、巩固和扩大追赃挽损等方面，阐述了认罪认罚从宽制度可以适用于所有刑事案件，没有适用罪名和可能判处刑罚的限定。

示例 2：王玉雷不批准逮捕案（检例第 27 号）。

1. 严格坚持非法证据排除规则。根据我国刑事诉讼法第七十九条规定，逮捕的证据条件是“有证据证明有犯罪事实”，这里的“证据”必须是依法取得的合法证据，不包括采取刑讯逼供、暴力取证等非法方法取得的证据。检察机关在审查逮捕过程中，要高度重视对证据合法性的审查，如果接到犯罪嫌疑人及其辩护人或者证人、被害人等关于刑讯逼供、暴力取证等非法行为的控告、举报及提供的线索，或者在审查案件材料时发现可能存在非法取证行为，以及刑事执行检察部门反映可能存在违法提讯情况的，应当认真进行审查，通过当面讯问犯罪嫌疑人、查看犯罪嫌疑人身体状况、识别犯罪嫌疑人供述是否自然可信以及调阅提审登记表、犯罪嫌疑人入所体检记录等途径，及时发现非法证据，坚决排除非法证据。

2. 严格把握作出批准逮捕决定的条件。构建以客观证据为核心的案件事实认定体系，高度重视无法排除合理怀疑的矛盾证据，注意利用收集在案的客观证据验证、比对全案证据，守住“犯罪事实不能没有、犯罪嫌疑人不能搞错”的逮捕底线。要坚持惩罚犯罪与保障人权并重的理念，重视犯罪嫌疑人不在犯罪现场、没有作案时间等方面的无罪证据以及侦查机关可能存在的非法取证行为的线索。综合审查全案证据，不能证明犯罪嫌疑人实施了犯罪行为的，应当依法作出不批准逮捕的决定。要结合办理审查逮捕案件，注意发挥检察机关侦查监督作用，引导侦查机关及时收集、补充其他证据，促进侦查活动依法规范进行。

该案例的指导意义，重申了严格坚持非法证据排除规则和依据，重申了检察机关在审查逮捕阶段适用非法证据排除规则的履职要求。

三、证据运用类

证据是事实认定的基础，证据制度是贯穿诉讼活动始终的一项重要制度。宏观层面包含证据裁判和证据审查意识问题；中观层面包含证明标准、证明责任问题；微观层面包含证据的获取固定、审查分析、举证质证问题。可以采取“中心句 + 问题 + 主要措施”的表达方式。

（一）证据裁判和证据审查意识类

该类指导意义应明确检察人员办案中必须强化证据裁判意识，严格执行法定证明标准，是司法办案坚守底线思维的基础。

以陈满申诉案（检例第 26 号）为例。该案的指导意义提炼了“切实强化证据裁判和证据审查意识”的规则。证据裁判原则是现代刑事诉讼的一项基本原则……（中心句）这是证据使用的根本原则，违背这一原则就有可能导致冤假错案，放纵罪犯或者侵犯公民的合法权利。（问题）检察机关审查逮捕、审查起诉和复查刑事申诉案件，都必须注意对证据的客观性、合法性进行审查，及时防止和纠正冤假错案。对于刑事申诉案件，经审查，如果原审裁判据以定案的有关证据，在原审过程中未经法定程序证明其真实

性、合法性，而人民法院据此认定被告人有罪的，人民检察院应当依法进行监督。（具体措施）

该案例的指导意义从切实强化证据裁判和证据审查意识，坚持综合审查判断证据规则两方面论证认定案件事实，必须以证据为根据原则的法理基础、法律依据和重要性，以及不遵循该原则的危害。在此基础上，明确检察机关在针对证据问题方面的检察履职。

（二）证明标准和证明责任问题类

该类指导意义应明确类案中的证明标准和诉讼各方的证明责任。

示例：白静贪污违法所得没收案（检例第127号）。

（一）准确把握认定违法所得的证明标准，依法提出没收申请。检察机关提出没收违法所得申请，应当有证据证明有犯罪事实。除因犯罪嫌疑人、被告人逃匿无法收集的证据外，其他能够证明犯罪事实的证据都应当收集在案。在案证据应能够证明申请没收的财产具有高度可能系直接或者间接来源于违法所得或者系犯罪嫌疑人、被告人非法持有的违禁品、供犯罪所用的本人财物。对于在案证据无法证明部分财产系犯罪嫌疑人、被告人违法所得及其他涉案财产的，则不应列入申请没收的财产范围。

（二）证明申请没收的财产属于违法所得，是检察机关庭审举证的重点。人民法院开庭审理申请没收违法所得案件，人民检察院应当派员出席法庭承担举证责任。针对犯罪嫌疑人、被告人实施了法律规定的重大犯罪出示相关证据后，应当着重针对申请没收的财产属于违法所得进行举证。对于涉及金融证券类等重大复杂、专业性强的案件，检察机关可以申请人民法院通知鉴定人出庭作证，以增强证明效果。

该案的指导意义明确检察机关提出没收违法所得申请，应有证据证明申请没收的财产直接或者间接来源于犯罪所得，或者能够排除财产合法来源的可能性。简言之，检察机关应准确把握认定违法所得的证明标准，依法提出没收申请。指导意义从具备犯罪事实、例外情形，规定了认定违法所得的证明标准。

（三）证据的获取固定、审查分析、举证质证类

该类指导意义占证据运用类的大部分。在调查取证方面，该类指导意义应明确类案中进行调查取证的条件或方向。

示例：姚晓杰等11人破坏计算机信息系统案（检例第69号）。

（一）立足网络攻击犯罪案件特点引导公安机关收集调取证据。对重大、疑难、复杂的网络攻击类犯罪案件，检察机关可以适时介入侦查引导取证，会同公安机关研究侦查方向，在收集、固定证据等方面提出法律意见。一是引导公安机关及时调取证明网络攻击犯罪发生、证明危害后果达到追诉标准的证据。委托专业技术人员对收集提取到的电子数据等进行检验、鉴定，结合在案其他证据，明确网络攻击类型、攻击特点和攻击后果。二是引导公安机关调取证明网络攻击是犯罪嫌疑人实施的证据。借助专门技术对攻击源进行分析，溯源网络犯罪路径。审查认定犯罪嫌疑人网络身份与现实身份的同一性时，可通过核查IP地址、网络活动记录、上网终端归属，以及证实犯罪嫌疑人与网络终端、存储介质间的关联性综合判断。犯罪嫌疑人在实施网络攻击后，威胁被害人的证据可作为认定攻击事实和因果关系的证据。有证据证明犯罪嫌疑人实施了攻击行为，网络攻击类型和特点与犯罪嫌疑人实施的攻击一致，攻击时间和被攻击时间吻合的，可以认定网络攻击系犯罪嫌疑人实施。三是网络攻击类犯罪多为共同犯罪，应重点审查各犯罪嫌疑人的供述和辩解、手机通信记录等，通过审查自供和互证的情况以及与其他证据间的印证情况，查明各犯罪嫌疑人间的犯意联络、分工和作用，准确认定主、从犯。四是对需要通过退回补充侦查进一步完善上述证据的，在提出补充侦查意见时，应明确列出每一项证据的补侦目的，以及为了达到目的需要开展的工作。在补充侦查过程中，要适时与公安机关面对面会商，了解和掌握补充侦查工作的进展，共同研究分析补充到的证据是否符合起诉和审判的标准和要求，为补充侦查工作提供

必要的引导和指导。

（二）对被害单位提供的证据和技术支持意见需结合其他在案证据作出准确认定。网络攻击类犯罪案件的被害人多为大型互联网企业。在打击该类犯罪的过程中，司法机关往往会借助被攻击的互联网企业在网络技术、网络资源和大数据等方面的优势，进行溯源分析或对攻击造成的危害进行评估。由于互联网企业既是受害方，有时也是技术支持协助方，为确保被害单位提供的证据客观真实，必须特别注意审查取证过程的规范性；有条件的，应当聘请专门机构对证据的完整性进行鉴定。如条件不具备，应当要求提供证据的被害单位对证据作出说明。同时要充分运用印证分析审查思路，将被害单位提供的证据与在案其他证据，如从犯罪嫌疑人处提取的电子数据、社交软件聊天记录、银行流水、第三方机构出具的鉴定意见、证人证言、犯罪嫌疑人供述等证据作对照分析，确保不存在人为改变案件事实或改变案件危害后果的情形。

（三）对破坏计算机信息系统的危害后果应作客观全面准确认定。实践中，往往倾向于依据犯罪违法所得数额或造成的经济损失认定破坏计算机信息系统罪的危害后果。但是在一些案件中，违法所得或经济损失并不能全面、准确反映出犯罪行为所造成的危害。有的案件违法所得或者经济损失的数额并不大，但网络攻击行为导致受影响的用户数量特别大，有的导致用户满意度降低或用户流失，有的造成了恶劣社会影响。对这类案件，如果仅根据违法所得或经济损失数额来评估危害后果，可能会导致罪刑不相适应。因此，在办理破坏计算机信息系统犯罪案件时，检察机关应发挥好介入侦查引导取证的作用，及时引导公安机关按照法律规定，从扰乱公共秩序的角度，收集、固定能够证实受影响的计算机信息系统数量或用户数量、受影响或被攻击的计算机信息系统不能正常运行的累计时间、对被害企业造成的影响等证据，对危害后果作出客观、全面、准确认定，做到罪责相当、罚当其罪，使被告人受到应有惩处。

该案的指导意义，列出了检察机关对重大、疑难、复杂的网络攻击类犯罪案件，如何立足网络攻击犯罪案件特点引导公安机关收集调取证据，如委托专业技术人员对收集提取到的电子数据等进行检验、鉴定，结合在案其他证据，明确网络攻击类型、攻击特点和攻击后果；借助专门技术对攻击源进行分析，溯源网络犯罪路径等。

四、工作方法类

从检察职能来看，“四大检察”工作方法各有特色；从检察履职来看，工作方法贯穿事实认定、法律适用、证据运用全过程，既相互交叉又有所不同。所以工作方法类的指导意义更具有方法论的内涵，指导意义叙述的重点应该是可以推广的具体方法或者做法。可以采取“中心句 + 工作内容 + 方法或者做法”的表达方式。

（一）刑事检察指导性案例

刑事检察工作方法的指导意义，是对刑事检察工作中事实认定、法律适用、证据运用等检察履职相关经验的总结提炼。

以周辉集资诈骗案（检例第40号）为例。该案的指导意义指出：集资诈骗罪是近年来检察机关重点打击的金融犯罪之一（中心句）。对该类犯罪，检察机关应着重从以下几个方面开展工作：一是强化证据审查。非法集资类案件由于参与人数多、涉及面广，受主客观因素影响，取证工作易出现瑕疵和问题。检察机关对重大复杂案件要及时介入侦查、引导取证。在审查案件中要强化对证据的审查，需要退回补充侦查或者自行补充侦查的，要及时退查或补查，建立起完整、牢固的证据锁链，夯实认定案件事实的证据基础。二是在法庭审理中要突出指控和证明犯罪的重点。要紧紧围绕集资诈骗罪构成要件，特别是行为人主观上具有非法占有目的、客观上以欺骗手段非法集资的事实梳理组合证据，运用完整的证据体系对认定犯罪的关键事实予以清晰证明。三是要将办理案件与追赃挽损相结合。检察机关办理相关案件，要积极配合公安机关、人民法院依法开展追赃挽损、资产处置等工作，最大限度减少人民群众的实际损失。四是要结合办案开展以案释法，增强社会公众的法治观念和风险防范意识，有效预防相关犯罪的发生。(工作内容)

该案例的指导意义从强化证据审查、法庭审理中要突出指控和证明重点、将办理案件与追赃挽损相结合三个方面，提出检察机关打击集资犯罪的具体工作做法。

(二)民事检察指导性案例

民事检察工作方法的指导意义，是对民事检察工作中事实认定、法律适用、证据运用等检察履职相关经验的总结提炼。

示例：李某滨与李某峰财产损害赔偿纠纷支持起诉案(检例第122号)。

(一)依法履行支持起诉职能，保障残疾人等特殊群体平等行使诉权。《中华人民共和国民事诉讼法》第十五条规定："机关、社会团体、企业事业单位对损害国家、集体或者个人民事权益的行为，可以支持受损害的单位或者个人向人民法院起诉。"支持起诉的要义是支持受损害的单位或者个人起诉，特别是支持特殊群体能够通过行使诉权获得救济，保障双方当事人诉权实质平等。适用条件上，检察机关支持起诉原则上以有关行政机关、社会团体等部门履职后仍未实现最低维权目标为前提条件。在支持起诉程序中，检察机关应当秉持客观公正立场，遵循自愿原则、处分原则、诉权平等原则等民事诉讼基本原则，避免造成诉权失衡；可以综合运用提供法律咨询、协助收集证据、提出支持起诉意见、协调提供法律援助等方式为残疾人等特殊群体起诉维权提供帮助。支持起诉并非代替当事人行使诉权，检察机关不能独立启动诉讼程序。除有涉及国家利益、社会公共利益等重大影响的案件外，检察机关一般不出席法庭；出庭时可以宣读支持起诉意见书，但不参与举证、质证等其他庭审活动；当事人撤回起诉的，支持起诉程序自行终结，检察机关无须撤回支持起诉意见。

（二）被监护人的财产权受到监护人侵害，人民法院以诉讼请求不具体为由未予受理的，检察机关可以依申请支持其起诉。监护人应当履行法定职责，保护被监护人的人身权和财产权不受侵害。监护人擅自出售被监护人名下房产用于个人医疗、购房等个人支出，侵害被监护人财产权益的，被监护人有权请求监护人赔偿损失。客观上，智力残疾人等被监护人诉讼能力偏弱，在其权利受到侵害时，难以凭个人之力通过民事诉讼程序获得救济。检察机关对于履职过程中发现的残疾人合法权益受到侵害的线索，应当先行督促残疾人联合会、残疾人居住地的居民委员会、村民委员会等社会团体、自治组织为残疾人维权提供法律帮助。残疾人径行向人民法院起诉的，应当告知其有权申请法律援助。认知能力低下的残疾人因财产权受到侵害提起损害赔偿诉讼，人民法院未告知其有权申请法律援助，以其诉讼请求不具体为由未予受理的，在尊重其真实意愿的前提下，检察机关可以依申请支持起诉，帮助其获得法律救济。

（三）综合运用协助收集证据、协调提供法律援助等方式，为智力残疾人起诉维权提供帮助。依照民事诉讼法相关规定，原告起诉必须符合法定条件。智力残疾人作为限制行为能力人虽然可以实施与其智力、精神状况相适应的民事法律行为，但难以独立、充分围绕法定起诉条件收集证据，提出诉讼请求。在支持起诉程序中，检察机关可以通过提供法律咨询，加强释法说理，引导智力残疾人自行收集证据；智力残疾人无法自行收集的，检察机关可以依法协助其收集确定当事人具体诉讼请求、证明原被告与案件争议事实存在关联并符合起诉条件的相应证据。检察机关可以与司法行政部门协调，为智力残疾人提供法律援助，由法律援助人员作为智力残疾人的委托代理人参加诉讼。

该案指导意义，提炼了检察机关综合运用协助收集证据、协调提供法律援助等方式，为智力残疾人起诉维权提供帮助的有益做法。

（三）行政检察指导性案例

行政检察工作方法的指导意义，是对行政检察工作中事实认定、法律适用、证据运用等检察履职相关经验的总结提炼。

示例：糜某诉浙江省某市住房和城乡建设局、某市人民政府信息公开及行政复议检察监督案（检例第149号）。

（一）送达法律文书属于重要的法律行为，执法司法机关应当确保法律文书有效送达。送达具有权利保障与程序推进的双重作用。送达日期是当事人行使权利、履行义务的重要时间节点。送达不规范导致当事人未收到或者未及时收到法律文书，不仅影响当事人及时行使权利、履行义务，还可能引发新的矛盾纠纷乃至关联性案件。执法司法机关要把以人民为中心的宗旨落实到执法司法的各个环节，提高对送达工作重要性的认识，强化责任意识，遵守法定要求，确保有效送达，切实保障当事人合法权益。人民检察院开展法律监督，发现执法司法机关存在法律文书不能依法有效送达问题，可以通过制发检察建议等方式促进依法送达工作。如，2018年11月11日，最高人民检察院就检察机关履行法律监督职责中发现的人民法院民事公告送达存在送达方式、送达内容、送达程序等不规范问题，依法向最高人民法院制发"二号检察建议书"，建议降低当事人诉讼负担，提升公告效率；充分运用大数据等现代科技手段，强化人民法院依职权调查当事人送达地址的工作力度，实现公告送达的电子推送以提高送达率等，促进普遍性问题的改进解决。

（二）人民检察院办理行政诉讼监督案件，对于人民法院错误认定法律文书送达日期，以超过起诉期限为由裁定不予立案或者驳回起诉的，应当依法进行监督。送达日期直接关系起诉期限的计算，行政起诉如无正当事由超过起诉期限，当事人则丧失诉权，法院将不再受理。人民检察院发现人民法院在审理行政诉讼案件中认定有效送达日期错误，导致确定起诉期限起算点错误的，应当依法提出监督意见，督促人民法院纠正错误。

（三）人民检察院在履行法律监督职责中，针对一类案件发现深层次社会治理问题的，应当通过类案监督促进系统治理。人民检察院可以办理个案为切入点，开展专题调研，分析案件背后的深层次原因，发现有关单位工作制度、管理方法、工作程序不完善，或特定行业存在监管漏洞或者监管不规范问题，需要改进、完善的，可以制发检察建议，督促相关责任主体改进工作、规范管理，从源头上减少内生、次生案件发生。

该案的指导意义，提炼了人民检察院在履行法律监督职责中，针对一类案件发现深层次社会治理问题的，应当类案监督促进社会治理的做法。

（四）公益诉讼检察指导性案例

公益诉讼检察工作方法的指导意义，是对公益诉讼检察工作中事实认定、法律适用、证据运用等检察履职相关经验的总结提炼。

示例：江苏省常州市人民检察院诉许建惠、许玉仙民事公益诉讼案（检例第28号）。

1. 围绕侵权构成要件，开展调查核实。虽然污染环境侵权案件因果关系适用举证责任倒置原则，但为保证依法准确监督，检察机关仍应充分开展调查核实，查明案件事实。调查核实主要包括以下方面：（1）侵权人实施了污染环境的行为；（2）侵权人的行为已经损害社会公共利益；（3）侵权人实施的污染环境行为与损害结果之间具有关联性。

2. 准确定位民事侵权责任，提起公益诉讼。《中华人民共和国侵权责任法》第四条规定，侵权人因同一行为应当承担行政责任或者刑事责任的，不影响依法承担侵权责任。污染环境肇事人、食品药品安全领域侵害众多消费者合法权益等损害社会公共利益的侵权人，因该侵权行为受过行政或刑事处罚，不影响检察机关对该侵权人提起民事公益诉讼。罚款或罚金均不属于民事侵权责任范畴，不能抵销损害社会公共利益的侵权损害赔偿金额。

3. 围绕环境污染情况，提出合理诉求。检察机关提起环境民事公益诉讼，应当结合具体案情和相关证据合理确定污染者承担停止侵害、排除妨碍、消除危险、恢复原状、赔礼道歉、赔偿损失等民事责任。检察机关提起环境民事公益诉讼的第一诉求应是停止侵害、排除危险和恢复原状。其中，“恢复原状”应当是在有恢复原状的可能和必要的前提下，要求损害者承担治理污染和修复生态的责任。无法完全恢复或恢复成本远远大于其收益的，可以准许采用替代性修复方式，也可以要求被告承担生态环境修复费用。

4. 围绕生态环境修复实际，确定赔偿费用。生态环境修复费用包括制定、实施修复方案的费用和监测、监管等费用。环境污染所致生态环境损害无法通过恢复工程完全恢复的，恢复成本远大于收益的，缺乏生态环境损害恢复评价指标、生态环境修复费用难以确定的，可以参考环境保护部制定的《环境损害鉴定评估推荐方法》，采用虚拟治理成本法计算修复费用，即在虚拟治理成本基数的基础上，根据受污染区域的环境功能敏感程度与对应的敏感系数相乘予以合理确定。

5. 围绕专业技术问题，引入专家辅助人。环境民事公益诉讼案件，涉及土壤污染、非法排污、因果关系、环境修复等大量的专业技术问题，检察机关可以通过甄选环境专家协助办案，厘清关键证据中的专业性技术问题。专家辅助人出庭就鉴定人作出的鉴定意见或者就因果关系、生态环境修复方式、生态环境修复费用以及生态环境受到损害至恢复原状期间服务功能的损失等专门性问题，作出说明或提出意见，经质证后可以作为认定事实的根据。

该案的指导意义，从提起公益诉讼的必要性、如何确定赔偿费用、赔偿金处置、引入专家辅助人等方面详细阐述了检察机关如何开展民事公益诉讼工作。

（五）未成年人检察指导性案例

未成年人检察工作方法的指导意义，是对未成年人检察工作中事实认定、法律适用、证据运用等检察履职相关经验的总结提炼，但是未成年人检察又具有特殊性，其业务涵盖了刑事、民事、行政、公益诉讼四大检察。

示例：浙江省杭州市余杭区人民检察院对北京某公司侵犯儿童个人信息权益提起民事公益诉讼、北京市人民检察院督促保护儿童个人信息权益行政公益诉讼案（检例第141号）。

（一）统筹运用四大检察职能，充分发挥未成年人检察工作优势，为未成年人提供全面综合司法保护。未成年人保护案件中一个侵害行为往往涉及多个法律关系，检察机关应当在办案履职中强化综合司法保护意识，尤其是在办理刑事案件的过程中，要同步审查未成年人其他权益是否遭受损害，推进未成年人刑事案件办理与涉未成年人民事、行政、公益诉讼案件办理相互融合，在线索发现、调查取证、综合治理等方面统筹推动，充分发挥法律监督的能动性、及时性和有效性，以四大检察业务融合发展加大未成年人全面综合司法保护力度。

（二）检察机关可以综合运用民事公益诉讼和行政公益诉讼职能，对网络侵犯未成年人个人信息权益的情形进行监督。不特定人群的个人信息权益具有公益属性。对未成年人个人信息权益应予以特殊、优先保护。针对网络侵犯未成年人个人信息权益的情形，检察机关可以综合开展民事公益诉讼和行政公益诉讼，并注重加强两种诉讼类型的衔接和协同。通过对网络运营者提起民事公益诉讼，使其承担违法行为的民事责任，实现对公共利益的有效救济。通过行政公益诉讼督促行政主管部门依法充分履行监管职责，实现最大限度保护未成年人合法权益的目的。

（三）对于跨行政区划的未成年人网络保护公益诉讼案件，应综合考虑案件性质、领域、诉讼便利、有利整改等因素，确定管辖机关。涉网络案件通常具有企业注册地、主要营业地、服务覆盖地、侵权行为地、侵害结果地分离的特点。检察机关办理未成年人网络保护公益诉讼案件，在涉及多个行政区划，多个检察院均具有管辖权的情形下，民事公益诉讼案件应当层报共同的上级检察院指定，一般应当由损害结果发生地检察机关管辖；

行政公益诉讼案件一般应当由网络企业注册地检察机关管辖，以便利行政监管。

该案的指导意义，提炼了检察机关统筹运用四大检察职能，充分发挥未成年人检察工作优势，为未成年人提供全面综合司法保护；可以综合运用民事公益诉讼和行政公益诉讼职能，对网络侵犯未成年人个人信息权益的情形进行监督等工作方法。

五、政策把握类

最高人民检察院已经发布的部分指导性案例主题的政策性鲜明，主要有落实大政方针和统一办案效果两类。如第十六批指导性案例主题是“落实乡村振兴战略、彰显涉农检察力量”，体现检察机关服务保障党和国家工作大局的决心和作为；第二十三批指导性案例主题是“检察机关依法履职促进社会治理”，以促进社会治理创新，推进国家治理体系和治理能力现代化。但是政策把握是指导性案例中拔高的部分，指导意义应围绕要旨回应司法政策或者国家的大政方针，既要在润物无声中体现检察担当，又不能越位、越为。所以政策把握类的指导意义，可以采取“中心句 + 目的 + 做法”的表达方式，简单叙述即可。

示例 1：贵州省榕江县人民检察院督促保护传统村落行政公益诉讼案（检例第 115 号）。

该案的指导意义是落实国家的大政方针。加强传统村落保护，是检察机关行政公益诉讼的法定职能范围。（中心句）政府和相关职能部门对传统村落保护未依法履行监管职责的，检察机关应当发挥行政公益诉讼职能，督促其依法履行职责，传承和保护传统村落所承载的人文环境、本地历史和民族文化，助力和服务脱贫攻坚、乡村振兴等国家重大战略。（目的 + 做法）检察机关可以结合公益诉讼办案推进完善传统村落保护的配套制度机制。（中心句）在传统村落、民族地域特色环境或其他人文遗迹保护领域，行政部门疏于或怠于履职存在多方面原因，或因法律、政策不完善，或因协调难、矛盾多、阻力大而难于充分履职，检察机关要及时督促相关行政部门依法履职。同时，还应坚持以人为本的原则，正视人民群众追求美好生活的合理要求。（目的 + 做法）

示例 2：黄某某等人重大责任事故、谎报安全事故案（检例第 96 号）。

该案的指导意义之一是统一办案效果：重视被害人权益保障，化解社会矛盾。（中心句）一些重大安全生产事故影响范围广泛，被害人人数众多，人身损害和财产损失交织。检察机关办案中应高度重视维护被害人合法权益，注重听取被害人意见，全面掌握被害人诉求。要加强与相关职能部门的沟通配合，督促事故单位尽早赔偿被害人损失，及时回应社会关切，有效化解社会矛盾，（做法）确保实现办案政治效果、法律效果和社会效果相统一。（目的）

第四节　组织结构和撰写步骤

就行文结构来说，指导意义一般有一至五个自然段不等，常见的是两到三个自然段，每个自然段都具有鲜明的主题。主题既可以是要旨的重复，也可以是要旨的进一步细化。虽然指导性案例的要旨可以分为事实认定、证据运用、法律适用、政策把握、办案方法五类，但是指导意义有别于要旨的最大特点是内容的系统性和完整性。这是源于办案履职是有机统一的整体。例如，准确认定案件事实是正确适用法律的前提和基础；证据是事实认定的基础，证据规则必须服务于事实认定；法律规则的开放性，决定了司法人员适用法律需要在特定的司法理念和政策指引下通过合理的方式方法开展工作，而不是简单的机械司法。所以在体例结构上，要旨是提炼事实认定、证据运用、法律适用、政策把握、办案方法等某一方面的规则，而指导意义则是从上述五个角度对要旨进行系统的论证或者说理解释。常见的组合方式有以下几种。

一、事实认定 + 法律适用 + 证据运用 + 工作方法结构

示例：朱炜明操纵证券市场案（检例第 39 号）。

事实认定：“抢帽子”交易操纵行为。“证券公司、证券咨询机构、专业中介机构及其工作人员，违反规定买卖或者持有相关证券后，对该证券或者其发行人、上市公司作出公开评价、预测或者提出投资建议，通过期待的市场波动谋取利益的，构成‘抢帽子’交易操纵行为。”

法律适用：操纵证券市场罪。“发布投资咨询意见的机构或者证券从业人员往往具有一定的社会知名度，他们借助影响力较大的传播平台发布诱导性信息，容易对普通投资者交易决策产生影响。其在发布信息后，又利用证券价格波动实施与投资者反向交易的行为获利，破坏了证券市场管理秩序，违反了证券市场公开、公平、公正原则，具有较大的社会危害性，情节严重的，构成操纵证券市场罪。”

证据运用：“检察机关办理该类案件时，应当根据证券犯罪案件特点，引导公安机关从证券交易记录、资金流向等问题切入，全面收集涉及犯罪的书证、电子数据、证人证言等证据，并结合案件特点开展证据审查。对书证，要重点审查涉及证券交易记录的凭据，有关交易数量、交易额、成交价格、资金走向等证据。对电子数据，要重点审查收集程序是否合法，是否采取必要的保全措施，是否经过篡改，是否感染病毒等。对证人证言，要重点审查证人与犯罪嫌疑人的关系，证言能否与客观证据相印证等……检察机关可以通过行为人资金往来记录，MAC 地址（硬件设备地址）、IP 地址与互联网访问轨迹的重合度与连贯性，身份关系和资金关系的紧密度，涉案股票买卖与公开荐股在时间及资金比例上的高度关联性，相关证人证言在细节上是否吻合等入手，构建严密证据体系，确定被告人与涉案账户

的实际控制关系。”

工作方法：“非法证券活动涉嫌犯罪的案件，来源往往是证券监管部门向公安机关移送。审查案件过程中，人民检察院可以与证券监管部门加强联系和沟通。证券监管部门在行政执法和查办案件中收集的物证、书证、视听资料、电子数据等证据材料，在刑事诉讼中可以作为证据使用。检察机关通过办理证券犯罪案件，可以建议证券监管部门针对案件反映出的问题，加强资本市场监管和相关制度建设。”

该案例的指导意义有四个自然段，通过“事实认定＋法律适用＋证据运用＋工作方法”的结构，系统阐述了检察机关如何在从事实认定、法律适用、证据运用和工作方法四个方面办理操纵证券市场犯罪案件。该案例指导意义的结构属于常见的撰写结构，此外还有多种其他分类组合。

二、事实认定＋法律适用＋工作方法结构

示例：张四毛盗窃案（检例第 37 号）。

事实认定：网络域名属于财产。“网络域名是网络用户进入门户网站的一种便捷途径，是吸引网络用户进入其网站的窗口。网络域名注册人注册了某域名后，该域名将不能再被其他人申请注册并使用，因此网络域名具有专属性和唯一性。网络域名属稀缺资源，其所有人可以对域名行使出售、变更、注销、抛弃等处分权利。网络域名具有市场交换价值，所有人可以以货币形式进行交易。通过合法途径获得的网络域名，其注册人利益受法律承认和保护。”

法律适用：盗窃网络域名可以认定为盗窃行为。“本案中，行为人利用技术手段，通过变更网络域名绑定邮箱及注册 ID，实现了对域名的非法占有，并使原所有人丧失了对网络域名的合法占有和控制，其目的是非法获取网络域名的财产价值，其行为给网络域名的所有人带来直接的经济损失。该行为符合以非法占有为目的窃取他人财产利益的盗窃罪本质属性，应以

盗窃罪论处。”

网络域名价值认定的工作方法：“对于网络域名的价值，当前可综合考虑网络域名的购入价、销赃价、域名升值潜力、市场热度等综合认定。”

三、证据运用 + 工作方法结构

示例：宋某某等人重大责任事故案（检例第 95 号）。

事故调查报告的运用：“安全生产事故调查报告在刑事诉讼中可以作为证据使用，应结合全案证据进行审查。安全生产事故发生后，相关部门作出的事故调查报告，与收集调取的物证、书证、视听资料、电子数据等相关证据材料一并移送给司法机关后，调查报告和这些证据材料在刑事诉讼中可以作为证据使用。”

围绕事故调查报告的工作方法：“调查报告对事故原因、事故性质、责任认定、责任者处理等提出的具体意见和建议，是检察机关办案中是否追究相关人员刑事责任的重要参考，但不应直接作为定案的依据，检察机关应结合全案证据进行审查，准确认定案件事实和涉案人员责任。对于调查报告中未建议移送司法机关处理，侦查（调查）机关也未移送起诉的人员，检察机关审查后认为应当追究刑事责任的，要依法追诉。对于调查报告建议移送司法机关处理，侦查（调查）机关移送起诉的涉案人员，检察机关审查后认为证据不足或者不应当追究刑事责任的，应依法作出不起诉决定。”

四、工作方法 + 政策把握结构

该类组合在民事检察、行政检察、未成年人检察、公益诉讼检察等指导性案例的指导意义撰写中较为常见，侧重于总结、推广工作经验。

示例 1：吉林省白山市人民检察院诉白山市江源区卫生和计划生育局及江源区中医院行政附带民事公益诉讼案（检例第 29 号）。

该案例是全国首例行政附带民事公益诉讼案，实际上，确立了检察机关提起行政附带民事公益诉讼制度。指导意义采用工作方法 + 政策把握结构，严谨论证检察机关履行提起行政附带民事公益诉讼的依据和限制条件，并列出提起行政附带民事公益诉讼具体的工作步骤。

示例 2：湖南省某市人民检察院对市人民法院行政诉讼执行活动检察监督案（检例第 147 号）。

该案例的指导意义通过采用工作方法 + 政策把握结构，明确检察机关在行政检察工作中，如何促进人民法院依法及时执行生效行政裁判；对行政诉讼执行中存在多发的同类违法情形，如何进行类案监督；对办理人民法院跨行政区域集中管辖行政案件，应当践行什么样的理念、遵循何种工作原则。

第十章　相关规定的撰写技巧与方法

第一节　概　述

相关规定作为指导性案例体例中的最后一个组成部分，在整体结构中占比较小且写作难度不大，但如何规范写好相关规定仍值得研究探索。

一、需列明的法律条文主要类型

相关规定部分所罗列的法律条文应当与案例的关键词、要旨、指导意义等密切相关，具体包括法律、立法解释、行政法规、司法解释、司法解释性质文件、部门规章等。若案件在办理时无最密切相关的法律条文，可以列明与之相关的原则性条文。

示例：于海明正当防卫案（检例第47号）。

【相关规定】

《中华人民共和国刑法》第二十条

该案的相关规定部分仅引用了一个法律条文，即“《中华人民共和国刑法》第二十条”。该条文是有关“正当防卫”的条款，而这恰恰就是该案的核心所在，与整个案件的办理过程最为密切相关，因此只需列举这一条文即可直接突出主题。

二、注意事项

编写相关规定部分时还应当注意以下情形：一是宪法、党内法规、中央文件不得引用。二是涉密文件和内部文件不得引用。三是地方性法规、地方政府规章、自治条例和单行条例一般不得引用，但是考虑到部分案例的特殊性确有需要引用的除外，如行政检察案例、行政公益诉讼检察案例。四是地方人民检察院单独或者与其他机关联合制发的“会议纪要”“办案指南”“解答”等，缺乏法律适用效力也不得引用。

第二节　具体规范

一、书写规范

撰写相关规定应当注意遵循以下书写规范：

一是法律规范性文件应当表述全称，不得任意增减，书写时需加书名号，如《中华人民共和国民法典》，不得写成《民法典》。

二是法律条文序号应当采用中文汉字表述，尤其注意写第几项时不加括号，这一点在撰写案例时经常被忽视，如《中华人民共和国刑事诉讼法》第十六条第一项，不能写成《中华人民共和国刑事诉讼法》第十六条第（一）项。

三是法律规范性文件的制发主体一般不写，如《中华人民共和国政府信息公开条例》不能写成国务院《中华人民共和国政府信息公开条例》。

如江苏省扬州经济技术开发区人民检察院督促整治闲置国有土地行政公益诉讼案（检例第184号），在引用《闲置土地处置办法》时直接写明“《闲置土地处置办法》（2012年修订）第二条、第四条、第八条、第十二条”，而不是“中华人民共和国国土资源部《闲置土地处置办法》（2012年修订）第二条、第四条、第八条、第十二条”。

四是法律规范性文件应当注明文号，若经修订的，还应当注明现行法律所对应的条款以及修改时间。

如浙江省嵊州市人民检察院督促规范成品油领域税收监管秩序行政公

益诉讼案（检例第183号），在引用《道路运输车辆动态监督管理办法》时写明“《道路运输车辆动态监督管理办法》（2016年修正）第三条、第十三条、第二十条、第二十八条［现适用《道路运输车辆动态监督管理办法》（2022年修正）第三条、第十二条、第十九条、第二十七条］”。

二、排序规范

引用多个法律条文时应当按照一定位次顺序进行排布。涉及同一法律、立法解释、行政法规、司法解释、司法解释性质文件、部门规章的不同条文的，按条文的先后次序排列。涉及不同法律、立法解释、行政法规、司法解释、司法解释性质文件、部门规章的，按照效力位阶排列。具体顺位如下：全国人大制定的基本法律、全国人大常委会制定的法律、立法解释、司法解释、司法解释性质文件、部门规章。若效力位阶相同的，一般按照先实体性规定后程序性规定或者先程序性规定后实体性规定、先一般性规定后特别性规定的次序排列。

示例1：许某某、包某某串通投标立案监督案（检例第90号）。

该案例相关规定部分排布的顺序依次为《中华人民共和国刑法》《中华人民共和国拍卖法》《中华人民共和国招标投标法》《人民检察院刑事诉讼规则》《最高人民检察院、公安部关于刑事立案监督有关问题的规定（试行）》。

示例2：李卫俊等“套路贷”虚假诉讼案（检例第87号）。

该案例相关规定部分排布的顺序依次为《中华人民共和国民事诉讼法》《中华人民共和国刑法》《最高人民法院关于审理民间借贷案件适用法律若干问题的规定》。

第十一章　典型案例、其他案例的撰写技巧与方法

第一节　典型案例

一、典型案例的定位和类型

典型案例是结合年度工作重点组织编发，着重总结对指导办案和推进工作具有典型意义的规则、方法，用于指导条线工作开展的案例形式。最高人民检察院各业务厅（室）、各级检察院公开或内部发布的具有典型性或参照意义的案例，都可以称为典型案例。

常见的典型案例主要包括以下几类：一是本地区多发常见具有代表性的案例；二是能够体现检察工作重点、检察工作新兴领域和检察工作发展方向的案例；三是社会各界高度关注，需要及时回应社会关切的案例；四是能够宣传检察工作，提升检察工作社会影响力，推动构建良性检察公共关系的案例；五是在本地区具有重大社会影响，或重大、疑难、复杂的案例；六是检察职能作用发挥较为充分或在检察工作方式方法上具有特色，值得总结的案例。典型案例既可以是正面的，也可以是负面的；既可以是面向社会公开发布的，也可以是作为警示参照，检察机关内部编印下发的。可见，典型案例是一个较为宽泛的概念，此类案例的侧重点在于工作经验的推广和法治宣传。

二、典型案例的撰写方法

典型案例与指导性案例具有不可分割的天然联系，但在功能定位、发布主体、发布程序等方面又有所不同。相较指导性案例，典型案例的形式更为灵活，作用更加多元。既可以提供本地区类似案件办理时的参照标准，也可以用于释法说理或宣传、引导检察工作，还可以作为法学研究或实务研讨的样本或范例。在撰写典型案例时，需要注意：其撰写技法与指导性案例基本一致，但体例没有固定要求，应针对征集部门的具体要求适当调整；其要旨更侧重于强调政策把握、提炼工作方法、重申办案理念；检察履职部分的撰写内容更为简洁，围绕征集主题进行概括总结，突出重点，详略得当；典型意义的撰写应注重彰显办案理念，引领检察业务实践，释放出典型案例在后续司法办案中更强的生命力。

指导性案例和典型案例犹如案例体系的“一体两翼”，相互补充、相得益彰。指导性案例必须在不断深入总结的典型案例中孕育、发掘和推出，典型案例是指导性案例生成和发现的源泉。把握好两者的不同形式特点、不同应用方式、不同作用领域，才能更好发挥案例对检察工作的指导、推动和宣传作用，形成案例工作蓬勃发展、生机不断的良性局面。

第二节　参考性案例

参考性案例是省级人民检察院根据最高人民检察院部署要求，参照指导性案例体例，着重总结提炼案件事实、证据、法律、政策等方面的参考价值，用于指导全省检察机关办案的案例形式。实践中，北京、江苏、安徽等地检察机关已在积极探索推进。

一、参考性案例的编发流程

以江苏检察机关为例，参考性案例的编发通常有如下流程：省检察院法律政策研究室每年初在征求各业务部门意见基础上，编制参考性案例工作计划，提交检委会审议通过后，向全省检察机关发布，明确发布案例主题、责任部门和完成时限等要求。参考性案例编发责任部门应当根据时序计划、主题内容，及时在全省范围内组织征集、筛选、编写备选案例。相关责任部门参照指导性案例格式，组织编写参考性案例，并及时征求检委会委员、业务部门及法律政策研究室意见。法律政策研究室负责备选案例的对外征求意见工作。在收到责任部门移送的备选案例后，及时征求专家学者、相关单位意见，并向责任部门反馈。责任部门对备选案例修改完善后，依程序提请检委会审议，并就案例编发情况作汇报说明。经检委会审议、检察长审定，法律政策研究室统一发布，及时向最高人民检察院法律政策研究室报备，并根据要求将案例在案例库省级院分平台上传录入。

二、参考性案例的撰写体例

根据 2022 年《最高人民检察院关于规范省级人民检察院参考性案例编发和备案工作的通知（征求意见稿）》，参考性案例可以参照指导性案例的体例，一般包括标题、关键词、要旨、基本案情、检察机关履职过程、参考意义和相关规定等部分。参考性案例应当注明发布批次、发布时间和案例编号，案例编号以省、自治区、直辖市的简称标注。例如，北京市人民检察院编发的参考性案例编号形式为“京检参例第 ×× 号”。

值得注意的是，随着案例指导制度的体系化建构，参考性案例也将成为指导性案例供给的渠道来源，成为提升司法办案质效的重要路径。

第三节　新闻发布会案例

新闻发布会案例是为及时回应群众关切和社会热点，通过新闻发布会等形式发布的，侧重于表明司法态度、展示检察工作、开展法治宣传的案例形式。

一、新闻发布会案例的编发流程

以江苏检察机关为例，新闻发布会案例的编发通常有如下流程：省检察院宣传教育处每年初牵头各有关部门研究新闻发布案例工作计划，经检察长批准后，向全省检察机关公布，并明确发布会相关案例主题、具体责任部门和完成时限等。承担新闻发布案例编发的责任部门根据时序计划，可以从本部门了解掌握的案例中筛选，也可以在全省范围内征集符合主题要求的案例。新闻发布会备选案例的研究、修改应当按照“三方会商”机制开展，由责任部门、宣传教育处和法律政策研究室共同负责。对重大疑难复杂或较为敏感的案件，责任部门可以征求专家学者、相关单位意见。新闻发布会案例对外发布前，应当报经检察长批准。

二、新闻发布会案例的撰写技法

相较指导性案例的“专业”和“深度”，新闻发布会案例的司法属性相对较弱，它侧重于集中展现一段时间内的司法政策导向和检察工作热点，重点要放在凸显检察机关办案的“效果”和“价值”。新闻发布会案例的写法与指导性案例基本一致，但在细节上有自身特色。

（一）体例安排相对灵活

相较指导性案例，发布会案例的体例简单一些，通常只包含标题、基本案情、检察履职情况和发布意义四个部分。

1. 标题

新闻发布会案例的标题可以由主标题和副标题构成，主标题下设置“一句话中心思想”的副标题。通过一句话，向受众传递案件办理的意义和价值。如江苏检察机关在不起诉发布会案例中，使用了“依法对因生活困难盗窃奶粉的年轻父母不起诉”“依法对因邻里纠纷引发的刑事案件作出不起诉决定”等副标题。在检察听证发布会案例中，使用了“两次公开听证促使受污染水源地生态环境得以修复”“以公开听证化解劳动争议，司法救助解决群众困难”等副标题。另外，也可以在案例名称之前以短句概括案件效果。以表 1 为例。

表 1　新闻发布会案例标题示例

发布时间	新闻发布会主题	案例标题
2022 年 6 月 24 日	惩治和预防新型毒品犯罪	1. 上头电子烟是毒！不是烟！ 2. 肆意销售“止咳水”构成毒品犯罪被判刑 3. 小小“邮票”暗毒涌动 4. 出借收款码帮忙“洗白”毒资受惩处 5. 提高警惕勿让快递成为运毒载体 6. 贩毒分子死亡涉毒黑财仍要追缴 7. 跑腿小哥举报包裹藏毒获奖励
2022 年 11 月 10 日	江河湖海生态环境和资源保护公益诉讼工作	1. 闭环管理，船舶生活垃圾转运不再“跑冒滴漏” 2. 保护世界遗产绘就运河之美 3. 让“迷魂网”无处遁形 4. 让美丽湖湾更美丽 5. 金钱赔付不了怎么办“互联网 +”海洋生态环境劳务代偿办案模式被推广
2022 年 11 月 18 日	打击治理洗钱犯罪工作	1. 明知走私油而购买，不是省钱是洗钱 2. 借助用工平台转移贪污款，罪上加罪 3. 将受贿款用于投资，构成自洗钱 4. 设立“影子公司”帮助他人转移赃款，构成洗钱 5. 出借银行卡非小事，“洗白”赃款成帮凶 6. 贩毒后让他人漂白赌资，自洗钱他洗钱一并惩处
2023 年 12 月 21 日	行政争议实质性化解	1. 心理疏导解“心结”，释法说理促事了 2. 变更登记难执行，一体履职促治理 3. 基本账户被冻结，变更措施保经营 4. 莫名其妙有个娃，调查核实还真相 5. 冒名婚姻离不了，撤销登记迎新婚 6. 住宅消防无小事，督促整改解民忧

续表

发布时间	新闻发布会主题	案例标题
2023年 12月28日	支持起诉	1. 支持起诉解“薪”结，“枫桥经验”纾企困 2. 根治欠薪齐行动，支持起诉解忧“酬” 3. 千里奔波促调解，支持起诉解民忧 4. 支持仲裁护薪资，老牌酒店获新生 5. 节前拿到“定薪丸”，28人过好年 6. 为农民工讨薪“撑腰”，为企业经营“护航” 7. 离婚后频遭“家暴”，支持起诉助维权 8. 事实孤老无人养，意定监护解困局 9. 撤销监护人资格，残疾女孩寻新家

2. 基本案情和检察履职情况

基本案情和检察履职情况的体例可以参照指导性案例的相关要求。

3. 发布意义

发布意义要注意分清层次，虽不必像指导性案例那样分条陈述，但也要注意段落之间的逻辑衔接，遵循从小到大，从个案到类案，从效果到意义的规律。如不起诉新闻发布会案例中，发布意义排布为“该案不起诉的合理性与合法性—不起诉结果对当事人的意义—该案不起诉向社会传递的价值观”，逐层递进。

（二）行文笔法要既严谨又通俗易懂

新闻发布会案例的行文方式，应在遵循“正统”的法律文书体的前提下，添加一些“轻快”的元素。但是在此过程中需要把握两点：

一是依法、严谨。作为司法机关发布的案例，依法、严谨是基本原则。虽然新闻发布会案例具有一定媒体属性，与宣传稿件有类似之处，但是在写作中应严格把握好法律标准，确保公布的案例在事实认定和法律适用方面经得起检验。

二是通俗、易懂。因为新闻发布会案例的受众是社会各界，所以文字语言要求通俗易懂，尽量少使用一些生涩难懂的术语。

示例 1：法律鼓励交通事故后的施救、报警行为。发生交通事故，该怎么办，留下还是离开？可能很多当事人都有过这样的纠结。生命的价值高于一切，任何公民都应当积极救助伤者，协助保护事故现场。

示例 2：地笼网又称“迷魂网”“绝户网”，已被列入禁用渔具。由于地笼网网目小，大鱼小鱼一网打尽，破坏河内食物链。检察机关发挥公益诉讼检察职能，督促清理“迷魂网”，保护黄河故道渔业资源，助力生态文明建设。

（三）内容表达引领社会价值和体现司法文明进步

不同于指导性案例，发布会案例更强调办案的社会效果，以及办案引领传递的社会价值观。所以在撰写上，不能千篇一律地使用“办案质效良好，实现三个效果统一”等模板式语句，应提高格局、胸襟、站位，从引领社会价值和体现司法文明进步等角度去论述案件的发布意义。例如：灌南县院的“小海鱼”的故事，检察机关将一件原本再平常不过的非法捕捞的案件，办成了保护海洋生态环境的“大案”。此外，引领社会价值少不了“金句”的加持，如民行监督案件中的“监督不是你错我对的零和博弈”，邻里纠纷刑事和解案例中的“邻居好，赛金宝”等。

第四节　普法宣传案例

一、普法宣传案例的撰写技法

如果说指导性案例和参考性案例是“讲法律”，新闻发布会案例是“讲道理”，那么检察普法宣传案例就是在“讲故事”。普法宣传案例编发于不同的载体，没有固定的结构和写法，但亦有规律可循。以新媒体平台的普法宣传案例为例，可以重点把握以下几个方面。

（一）标题简洁且有吸引力

“题好一半文”，在电子阅读时代，读者接触标题和正文分别处于不同阶段。一篇稿件的标题是否有足够的吸引力，直接决定了有多少读者点开去看。有数据统计，标题对正文打开率的影响在50%以上。一方面，应通过技巧突出标题亮点。如“提出疑问、引起共鸣、设置悬念、引发情绪、盘点推荐”等。如《检察日报》部分宣传文章的标题“暖男布下陷阱”“法治课堂就是我的阵地”等。另一方面，要避免成为“标题党”。对于只看标题不读内容的读者，过于标新立异的标题可能会产生社会反感或误解，导致“检察故事”变成“检察事故”。

（二）开头与结尾需抓住重心

在检察普法宣传案例中，开头和结尾往往对读者有着非常重要的影响。要注重运用“首因效应”和“近因效应”。“首因效应”主要应用于文章开头，是指阅读者会通过“第一印象”输入的信息，对以后的认知产生影响。“近因效应”主要应用于文章结尾，是指最后出现的信息会比最先出现的信息更具影响力。因此，开头要简短或者新奇，让读者迅速进入阅读状态，发挥出点明中心、引出下文、设置悬念、引发共鸣等作用。具体的写法包括代入场景、引入故事、提出问题等。结尾有总结全文、引发思考、号召呼吁等作用，因此要简洁有力、升华主题，让人觉得意犹未尽，达到广泛宣传的目的。

（三）篇幅不宜过长

新媒体平台上的检察普法宣传案例，受众多在碎片时间进行阅读，因此不宜过长，以免读者打开之后产生“畏难”心理。一是控制总体篇幅。字数的黄金界限原则上为1500字之内，阅读时间为3分钟，这也是一般读者阅读文章能够集中注意力的时间。二是合理分段。每一段落都应尽量控制在5 ~ 6行以内，并在一个段落内讲清楚一个意思。三是注意图表的运用。在确保段落字数控制在5 ~ 6行以内，那每个屏幕约能显示2 ~ 4段文字，在有条件的情况下，可以每 2 ~ 4 段文字插入图表，丰富文章形式。

二、普法宣传案例的突出特点及示例

案例是讲好检察故事、传播法治声音的最佳素材，能够引导公民尊法学法守法用法，培育向上向善的良好社会风尚。普法宣传案例的突出特点，便是对案件的普法意义予以挖掘，例如以下简短易懂的“检察官提醒”。

示例 1：跨境电信网络诈骗案。

“杀猪盘”式诈骗是较为常见的电信网络诈骗手段，且仍在不断升级演化。犯罪分子为实现诈骗目的，组织“引流”人员在各类 App 上搭讪被害人，以所谓成功人士的身份，使用专门话术，骗取被害人感情信任。为了躲避常用聊天软件监测，在确定虚假恋爱关系后，诱导被害人使用其他聊天软件并怂恿其下载安装虚假交易 App 进行“投资”，达到诈骗钱财目的。广大人民群众要切实增强防范意识，理性交友投资，在网络聊天时认真核实对方真实身份，不要轻信所谓的“内部消息”，更不要点击、下载来源不明的 App，谨防上当受骗。

示例 2：掩饰、隐瞒犯罪所得、帮助信息网络犯罪活动案。

“跑分洗钱”团伙往往以蝇头小利为诱饵，招募人员通过银行卡转账、POS 机刷卡、虚拟币交易等多种方式为电信诈骗、网络赌博等犯罪团伙洗钱。广大人民群众要提升法律意识，莫要贪图小利，随意出租、出售银行卡，具有支付功能的资金账户、POS 机，或者帮助虚拟币交易等，谨防沦为电信网络诈骗犯罪“帮凶”，受到法律制裁，最终害人害己。

示例 3：侵犯公民个人信息案。

微信账号等社交账号大多与特定自然人的身份信息、手机号码、银行账户等关联绑定，是公民个人信息的重要载体。对非法购买、出售公民实名认证微信账号的违法犯罪行为应当予以严惩。公民个人也要充分认识到此类行为的严重社会危害性，抵制经济利益诱惑，增强自我保护意识，坚决向网络违法犯罪说“不”。

示例4：侮辱、传播淫秽物品案。

网络时代背景下，被偷拍、被上传至网络进而引发广泛传播的现象时有发生，公众要加强个人信息、个人隐私等保护，依法运用法律武器维护自身合法权益。

示例5：猥亵儿童、强制猥亵案。

日常生活中，未成年人的父母或者其他监护人应当加强对未成年人使用网络行为的引导和监督。学校应加强对未成年人安全上网的教育，增强其防范网络危害的自护意识和自护能力。广大未成年人要培养健康上网的良好习惯，自觉远离黄色、暴力等有毒有害信息，遇到危险及时报警，保护自己不受网络犯罪侵害。

网络服务提供者要落实未成年人网络保护主体责任，发现用户利用其网络服务对未成年人实施违法犯罪行为的，应当立即停止向该用户提供网络服务，保存有关记录，并向公安机关报告，同时消除违法犯罪风险和安全隐患，净化未成年人上网环境。

示例6：非法控制计算机信息系统案。

员工离职时若有不满或争议，可以通过与公司协商、投诉、申请劳动仲裁、诉讼等合法途径解决，千万不能一时冲动，为泄愤删除或修改原公司数据，影响原公司生产经营活动，否则可能面临刑事处罚。

示例7：肖像、名誉、荣誉权益保护民事公益诉讼案。

自媒体时代，人人皆可创作。作为自媒体博主，尤其是粉丝量众多，具有一定社会影响的博主，应确保发布信息的客观真实，不得发布侵害他人合法权益的网络虚假信息。对包含严重负面评价的内容，更应尽到审慎核实义务。让英雄名誉和荣誉蒙尘，往往只需要一张不经核实的照片和一段数十秒的“爆款”短视频。在流量可变现的互联网时代，广大自媒体博主应自觉树立法律意识，切不可为吸引眼球、赚取流量，损害社会个人、群体，甚至英雄烈士的合法权益。

示例8：整治互联网短视频传播虚假信息行政公益诉讼案。

因互联网贷款逾期无法归还现象滋生的“反催收组织”，一般宣称提供债务归还服务，收取高额服务费，部分涉嫌构成诈骗犯罪。为推广业务，吸引客流，涉案公司非法利用国家机关工作人员视频资料编辑制作短视频，并通过互联网平台发布，不仅严重损害国家机关公信力，而且极易使公众因陷入错误认识而导致财产权益损失。广大群众应当合理借贷，理性消费，不轻信“帮助逃避还贷”的网络骗局，同时保护好身份证和银行卡等个人信息，谨防成为诈骗犯罪受害人。

第十二章　检察案例的培育

第一节　案例培育思维

一、案例思维和案例意识

案例思维是一种重要的思维方法，强调以实际案例为出发点，通过对案例的研究和分析，总结出具有可适用性的规则，并依据此规则来解决司法实践中的问题。检察人员拥有案例思维对检察履职具有重要意义。从实践的角度看，案例思维包含案例培育思维、案例适用思维、案例研究思维等。其中，案例培育思维是案例工作的前提，关系到案例的有无。

案例思维的核心是案例意识。经济社会高质量发展对检察工作包括案例工作提出新的更高要求，各级检察院、每一名检察官都应当有案例意识。案例意识实际上是一种精品意识，它要求检察官精办、精选、精研、精报案例。然而，案例思维及案例意识的重要性并非为每一位检察人员所认知，就检察指导性案例而言，一些检察机关对指导性案例的重要性认识不足。具体表现在检察办案人员对指导性案例是最高人民检察院对下开展工作领导和业务指导重要方式的认识不到位，对指导性案例相对于法律、司法解释更为生动直观、类比性强的特点把握不充分，将指导性案例运用于办案实践的意识和习惯还没有形成等。概言之，存在的主要问题是检察系统上下重视案例、研究案例、推出案例和学习借鉴案例的意识还不够强，学习运用案例的氛围不够浓厚。[①]

二、案例工作中存在的问题

怎样敏于善于发现、培育、总结案例？针对一些有影响有价值的案件，从发案之初，就要敏锐地发现案件的独特性，就要朝着办成典型案例、指导性案例的目标去努力。随着最高人民检察院对案例工作推进力度的不断加大，各级检察机关越发重视案例工作，这有益于案例工作的健康长远发展。在此过程中，必须时刻警惕案例工作中容易出现的一些思想误区。

一方面，要防范案例工作的功利化。有些地区的检察机关将年度案例计划进行任务分解，具体细分给某一名员额检察官或者检察官办案组，偏离了案例工作的初衷。不可否认，检察案例可以快速有效地提升一个地区检察工作的影响力和知名度，但一味追求数量减少了对案例内容的关注并不妥当。对于检察官个体而言，研究案例是为了实实在在提升自身办案能力水平，在对案件进行分析解剖过程中，找出隐含在案件办理中的理念、方法以及法律适用的逻辑、准则，切实学会从纷繁复杂的法律事实中准确把握实质法律关系，从具体法律条文中深刻领悟法治精神，在法理情的有机统一中实现公平正义，从而为今后办理类似案件提供可供参考或遵循的指引。对于一个地区的检察机关而言，应当重视通过案例工作来提升本地区整体办案质效，不断强化办案能力建设。另一方面，要防止案例工作形式化，偏离客观公正立场。案例工作是一项系统性的工作，选是基础、编是关键、用是核心。从案例工作中发现问题才能正确指导检察工作，解决问题才能有效指导检察工作。案例工作形式化的明显表现之一就是案例培育的碎片化，错误地认为好的案例是在诉讼程序的每个环节，在事实认定、

① 参见万春：《最高检指导性案例的发展历程和创新完善》，载《国家检察官学院学报》2019年第5期。

证据运用、法律适用、政策把握、办案方法等每个方面都有培育价值的案件，最终陷入为了案例而案例的死循环中。这些都反映出检察案例工作中存在的理念问题、能力问题和机制问题。我们必须正视上述问题并采取有效措施来解决，养成良好的案例思维，才能做好案例工作。

（一）理念问题

一是缺乏"高质效办好每一个案件"的理念，存在机械办案、就案办案的问题。案例工作中，时常会发现有的院选报的案件本身具有较好的示范参考价值，但由于办案过程中存在瑕疵甚至案件质量问题，导致其在初期的选拔中就被筛掉，非常可惜。检察案例工作在本质上还是检察办案工作，是对检察履职办案过程和办案经验的总结反思。最高人民检察院党组提出，要让"高质效办好每一个案件"成为新时代新征程检察履职办案的基本价值追求，要通过检察履职办案，在实体上确保实现公平正义，在程序上让公平正义更好更快实现，在效果上让人民群众可感受、能感受、感受到公平正义，做到检察办案质量、效率、效果有机统一于公平正义。[①]可见，高质效办案意识是优秀检察官必备要素之一，是每一位检察官持续不懈地努力追求。

二是缺乏将检察办案和检察案例工作融合的理念，存在将检察办案和检察案例工作人为割裂的问题。案例工作中，我们发现普遍存在"办案的人不写，写的人不办案"的问题。部分办案检察官没有参与案例撰写，在案件汇报过程中仅局限于汇报案件的基本事实、办案过程和案件结果，没有汇报案件在事实认定、证据运用、法律适用、政策把握和工作方法等方面是否具有指导性、典型性，具体有哪些指导性、典型性，甚至连简单的心得体会都没有，讲了表面的办案过程，没有说清内在的法律逻辑。案例

① 参见童建明、潘毅琴主编：《高质效办好每一个案件——新时代检察机关理念更新与创新实践》，中国检察出版社2023年版，序言第1页。

撰写人员缺乏办案的亲历性，并不熟悉案件基本情况和具体细节，导致上报的案例或是案件的基本事实部分有出入，或是检察机关履职情况过于简单，或是要旨和指导意义提炼得不够精练，导致指导性、典型性不强。最终的结果往往是由于案例编写质量不高、汇报质量不高而被筛掉。从个人素能来讲，办好案件、写好案例是新时代检察官的必备技能，折射出检察人员的综合业务素能；从地区来讲，检察案例则是一面镜子，能够照射出一个地区的整体司法办案质量。

（二）能力问题

一是法律综合素养不高。法律综合素养是新时代检察官的核心素养之一。由于年龄、学历、学习生活、个人悟性等的不同，检察官的法律综合素养参差不齐，导致检察官对检察案例工作的认知和把握程度也各不相同。一些检察官在办案中善于分析并处理案件可能出现的各种问题，可以敏锐地发现案件在事实认定、证据运用、法律适用、政策把握、办案方法等方面的不足，及时总结经验，从而跳出案件本身来挖掘有助于将案件上升为典型案例的具有代表性、典型性的要点。反之，一些检察官遇到案件中的疑难点、复杂问题或者出现的新情况，仅仅只是停留在表层分析问题，他们习惯局限于案件本身来理解、分析、适用法律，缺乏从更广阔的视角来挖掘典型意义或指导意义的能力。

二是社会阅历不丰富。社会阅历，是指人在不断的工作和生活经历中，通过所接触和感知的事物，经过思考，逐步形成由表及里、由浅入深地对事物的看法和认识。一般来说，经历事情多、勤于思考的人，其社会阅历也相对丰富。司法工作本质上是一项社会工作，司法过程中，检察官以高超的法律素养和熟练的司法技能，可以应对一般的案件，但处理疑难案件效果不佳。在案件表现为利益诉求多元化、涉案各方矛盾尖锐化、众多利益需要平衡等情况下，社会阅历对于司法办案的效果至关重要。一位法律素养较高、社会阅历丰富的法律人，能够通过分析案情，敏锐地察觉出涉案各方可能出现的诉求、反映、应对的难度，从而分析案件可能存在的风险点、下一步的走向以及工作重点，最终找到最有效的处理方式和工作思路。[①] 目前，有些检察官这方面的能力还有所欠缺，直接影响检察案例工作的质量。有些案例虽然符合法律规则，但是宣示的观念难以被大众接受或者认同；有些案件可能为大众津津乐道，但是法律规则的运用却差强人意。实质上，检察案例具有业务指导和法治宣传的双重属性，每一件检察案例都应该兼具法律和社会的双重认同，发布的检察案例应既符合法律规则，又能被社会公众的一般观念所接受，也就是“法理”和“情理”的有机融合。

三是文字运用能力不强。为规范指导性案例编写体例，提升案例编研质量效率，最高人民检察院印发了《最高人民检察院指导性案例编写规范指引》，对于指导性案例的标题、关键词、要旨、基本案情、检察机关履职、指导意义和相关规定等部分撰写的原则或者要求、一般写法、注意事项等作出了详细的规定。对于典型案例，则因功能侧重、制发程序和效力上的不同，规定了相对灵活的编写体例和编写规范要求，这对检察官的理解归纳能力、思维分析能力、语言组织能力有很高的要求，而目前检察官这方面的能力还有所欠缺。有的案例写作没有充分钻研，缺乏司法亲历性，脱离了案件事实和证据，表述不符合案件实际情况；有的案例在总结归纳、分析提炼上有所欠缺；有的案例对法律适用中的疑难复杂问题、重点情节的分析认定不够准确透彻；有的案例过于偏重工作经验总结，分析性、说理性和提炼司法办案规则不够，没有聚焦法律适用、证据把握等方面具有争议性的问题，释法说理比较单薄；有的语言表述不够规范、严谨，将案例写成了调研报告或者宣传文稿。[②]

---

① 参见李爱君、罗琦、余红：《公诉意见书的制作和适用》，中国检察出版社 2016 年版，第 19 页。

② 参见张杰：《检察指导案例理论与实践》，中国检察出版社 2021 年版，第 362 页。

（三）机制问题

现阶段，江苏省检察机关已经将案例工作纳入对检察官的业绩考核中，但是考核机制尚不健全，可操作性不强，案例工作“上热下冷”的现状并未改变。案例工作中，我们发现部分下级检察院是在收到上级检察院下发的案例征集通知后，临时收集整理相关案件材料并撰写案例，这种“突击性”行为不仅难以全面挖掘优秀备选案例素材，而且每次收集都费时费力，反映出案例申报工作欠缺系统完善的机制，应付式申报等情况还不同程度存在。此外，案例审核机制还不够健全完善，部分上级检察院对于案例审核流于形式。为了选出最优秀的精品案例，上级检察院对下级检察院向上报送的案例一般都会设有数量限制，但是我们发现部分地市级检察院法律政策研究部门对案例审核工作不够重视，要么没有专人审核，要么是审核人员审核不认真，导致报送的案例存在案例内容失真、语句错误、格式不符合要求等各种问题。事实上，最高人民检察院、省级检察机关征集的每一批次案例，对案例质量的把关都非常严格，备选案例之间竞争异常激烈，不通过认真扎实的审核工作来夯实基础，是做不好案例工作的。

三、提升案例思维能力的方法

（一）积累丰富的办案经验

检察工作具有较强的业务性，亲历性对检察官办案尤为重要，直接决定了办案技巧主要依靠办案经验的积累。案例思维源于办案、高于办案，是无法在书本上学到的，这就要求我们不断积累办案经验。一要注重对法律和事实问题进行细致深入的研究，认真梳理案件的法律适用和事实认定问题。在案件审查中，不断徘徊往来于案件事实和法律事实之间，审查支撑事实的证据的证明力大小。在适用法律过程中，务必考虑法律规则用语可能存在边界模糊的情况，研究法律政策或者司法解释上带有疑难性、分歧性和复杂性的问题。检察官只有办案，才能直面这些问题，才能带着问题去寻求解决之法。二要善于学习他人的办案经验，这也是成功的秘诀之一。当我们在办案过程中为罪与非罪、此罪与彼罪、罪轻罪重、甄别证据真伪、判定是否排除非法证据等诸多问题纠结时，学习借鉴优秀检察官对类似案件的办案经验和心得体会，可以给我们启发，引领我们选择正确的方向。以优秀检察官为师，学习他们在检察办案中思考、分析、判断、处理问题的方法与路径，取其所长补己之短，可以较快积累办案经验；以指导性案例、典型案例为参考，可以保证我们办案的高质效。案例思维能力是在潜移默化中得到提升，要有意识地将自己置身于疑难复杂的法律问题之中，久久为功，玉汝于成。

（二）勤于思考善于总结

案例工作中，我们经常会碰到一个有趣的现象，当大家集中学习最高人民检察院发布的新一批指导性案例、典型案例时，一些检察官都会发出疑问："我办过的某某案件和发布的案例在事实认定、证据运用、法律适用、政策把握和办案方法等方面有着惊人的相似，我怎么就没有想到往指导性案例、典型案例方向培育，甚至我做的履职工作更加丰富啊！"这时大家总会扼腕叹息。其实，这位检察官指出了一个普遍存在的问题，也即"为什么我没有想到能往指导性案例、典型案例方向培育"。学而不思则罔，思而不学则殆。司法实践中，一方面，检察官需要对案件中发现的事实认定、证据运用、法律适用、政策把握和办案方法等诸多问题进行不懈地思考与研究，才能找准解决问题的方法路径，这也是提升案例思维能力的重要途径；另一方面，检察官需要善于总结整理，所谓"好记性不如烂笔头"，将自己的所思所想及时记录整理，遇到报送的机会，能够及时地检索、转化，节约查找资料的时间，避免遗漏潜在的优秀案例。因此，检察官要养成勤于思考、善于分析、乐于总结的工作习惯，全面提升总结案例的水平和能力。

（三）全方位加大培训力度

目前，检察人员对案例已经不再陌生，但对检察案例工作的方法还比较生疏，如案例的培育、案例的编研、案例的适用等，而案例思维则贯穿上述案例工作的全过程。一要加强对案例发现能力的培训。主要是培训检察人员如何在检察工作中发现可以培育的案件，或者可以培育的点。尤其要注重加大对指导性案例的研究力度，深入剖析案例中反映的办案理念，以及如何在办案中发现可以提炼的司法规则、办案方法等。二要加强对案例编研能力的培训。案例编写应突出重点，增强说理性，突出检察机关履职等检察特色，对关键情节有重要影响的主要问题进行说理分析，对争议问题作出详细回应和解答，指导意义应确保对类似案件具有普遍可适用的指导性。检察官在分析梳理典型、疑难、复杂案例时，应当还原办案过程，关注案件中的细节问题，分析案件涉及的法、理、情等各方面因素，提炼具有可操作性的司法规则，总结有价值的成功办案经验。检察指导性案例结构行文应当符合规范，案例叙述应当注意详略得当、突出重点，语言风格应当力求简明、准确、规范。简明就是要删繁就简，清晰明了；准确则要求法律术语使用准确；规范要求检察指导案例的用语，符合法律要求。[①]事实上，检察官只有多写案例，多反思、总结办案经验，才能形成属于自己的案例思维。三要加强对案例适用能力的培训。主要是培训检察官学习掌握类比的法律适用方法来应用指导性案例，并参照适用典型案例，熟练地分析对比在办案件与既有案例之间实质构成要件的相似性，同时，智慧、准确、合理地运用法律，促进法、理、情的有机统一。案例培训是一项系统性工程，需要上下级检察机关、所有检察人员共同努力。

四、如何准确把握案例培育的方向

最高人民检察院党组强调，“最高检作为最高司法机关之一，加强案例

① 参见张杰：《检察指导案例理论与实践》，中国检察出版社2021年版，第365—366页。

指导是重要领导责任和履职手段，要高度重视、不断加强。案例编发要严格把好质量关，指导性案例要精而又精、优中选优，典型案例要坚持质量第一、切实管用。案例选取和编发都要突出检察特色，突出指导办案、释法说理功能，真正在司法规则指引、法律政策精准适用等方面发挥指导与参照作用，更好指导各级检察机关精准做到以事实为根据、以法律为准绳，高质效办好每一个案件”。[①] 这为最高人民检察院以及各省级检察院应重点征集哪些主题的指导性案例、典型案例指明了方向，即征集的案例需要突出检察特色，突出指导办案、释法说理功能，真正在司法规则指引、法律政策精准适用等方面发挥指导与参照作用，近年来最高人民检察院对案例的征集选用也均源自上述范围。

具体细化到日常的检察案例工作中，我们可以从以下几个方面预判上级检察机关征集的案例种类：一是围绕党和国家政治、经济社会发展大局，尤其需要关注每年的全国两会及政府工作报告、最高人民检察院的工作报告、最高人民法院的工作报告，从政治上着眼，准确把握典型案例培育方向。

二是聚焦最高人民检察院发布的年度指导性案例征集计划、省级人民检察院发布的年度参考性案例或者公告案例征集计划。最高人民检察院一般在年初就会下发具体指导性案例、参考性案例、公告案例征集的批次、每批次的主题、承办部门、完成时限等。

三是关注最高人民检察院、省级人民检察院的年度工作计划或者工作要点。最高人民检察院的厅（室）的年度工作计划或者工作要点中会明确当年需要完成的指导性案例任务，拟征集的典型案例名称、完成时限等，省级人民检察院一般会按照最高人民检察院的年度计划或者工作计划来制

① 《最高检党组会研究部署以检察履职推进信访工作法治化、加强案例指导和检察宣传等工作》，载最高人民检察院网，https://www.spp.gov.cn/tt/202401/t20240109_639726.shtml，最后访问日期：2024 年 8 月 21 日。

定本省的年度案例工作计划，并结合本省的实际情况来增加典型案例征集批次。

四是动态关注临时性的典型案例征集计划。近几年的案例工作中，最高人民检察院、省级人民检察院往往会结合特殊时间节点，专门针对未成年人权益保护、妇女权益保护、老年人权益保护、残疾人权益保护等特殊群体权益保护问题，联合相关主管部门一起发布典型案例。如 2024 年 3 月，最高人民检察院联合中华全国妇女联合会发布《检察机关与妇联组织协作开展司法救助典型案例》；又如 2023 年 9 月，最高人民检察院联合民政部、中国残联共同发布《维护残疾人合法权益行政检察典型案例》。此类典型案例通常会以召开新闻发布会的形式向社会公开发布，社会影响力较大，对检察履职工作的宣传效果好。针对此类案例的征集，就需要我们在平时的案例工作中做好充分的案例储备，并且保持对特殊时间节点的敏感性，时刻关注上级检察院的临时性案例征集活动，以便在上级院每次临时征集的时候，都有高质量的案例可供快速选报。

第二节　检察案例培育的江苏实践

好的案例如同优良的种子，需要精心培育方可成材。我们在编写案例中发现，有很多案件类型新、基础好、容易出彩，但是由于一两个小的瑕疵最终没有入选，这也是案例培育工作做得不到位的地方。只有在平时树立精品案例意识，将办案过程做到极致，才能在征集案例时从容提交材料进行加工，避免陷入“巧妇难为无米之炊”的境地。培育案例时，在案例“功能”选择上，要充分考虑功能分布的均衡性，聚焦“解决争议”的案例，突出在提炼司法规则的释法说理过程，增强说服性，提升正当性。[①] 近年来，江苏省检察机关全面增强案例发掘培育意识，全省各级院发现在办案件具有典型性的，第一时间逐级上报，由江苏省人民检察院及时跟进指导，督促按照精品案例的要求办理。2018 年以来，江苏省检察机关 32 件案例入选最高人民检察院指导性案例。在案例培育工作中，江苏省检察机关始终坚持从案件做起，积极打造多维多纵的工作格局。

一、抓源头，做好全流程案例培育

江苏省检察机关专门建立了精品案例的选树机制，主要抓好三方面工作：

（一）提前做好分案甄别

在案件受理的时候就带着案例意识进行研判，分析哪些案件契合国家大政方针和社会热点，哪些案件法律适用、证据运用存在疑难问题，综合研判后将这些有潜质的案件分给专业化办案团队和业务骨干重点办理，从案件受理、分配的环节就开始营造、培育精品案例。

（二）紧扣办案细节

案例归根结底是案件办理过程的重现，办案过程是一个案例的地基，要时刻紧扣案件细节，按照精品案件的标准来规范办案流程。整个办案流程中有一个细节出现瑕疵，都将导致案例难以过关。只有严格把关每一个办案过程，把每一个争议点都办清楚了，才能立得住、站得稳。尤其是在办案中遇到的具体法律适用难题，应通过检察官联席会议等方式讨论，把问题弄清楚，想明白，才能准确提炼出法律适用的规则。

（三）凸显检察贡献

案例中除了提炼规则，还有很重要的一点就是检察贡献度，检察指导

---

① 参见王双印：《检察指导性案例培育的问题与对策》，载《中国检察官》2024 年第 1 期。

性案例都是围绕检察贡献度展开的，这种思路应贯穿我们办案的全过程。所有取得良好社会效果的检察履职，都不是在写案例时临时拍脑袋现编出来的，在办案中就应该通过提前介入、自行侦查、排除非法证据等手段来提升检察办案贡献度，否则等到写案例的时候再去总结，就会非常被动。

比如，入选了最高人民检察院社会治理类指导性案例的盛开水务公司污染环境刑事附带民事公益诉讼案，该案涉及领域复杂、生产工艺多，被告利用暗管向长江违法排放高浓度废水和含有危险废物的混合废液，并且非法篡改在线监测仪器数据以逃避监管，犯罪手段十分隐蔽，加上长江水域扩散性、渗透性导致取证难、认定难。对此，承办该案的检察院从前期调查就十分注重案件的规范办理，不仅成立了检察长任组长的公益诉讼办案组，而且在每一个办案环节都注重深入研究、借助上下联动一体办理，同时还会同环保部门、鉴定机构、专家学者、公安机关、法院多次召开联席会议，听取各方意见，最终将该案办成精品，成功入选最高人民检察院指导性案例。

二、重审核，发挥上级院和检察委员会的把关作用

（一）对最高人民检察院组织征集的各类案例，省、市院各条线部门均成立工作专班，精心组织筛选

对重点案件及时组织承办检察官、业务骨干集中撰写，法律政策研究部门全面配合，及时提出修改建议。比如，入选了第十九批指导性案例的宣告缓刑罪犯蔡某等 12 人减刑监督案，该案在培育撰写过程中，省、市院分别抽调业务骨干组成工作专班，共同分析研究案例中的特色亮点及创新点，特别是结合具体案情重点研究“社区矫正对象在什么情况下可以减刑”的问题，通过认真梳理司法政策，提炼出“对于判处拘役或者三年以下有期徒刑并宣告缓刑的罪犯，在缓刑考验期内确有悔改表现或者有一般立功表现，一般不适用减刑。在缓刑考验期内有重大立功表现的，可以参照刑

法第七十八条的规定予以减刑”的要旨，得到最高人民检察院的认可。

（二）注重发挥检察委员会的审核把关作用

全省各级院向上报送的指导性备选案例，均由牵头业务部门提请本院检察委员会审议，重点研究案例在事实认定、法律适用、办案程序上是否准确规范，是否在全国层面对类案办理具有较强的指导意义，切实发挥各级院检察委员会的审核把关作用，提升报送案例的质量。

三、广纳谏，善于借助外脑外力

江苏省人民检察院专门制定了《院外专家参与办案工作的实施办法》，组建了包括资深法官、知名学者、律师等106名专家在内的院外专家库，对拟编报的指导性备选案例、典型案例等，广泛征求社会各方对拟发布、选送案例的意见建议，为检察案例审核提供多视角的意见建议。

省内市、县检察机关同样高度重视检察案例的培育工作。以扬州市人民检察院为例，该院为进一步规范典型案例培育工作，强化案例指导效用，提升案例报送质量，打造案事例工作新模式，创新设立了“典型案事例研究中心”集约培育重点优质案件。研究中心以“法律品质更加专业化、培育过程更加精细化、发展模式更加特色化、时代理念更加新颖化”为宗旨，努力培育具有引领性、示范性的典型案事例。中心成立以来，切实将典型案事例培育作为检察工作高质量发展的新引擎，破解了“等案下锅、办案文字两张皮”困局，借助入额院领导办案机制，对上级检察院征集的重点案事例线索全流程监控，有效发挥信息集成、分析研判和跟踪指导等作用，形成持续汇入、稳定输出的案例储备；以案例需求倒逼案件质量，以案件办理服务规则方法提炼，切实提升研究中心对高质效办案的反哺效果，提高工作层次、优化检察产品。

此外，徐州市沛县人民检察院以“匠心·深研”特色案例培育品牌打造为抓手，全面推进案例培育应用工作。一是树牢精品意识，以突出组织保障、突出组织研讨、突出考核激励“三突出”促氛围营造；二是明确打造方向，以聚焦服务大局、聚焦热点焦点、聚焦主责主业“三聚焦”促精准选题；三是优化培育模式，以注重线索挖掘管理、注重打牢办案基础、注重案例质量把关“三注重”促质效提升。

张家港市人民检察院则在2020年专门制定了《关于进一步加强精品案例培育工作的意见》，通过建立完善各项制度措施来培育精品案例：

一是在加强统筹指导中提升工作质效。成立精品案例培育工作领导小组，统筹全院精品案例的发现、筛选、经营、推广等各项工作。领导小组下设办公室，各部门由专人担任联络人。

二是在抓紧政治业务学习中提高“案例”意识。通过党组中心组学习会、检察长办公会、部门业务学习会等，突出贡献度导向、示范引领导向、专业化导向，同步抓好政治学习和业务学习，引导检察人员深刻领会“一个案例胜过一打文件”，自觉办好案件、自觉打造精品。在单位内网开辟专门栏目，设置上级发布案件（包括指导性案例、公告案例、典型案例等）、被上级录用的案例以及案例参与人心得体会等内容。

三是在做好日常统计梳理中积累“案源”。业务部门通过“周例会、月汇总”的形式，每周了解所属人员办案情况，每月梳理精品案例线索，形成案例“一本账”。领导小组每月召开一次例会，在各部门汇报的基础上对案例“一本账”上具有潜质的案例进行指导。办公室每季度收集整理全院精品案例形成“案例库”，在当月检察长办公会上汇报后向上推荐报送。案例的收集要突出上级领导机关关注、监督成效明显、检察履职充分、社会效果好的案件，要突出社会治理、民生民利、民营企业、未成年人检察、公益诉讼等领域的案件。

四是在提高办案质量中打造精品。注重履行主导责任，认真做好提前介入、认罪认罚、确定刑量刑、不起诉等方面的工作，体现检察担当。注重履行监督责任，自觉把“两项监督”融入捕、诉工作中，深入推进派驻公安检察室试点工作，实现同步监督、全程监督，体现检察价值。注重履行治理责任，坚持标本兼治，进一步做实案件分析、检察建议、公益诉讼等方面的工作，努力维护社会稳定、促进社会治理，体现检察作为。

五是在强化内外协作中放大效果。完善内部办案协作机制，注重在刑事案件中发现羁押必要性审查、刑事附带民事公益诉讼、虚假诉讼监督、司法救助等办案线索，提升效果、增加“亮点”。发挥综合部门政策指导、文字特长、上下联系紧密等优势，每周参加业务部门例会，帮助业务部门发现精品案例线索，并根据上级案例征集类型和发布形式等帮助打造、推广、报送精品案例，提高案例入选概率。做好代表委员和新闻宣传工作，通过检察开放日、新闻发布会、媒体宣传等方式，向社会大众发布典型案例，实现办案效果聚焦、放大。

六是在提升专业化水平中筑牢基础。通过开展专项岗位练兵竞赛、小课堂、典型案例通和业务分享会、编写典型案例经验“集锦”“检答网”专题学习等方式，以检察官教检察官，以案例指导业务。持续推进检察官“大调研”和法律文书强化释法说理工作，提高检察人员理论和实操能力素养。加快检察新秀和科目带头人培养，定向培育，加快孵化，为建设专业化办案团队提供人才支持。

七是在明确奖惩中强化督导落实。打破“就案办案”的习惯，引导检察人员一开始就按指导性案例、典型案例的标准办案，努力办成精品案例。加强案件评查和专项检务督察，凡发生案件质量问题，导致社会效果不好或造成重大负面舆情的，坚决按照“谁决定谁负责、谁办案谁负责”的原则严肃追究责任。

第三节 指导性案例的选取标准

指导性案例是法治建设的深刻印记，是公平正义的具象表达，蕴含着人民群众对美好生活的向往和期许。综观指导性案例，不难发现，有的创制规则，有的填补漏洞，有的重申政策，有的宣示倡导，有的规范司法自由裁量。但是，具有指导作用的案例并不等同于“指导性案例”，在案例培育的前端，明确指导性案例的筛选标准，就显得尤为重要。由此带来的疑问是，指导性案例应当具备什么条件和特质？具体选取标准是什么？如何判断待选个案所蕴含的潜在价值？

理论界对指导性案例的筛选标准有不同观点。一是根据功能取向构建指导性案例筛选标准。例如，陈兴良教授将指导性案例分为规则创制型、政策宣示型和工作指导型；[①] 周光权教授将已有的指导性案例分为回应公共议题型、考虑被害人诉求型、重申司法解释型和拓展司法解释型，并认为只有拓展司法解释型案例，能够相对发挥“指导”作用。二是根据实际效用构建指导性案例筛选标准，包括但不限于规范、运行、社会等维度。例如，有学者认为，从文本质量、实效运行、社会影响等维度构建评价体系。[②] 三是形式、实质、功能和效果的混合标准。例如，有学者认为，合法性、创新性、普遍性是指导性案例的实质标准。[③] 上述观点从不同侧面揭示了指导性案例的特质，但标准仍不够具体，在具体操作层面需要进一步完善。

---

① 参见陈兴良:《案例指导制度的规范考察》，载《法学评论》2012年第30期。

② 参见江国华、张莺:《指导性案例评估机制》，载《甘肃政法大学学报》2020年第6期。

③ 参见石磊:《指导性案例的选编标准与裁判要点类型分析》，载《法律适用》2019年第18期。

根据《最高人民检察院关于案例指导工作的规定》（2019年修订）第二条，指导性案例应当符合以下条件：（1）案件处理结果已经发生法律效力；（2）办案程序符合法律规定；（3）在事实认定、证据运用、法律适用、政策把握、办案方法等方面对办理类似案件具有指导意义；（4）体现检察机关职能作用，取得良好政治效果、法律效果和社会效果。

一、指导性案例的筛选原则

公平正义的实现，需要具体案例来承载；法治信仰的养成，需要具体案例的引导。在设定指导性案例筛选标准时，应突出其功能和价值属性，遵循以下三项原则：

（一）普适性原则

指导性案例的生命在于应用，意义在于指导，所以指导性案例的筛选需突出可参照性和可援引性，运用类型化思维提炼基本案情、法律关系、争议焦点、要旨确定的办案规则或方法等，超越个案抽象为一般性裁判规则，便于其他案件逐案比对、分析研判案件相似性及参照适用可能性。“指导性案例的法理理由不是被建构的，而是被重构的，它是将已经蕴含在人类生活经验中的普遍道理提炼出来。”[①] 需在政策把握、法律规则适用、案件事实的认定、证据规则的适用、法理原则阐释、检察技术运用等方面体现普适性，从而实现有案可循、有案可引的指导目的，为其他检察机关办案提供有益参考。例如，根据“江苏省常州市人民检察院诉许建惠、许玉仙民事公益诉讼案（检例第28号）”采用的虚拟治理成本法解决赔偿数额量化难题，无锡检察机关办理某公司等污染环境民事公益诉讼案时，围绕侵权构成要件开展调查核实，采用虚拟治理成本法评估确定生态环境损害数

① 贺海仁：《规范与理由：我国指导性案例的文本价值与功能重构》，载《北方法学》2022年第4期。

额；再如，根据“姚某诉福建省某县民政局撤销婚姻登记检察监督案（检例第121号）”，如皋市人民检察院办理张某某与市政府社保待遇行政争议实质性化解案时，借鉴“司法救助＋社会救助”模式，以解决残疾困难退役军人生计为落脚点，综合运用司法救助、社会救助等措施，并根据“陈某诉江苏省某市某区人民政府强制拆迁及行政赔偿检察监督案（检例第117号）”，推动多方制定帮扶、安置方案，凝聚争议化解最大合力。

（二）创新性原则

指导性案例需体现出与其他案件的不同特性，如罪名认定、法律程序、证据采用、政策把握等，细致分析案件的争议焦点、所反映的社会问题和法律问题。它既是司法办案中没有方向时的一个“指南针”，也是有了倾向性处理意见时的一剂“强心针”。在大量疑难案件、新类型案件不断涌现的背景下，仅仅是重申法律、司法解释规定的“复读式”案例，不能体现案件事实与法律规范对接的疑难，不能创制裁判规则的，就难以满足指导性案例的筛选条件。有效融合新颖性、疑难性与指导性，综合运用法律推理、法理论证、诉讼规则等，讲清法理、讲明事理、讲透情理，才能保障指导性案例的品质，更好发挥“活教材”的作用。

（三）纠偏性原则

无论是事实认定的偏差，还是法律适用的偏差，都会有损法律的可预测性和权威性，所以为了确保法律适用的统一性和“同案同判”目标的实现，需对司法偏差予以纠正和救济。因此，选取指导性案例备选案例应充分考虑是否能有效地给定一个“正”的处理方案指导司法实践，提升司法办案质效。以“陈某正当防卫案（检例第45号）”为例，该案纠正了司法实践中混淆斗殴与正当防卫的认知偏差：对认定正当防卫有影响的，并不是防卫人携带了可用于自卫的工具，而是防卫人是否有相互斗殴的故意。随身携带水果刀，无论是日常携带还是事先有所防备，都不影响对正当防卫作出认定。

二、指导性案例的筛选标准

为了提升指导性案例筛选标准的可操作性，可以从案件的基础条件、核心标准、主要特质三个方面考量。

（一）基础条件

1. 从裁判效力上看，案件处理结果具有终局性

指导性案例具有“应当参照适用”的效力，待决案件需以此作为指导和参照，后续司法实践以此作为引述依据。譬如有观点主张指导性案例是一种“准法律渊源”，具有弱于法律、司法解释的拘束力。[①] 而处于诉讼程序中等不确定状态的案件，其司法结论具有不稳定性，难以确保司法权威。指导性案例因其案件本身在法律适用上具有争议性，如规定比较原则或者缺少明确规定，概念模糊、关系不清、性质不明等情形，为类案办理提供一般性法律规则，充分、明确、清晰的论证更是其应有之义。

2. 从程序维度上看，案件要体现程序正义

程序正义有其独立价值，它能让正义以看得见的方式实现，赢得更大的司法公信力。指导性案例的办理通常通过公开听证、法庭教育、文书说理等方式回应社会关切，以法为据、以理服人、以情感人，依法保障当事人及其他诉讼参与人的权利，落实证据裁判、疑罪从无等原则，准确适用非法证据排除规则，将法律的专业判断与人民群众朴素的正义观融合起来，以政治智慧、法治智慧、检察智慧充分展现维护公平正义的过程，发挥司法定分止争和价值引领的作用。

3. 从事实表达上看，案件要突出争议焦点

案例的选择和编写既要坚持法律的准确，也要兼顾案例说理的深度，有充分的法理和学理支撑，而这些都建立在案件事实清楚之上。证据内容

① 参见雷磊：《指导性案例法源地位再反思》，载《中国法学》2015 年第 1 期。

的审查判断，进而影响到案件事实判断，全面准确认定案情，才能发现实体真实。只有法律事实被精准表达，转化为与构成要件有关的要件事实，聚焦争议焦点，案例的使用者才能看清案件全貌，比较指导性案例与待决案件之间的相似性，进而参照适用。

（二）核心标准

1. 疑难复杂性

所谓疑难复杂性案件，应当是在实践中存在较大争议，如全国各地检察机关在办案中采取不同标准、不同方法办理、实务界和理论界存在不同的观点的案件等，亟须通过指导性案例统一类案办理标准的案件。对于法律作出概括性规定的，指导性案例在不违背法律意旨的前提下可以确立法律适用规则，如探索公益诉讼“等”外领域。实践中，很多案件虽然社会影响大、办案效果不错、准确适用了法律，但仅仅是根据法律和司法解释的应有之义，对法律规定进行应用，或者运用简明的法律适用方法就可以得出结论，无法提炼出指导司法办案、解决分歧的规则，作为指导性案例报送的意义不大。

2. 新颖性

新型案件相较传统案件，能更好地总结出新的司法办案规则。因此，对于具有一定新颖性的案件，可以重点进行培育。如第十八批网络犯罪指导性案例中，3 个案件均是全国首例，分别为：全国首例从境外将台湾籍犯罪嫌疑人押解回大陆进行司法审判的电信网络诈骗案、全国首例撞库打码案、全国首例全链条打击黑客跨境攻击案。但需要注意的是，新颖性的案件应代表着一种新的社会趋势，已经在社会上广泛存在，并且在未来会再次发生。如果仅是在极小范围内偶然发生的案件，则不具备典型性，不适宜作为指导性备选案例选送。

3. 检察贡献度

指导性案例也是对检察工作方法的总结、推广和应用，选送的案例应体现检察职能的充分履行，这是检察指导性案例区别于其他指导性案例的根本。如在刑事案件中，运用提前介入手段，引导公安依法、规范、全面取证，确保案件准确办理。再如在民事案件中，积极开展调查核实固定证据，取得良好监督效果等。此外，选送指导性备选案例，可以着重考虑凸显检察机关在服务大局、为民司法等方面作出的贡献，对于体现检察机关服务大局成效、积极回应社会关切的热点案件，以及体现当代法治精神和为民服务司法理念的案件，可以重点研发培育。①

（三）主要特质

1. 彰显时代性

习近平总书记强调，法治建设既要抓末端、治已病，更要抓前端、治未病。最高人民检察院特别强调，涉及人民群众急难愁盼，办案中发现履职缺位或存在漏洞，就要秉持法的精神，作为“兜底”机关管起来，以检察履职、监督办案的“我管”，促各方履职、齐心协力“都管”。面对瞬息万变、丰富多彩的社会生活，成文法因其原则性、简约性、概括性过强往往显得滞后，而重大疑难复杂案件往往是经济社会转型期深层次矛盾纠纷的集中表现，指导性案例恰似一剂催化剂，在法律框架内激发出更多履职方式。因此，指导性案例备选案例的选取应紧扣“四大检察”全面协调充分发展等新的工作布局要求，彰显新时代开展多维检察监督的硬性、韧性与弹性，回应时代之需。例如，江苏省宿迁市人民检察院对章某为未成年人文身提起民事公益诉讼案（检例第142号），针对文身领域未成年人保护工作中亟待解决的行业归属类别不明、主管部门不清、法律依据缺失、社会治理共识和未成年人自护能力不足等困难和问题，检察机关在个案办理的基础上，推动解决因行政监管有限性和社会事务复杂性造成的监管盲区，国务院未成年人保护工作领导小组办公室出台《未成年人文身治理工作办

① 参见孙谦：《建立刑事司法案例指导制度的探讨》，载《中国法学》2010年第5期。

法》，明确规定任何企业、组织和个人不得向未成年人提供文身服务，从源头上促进健全制度和完善管理。再如，姚某诉福建省某县民政局撤销婚姻登记检察监督案（检例第121号），在这起因骗婚引发的行政争议案件中，被骗婚的姚某为解除一纸“婚书”奔波七年，最终在检察机关的帮助下，婚姻登记得以撤销。此案推动“两高两部”联合出台了《关于妥善处理以冒名顶替或者弄虚作假的方式办理婚姻登记问题的指导意见》，打通司法与行政的堵点，从制度上为“冒名”“虚假”婚姻登记受害者提供有效救济，从源头上解决冒名婚姻登记撤销难等问题。

2. 凸显人民性

习近平总书记反复强调要“努力让人民群众在每一个司法案件中感受到公平正义”。新时代，人民群众对民主、法治、公平、正义、安全、环境等方面的新需求内涵更丰富、诉求更强烈。最高人民检察院提出要通过检察履职办案，在实体上确保实现公平正义，在程序上让公平正义更好更快实现，在效果上让人民群众可感受、能感受、感受到公平正义，做到检察办案质量、效率、效果有机统一于公平正义。因此，选取指导性案例应聚焦人民群众法治需求，积极作出回应。例如，指导性案例已覆盖“社区矫正监督”“未成年人保护检察公益诉讼”“行政检察类案监督”“新型毒品犯罪”“民事生效裁判监督”“生态环境公益诉讼”等众多民生主题，得到社会各界的广泛关注和认可。

人民群众对于司法决定的认可度与获得感，是检验办案效果的重要指征。在案件事实证据扑朔迷离时、理论界定莫衷一是时，都要通过常情常理常识判断法律逻辑的实质合理性。因此，备选的指导性案例，应经得起公众凝视、舆论监督、社会检视，既满足普通公众的法治期待，也成为法律共同体同频共振的特殊纽带。例如，以刑事申诉公开听证为主题的第三十九批指导性案例，有力指导办案人员注重释法说理、化解社会矛盾纠纷，助力检察履职，让人民群众切实感受到公平正义就在身边；再如，以民事支持起诉为主题的第三十一批指导性案例，对支持起诉的对象、条件、检察机关介入的程度等给予办案指导，其中涉及的财产损害赔偿、追索赡养费、追索劳动报酬等，正是聚焦特殊群体的操心事、烦心事、揪心事。

3. 注重传播性

《中共中央关于加强新时代检察机关法律监督工作的意见》强调，检察机关要"积极引领社会法治意识""落实'谁执法谁普法'普法责任制，及时发布指导性案例和典型案例，加强法律文书说理和以案释法"。社会主义核心价值观入宪、入法、入规乃至入指导性案例有其特殊的形式。[①] 每一起案件都是一个鲜活生动的教材，每一个办案过程都是精彩十足的法治故事。不同于成文法的抽象表达，指导性案例以鲜活形象的个案，更接地气、更易理解、更易传播。因此，选取指导性案例应考虑案例的教育引导作用，每一个案例都应是一个标杆，向社会传递司法机关保护什么、反对什么、打击什么，确保案例的内在价值被民众认同，良法善治在普罗大众中扎下根基。例如，第三十四批网络时代人格权刑事保护主题指导性案例之中的仇某侵害英雄烈士名誉、荣誉案，充分发挥案件的警示教育作用，向社会传递了"英雄是民族最闪亮的坐标""崇尚英雄才会产生英雄"的鲜明价值导向。

三、指导性案例素材的来源

明确了指导性案例的筛选标准，接下来还需解决怎样发现或者说是从哪个角度切入来挖掘指导性案例的"种子""苗子"问题。一般可以通过以下几种途径发现指导性案例素材：一是从检察官联席会议讨论、检察委员会审议的新类型、争议性案件中发现素材；二是从案件质量评查的优质案

① 参见刘艳红、刘浩:《社会主义核心价值观对指导性案例形成的作用——侧重以刑事指导性案例为视角》，载《法学家》2020 年第 1 期。

件中发现素材；三是从案件数量变化中发现素材，如果某些案件数量居高不下，说明这类犯罪是实践中常见多发的犯罪，有必要制发指导性案例予以明确法律疑难问题；[①] 四是从办理下级院请示的新类型、争议性案件中发现素材；五是从媒体报道及社会关切中发现素材，此类案件往往在法理情统一处理方面存在疑难，具有特殊性；六是从类案检索和比对研究中发现素材；七是从检答网优秀咨询解答中发现素材。

第四节　检察案例的报送

各地检察机关应根据最高人民检察院、省级人民检察院每年年初制定的指导性案例、参考性案例及典型案例编发工作计划，按照编发计划中的承办部门分工来确定每批次案例的责任部门，严格按照时序进度有计划地开展案例报送工作。需统筹安排案例编写和报送工作，明确相关责任人员具体负责，健全案例储备机制、考评激励机制、跟踪对接机制等，筛选报送更多具有指导意义、参考意义的案例，为各地检察机关司法办案工作提供指导。

从近年来案例发布的频次和范围可以看出，最高人民检察院对案例工作越来越重视，明确各级检察院各业务部门都有总结案例、研究案例、报送案例、编发案例的责任。为进一步加强指导性案例工作，提升全省案例报送质量和入选率，江苏省人民检察院根据最高人民检察院《关于案例指导工作的规定》《关于进一步做好检察机关案例选送工作的通知》等文件精神，结合全省检察机关工作实际，发布了《进一步加强指导性案例培育和

① 参见张杰:《关于做好基层人民检察院指导性案例编研报送工作的思考》，载《中国检察官》2021 年第 7 期。

报送工作的通知》。全省各级院党组对照通知要求，加强研究谋划，对照最高人民检察院编发计划提前部署谋划，每季度专题研判案例挖掘选送情况，在保证数量的同时确保报送案例的质量，全面提升江苏在全国检察机关案例指导工作中的贡献度。

对比最高人民检察院的要求来看，目前部分市、县院在案例报送中还存在固有误区，习惯性地报送一些数额大、范围广、人数多的案子。对此，江苏检察机关针对最高人民检察院组织征集的每一批指导性案例，省、市院各条线各业务部门均成立工作专班，精心组织筛选，把好案件方向和质量的关口，省院法律政策研究室加强统筹，定期梳理掌握全省各地案例报送、进展情况，及时予以指导支持。同时，明确了检察委员会审议制度，全省各级院向上报送的指导性备选案例，均由牵头业务部门提请本院检察委员会审议，切实发挥检察委员会的审核把关作用。此外，在案例报送工作中建立了一系列配套工作机制，为持续输出优质案例提供制度保障。

一、畅通跟踪对接渠道

案例绝不能简单地一报了之，还要在报送后持续跟踪对接，时刻掌握进度条，各级院各业务部门都应与上级院条线就案例工作建立常态化联络机制。《江苏省人民检察院进一步加强指导性案例培育和报送工作的通知》对此进一步细化落实，省院各部门对本条线报送的指导性备选案例，注重加强向最高人民检察院相关业务厅（局）的汇报，保持密切沟通联系，及时跟踪掌握案例工作进展。最高人民检察院对案例提出修改意见的，省院各部门认真组织专班进行修改，及时对问题进行答复。必要时，派员赴最高人民检察院当面报告说明相关情况。省院研究室负责加强统筹协调，全流程动态收集掌握各批次指导性案例、典型案例的进展信息。

二、建立案例储备机制

目前，江苏省检察机关已经建立了包括典型案事例库案例、参考性案例、新闻发布会案例以及报送最高人民检察院指导性案例备选案例在内的“案例池”，以便更广泛全面地掌握各类优秀案件，在案例征集时能够快速选报，提高案例中选率，避免了“临时突击”报送存在的弊端，取得了较好的效果。同时，省院明确了重点储备案例的类型，一般包括：与中央、最高人民检察院、省委部署的重点工作相关的案例，省级以上领导批示肯定、省级以上部门挂牌督办的重点案件，以及最高人民检察院拟征集的相关主题案例、省院参考性案例、典型案事例、新闻发布会案例等。全省各级院对照重点储备案例类型，在日常办案工作中主动收集筛选优秀案例，常态化有针对性地开展优秀案例储备工作，为案例选编提供源头活水。

下篇　应用篇

第十三章　检察案例的检索

第一节　案例强制检索概述

一、类案界定及判断标准

“类案同判”是法律统一适用的内在要求，也是衡量司法公正的重要标准，把握类案界定及判断标准，是案例强制检索的前提。关于类案界定及判断标准，主要存在以下观点：一是类似案例，指与待决案件具有类似因素的案例，包括案件事实相类似、法律关系相类似、案件的争议点相类似、案件所争议的法律问题相类似[①]；二是类似案件判断途径，包括案件争议焦点的比较、案情的比较、关键事实的比较[②]；三是“同样案件”，即在定性分析中确定待决案件的事实与指导性案例的事实在整体性质上是否涉及相同的法律关系，以及在定量分析上看两个案件的具体情节是否可以视为相同[③]；四是案件相似性比对，主要从案件事实构成和所涉法律关系入手[④]；五是案例类似，指比对先例与待决案件争点所陈述的事实特征，并加以相同或类似性判断，而不是笼统地认定全案事实类似；六是类似案件的判断，

① 参见王利明：《成文法传统中的创新——怎么看案例指导制度》，载《人民法院报》2012年2月20日，第2版。

② 参见张骐：《再论类似案件的判断与指导性案例的使用——以当代中国法官对指导性案例的使用经验为契口》，载《法治与社会发展》2015年第5期。

③ 参见张志铭：《中国法院案例指导制度价值功能之认知》，载《学习与探索》2012年第3期。

④ 参见孟祥磊、徐平：《论类比推理在案例指导制度中的适用》，载《法律适用》2015年第8期。

既有事实问题，又有法律问题，既不是单纯的事实比较，也不是单纯从定义、概念出发进行类比的逻辑作业，而是更多地从案件和法律的意义，从法律拟规范的生活事实的本质中得出。[①]

上述观点对于类案的界定及判断标准认识不够统一，但是大多认为案件事实、案件争点、法律问题是判断是否构成类案的重要因素。对此，2020年7月《最高人民法院关于统一法律适用加强类案检索的指导意见（试行）》规定，类案是指与待决案件在基本事实、争议焦点、法律适用问题等方面具有相似性，且已经人民法院裁判生效的案件。就检察案例而言，可以参照上述界定及判断标准：一是围绕案件主要特征，将案件基本事实、争议焦点和法律适用问题等方面是否具有相似性作为类案的判断标准；二是考虑类案的可参考性和检索的现实性，将类案范围限定于已经处理结束、发生法律效力的案件，将正在处理中的案件排除在外。[②]

二、强制检索的基本内涵

案例强制检索，主要是指相关司法主体为了解决事实查明、证据采信、法律适用、工作方法等关键性问题，当出现某些特定情形时，通过在线检索、查阅资料等方式，检索与待决案件在基本事实、争议焦点、法律适用、工作方法等方面具有相似性而且已经发生法律效力案件的行为。司法实践中，案例强制检索制度是充分运用类似案例办理相关案件的基本前提和有效保障。

《最高人民检察院关于案例指导工作的规定》（2019年修订）第十五条第二款规定“各级人民检察院检察委员会审议案件时，承办检察官应当报

① 参见[德]阿图尔·考夫曼:《类推与事物本质——兼论类型理论》，吴从周译，学林文化事业有限公司1999年版，第91页。

② 参见刘树德、孙海波:《类案检索实用指南》，北京大学出版社2021年版，序言第3页。

告有无类似指导性案例，并说明参照适用情况”，这是当前指导性案例强制检索制度的规范依据。需注意到，案例强制检索制度，关键要素是强制，核心要旨是检索。因此，案例强制检索是规范且必要的，要切实防止形式检索、虚假检索、留痕检索等不良趋向。

三、强制检索的重要价值

（一）深入贯彻落实司法责任制的要求

司法责任制改革对于员额检察官明确提出了入额必须办案、办案终身负责的要求。办案质量终身负责制的核心要义是“终身负责”，强调责任的必定性或不可避免性，旨在强化办案人员的责任意识，规范办案行为，防止刑事错案发生，提升司法公信力。[①] 面对上述要求，检察官对每一起办理的案件都应当承担决定责任，同时面临责任追究风险。该责任隐含了对检察官业务能力的充分肯定和深厚期待，对检察官寄予了正确作出每一个决定的期望。检察官通过强制检索，可以为司法办案寻求切实可行的理论和实务指导，提升自身办案能力、丰富办案经验，落实“高质效办好每一个案件”这一检察履职基本价值追求。[②] 综上，通过开展案例强制检索，能够避免错案风险，帮助形成正确处理决定，进而深入贯彻落实司法责任制。

（二）充分发挥案例指导机制的作用

制定法本身固有的模糊性、滞后性、不周延性等缺陷需要予以避免。法律基本原则的周延性、灵活性在补充制定法漏洞时，又因为自身的模糊性和抽象性不得不授予司法官毫无规制的自由裁量权而与“同案同判”的

① 参见彭玉伟:《办案质量终身负责制的功能反思与发展路径》，载《中国刑事法杂志》2017 年第 2 期。

② 参见何晴:《强化类案检索　助力高质效办案》，载《检察日报》2023 年 11 月 8 日，第 3 版。

司法宗旨相悖。指导性案例的确指、柔性和与时俱进的特性为避免上述缺陷提供可能。[①] 案例指导机制能够总结现有的、已经验证的相关知识和经验，在现有法律制度的框架之内，通过强制性参照参考，确立抽象司法解释与指导性案例解释并行的法律适用解释制度或解释模式，从而能够进一步完善和发展最高司法机关的司法解释权。[②] 实践中，最高人民检察院高度重视案例指导制度，以不断发布指导性案例的方式，引导检察官主动学习、积极适用指导性案例。而案例强制检索具有强制性、命令性等显著特征，要求检察官在出现特定情形时，主动开展检索工作，有助于充分发挥检察官适用案例的能动性、自主性，进而充分发挥案例指导机制作用。

（三）推动实现法律适用统一的功能

案例强制检索是在法律规定模糊、法律适用争议情况下进行的一种有助于司法办案的工作方法，有助于统一法律适用。法律适用通常是指国家司法机关根据法定职权和法定程序，运用法律处理案件、解决纠纷的活动。法律适用的统一是司法公正、司法公信力的体现，也是社会衡量司法公正度和公信度的标准和期望。[③] 法律适用统一，不仅包括处理决定或处理结果的相同或者类似，还包括处理思路或处理思维的相同或者类似。但是受到法律本身的抽象性、一般性、模糊性以及理解认识偏差等因素的影响，法律适用不够统一成为困扰检察机关的一大难题，很大程度上妨碍司法公正、影响司法公信。实践中，可以从具体个案中提炼出同类案件的办理规则，供检察官参考、借鉴和评判。通过案例强制检索，检索与待决案件在相关重要方面具有相似性且已生效案件，能够统一司法办案尺度或者法律

① 参见郭哲、张双英：《案例指导制度：法律统一适用的中国话语——以“同案不同判”契入》，载《西南民族大学学报（人文社科版）》2008 年第 12 期。

② 参见于同志：《案例指导研究：理论与应用》，法律出版社 2018 年版，第 64—66 页。

③ 参见张卫平：《法律适用统一的路径和方法分析》，载《云南社会科学》2024 年第 2 期。

适用思路，在大力减轻检察官工作负担的同时，积极推动实现法律适用统一的功能。

四、强制检索的适用情形

当前，《最高人民检察院关于案例指导工作的规定》（2019 年修订）明确规定提请检察委员会讨论案件需要强制检索，对于其他强制检索情形并未予以明确。结合案例指导的重要性和强制检索的必要性，可以从三个主要层面入手，厘清需要强制检索的适用情形。

（一）事实认定、法律适用或司法政策把握存在较大争议的案件

参照适用案例的根本宗旨在于解决执法司法不统一、同案不同处等突出问题，根源在于事实认定、法律适用或政策把握方面不能形成统一。检察官发现待决案件在上述三个方面存在较大争议的，应当通过检索有无类似案例来辅助开展办案。一是事实认定存在争议。事实认定是指司法人员根据证据对案件事实所作的判定。[①] 当事实认定比如借款诈骗类案件中如何认定犯罪嫌疑人的“非法占有目的”产生争议时，应当开展案例检索。二是法律适用存在争议。法律适用是指司法人员把有关的法律规则运用到已经被认定的案件事实，并作出相应裁判的活动。当法律适用比如如何认定刑法规定的“受委托管理、经营国有财产的人员”产生争议时，应当开展案例检索。[②] 三是政策把握存在争议。司法政策旨在解决特定问题的准则与策略，呈现灵活性、动态性等特征。[③] 当刑事政策把握比如对宽严相济的刑事政策如何把握产生争议时，应当开展案例检索。

---

① 参见何家弘：《把握事实认定和法律适用的辩证关系》，载《检察日报》2021 年 9 月 22 日，第 3 版。

② 参见杨先德、陈禹橦：《类案检索运用场景与规则方法》，载《检察日报》2021 年 2 月 22 日，第 3 版。

③ 参见刘顺峰：《司法政策概念论》，载《济南大学学报（社会科学版）》2023 年第 5 期。

（二）拟提请检察官联席会议讨论的案件

《法治中国建设规划（2020—2025年）》强调，要健全检察官联席会议制度，切实发挥为办案组织提供法律咨询的功能。检察官联席会议制度是为了适应司法责任制改革特别是检察官办案责任制改革，所实行的一种案件讨论方式。自运行以来，在重大疑难复杂案件的办理上聚集了集体智慧，发挥了积极作用。[①] 检察官联席会议制度可以为检察官依法办案提供决策辅助，并对检察官依法独立行使办案权进行适度监督制约，以更好地保证办案质量。[②] 将拟提请检察官联席会议讨论案件列入案例强制检索情形，能够督促检察官认真做好会议准备、参与会议发言，避免随意发言、敷衍塞责，为检察官办案提供有益借鉴，也可为后续检察委员会决策提供有效参考，在推进法律适用统一的同时推动检察官办案责任制落实落地。

（三）应当进行强制检索的"难办案件"

为案例强制检索的基本情形设置兜底条款，既能强化检察官开展案例强制检索的意识，又能便利检察官在司法实践中进行权衡。其他需要进行强制检索的案件的情形主要和疑难案件相关，除了法律适用方面疑难案件，还包括一些"难办案件"。"难办案件"主要包括事实难办案件（案件事实认定或确定存在困难）、法律难办案件（法律不清晰、不确定或有漏洞）、影响难办案件（社会影响重大，以刑事案件居多）以及关系难办案件（当事人一方或双方托关系来影响案件的办理）这四类。[③] "难办案件"的外延较广，既包括法律上的疑难案件，又包括事实、社会影响等因素导

① 参见李郁军、张源：《检察官联席会议制度的优化》，载《人民检察》2022年第22期。

② 参见孙高洁：《完善检察官联席会议运行机制提升办案质效》，载《检察日报》2022年3月28日，第3版。

③ 参见侯猛：《案件请示制度合理的一面——从最高人民法院角度展开的思考》，载《法学》2010年第8期。

致的棘手案件。办理“难办案件”，应当开展案例强制检索，避免法律适用错误、办案方向偏差。

第二节 强制检索技法

一、强制检索现状

当前，案例强制检索面临一些问题，导致制度设计目的尚未完全实现。

（一）检索平台仍然有待完善

实践中，案例强制检索平台面临检索实际效果不佳、检索结果难以识别等问题。其一是检索实际效果不佳。以关键词为标签进行检索时，由于归纳不够到位，精确检索模式下难以获取相同结果，模糊检索模式下可能增加数据杂质。以基本事实、适用法律为标签进行检索，又容易出现与待决案件无关的结果，可能不符合检察官技术细节方面的检索需求。其二是检索结果识别困难。当前不同案例检索平台对于检索结果的呈现方式存在差异，检索结果时常无差别非结构性呈现，导致检察官对于结果的辨识相对困难。比如“中国裁判文书网”仅能呈现诉讼主体、案由、案号、审理程序等相关信息，是否与待决案件相互匹配需要查看判决书原文；“北大法宝”能够突出显示关键词所在位置的内容，但是内容截取规则缺失，语境不够明确具体。①

（二）检索结果运用规则缺失

当前，在缺乏法律司法解释明确授权的情况下，案例强制检索实践中仍处于摸索阶段，有强制检索要求而无明确责任约束，尤其是检索结果的

① 参见何春芽、管俊兵、陈国平：《类案强制检索结果的司法适用规则研究——基于从类案到类判的功能主义视角》，载《法律适用》2020年第18期。

司法适用，缺乏明确规则指引和有效制度保障，检索结果筛选和适用无明确的参考标准，从而严重削弱了强制检索制度的效能。当前，对于案例强制检索的结果，是否应当参照适用、多大程度参照适用，仍然缺乏明确具体规定。在案例质量参差不齐的情况下，检察官往往对于类案裁判规则采取谨慎适用态度。此外，待决案件与类案之间内在相似性是通过类比推理形成的。但是问题在于，此种类比推理性质的形式逻辑一般只是关注逻辑结构，往往忽略逻辑判断内容，难以对案件本身价值进行有效判断，容易在实质层面影响个案的公平正义。[①]

（三）检索激励保障机制阙如

“法律检索系统是在对法律研究者的战略进行共同假设的基础上运行的。”[②] 案例强制检索的技术逻辑背后实质是法律逻辑，核心问题是类案识别的标准和路径等法律问题在类案检索系统中如何转化和设定。因而，强制检索制度在一定程度上加重检察官的工作负担。实践中，存在要求进行案例强制检索却缺乏激励保障机制的现象。一方面缺乏激励机制。除了检察委员会上会案例之外，对于案例强制检索并无明确规定，是否开展检索、如何开展检索对于办案程序、办案结果、绩效考核等影响不大。另一方面缺乏保障机制。参照适用案例难以避免客观因素导致案例识别差错，参照案例作出决定存在被改变可能性，不予参照面临复杂报告说明程序。在立法没有明确授权的情况下，缺乏有效的激励保障机制，严重影响检察官开展强制检索的积极性、主动性。

① 参见何春芽、管俊兵、陈国平：《类案强制检索结果的司法适用规则研究——基于从类案到类判的功能主义视角》，载《法律适用》2020 年第 18 期。

② 参见［美］布鲁斯·布坎南、托马斯·黑德里克：《人工智能与法律推理之展望》，陆幸福译，载《法律方法》2019 年第 27 卷。

二、强制检索内容

案例强制检索内容由词、句、段组成，其中，词、句是常见检索内容，对应检察指导性案例就是关键词和要旨。

（一）检索词

检索词包括罪名、监督方式、案发领域、案件特征等词汇，与指导性案例中的"关键词"具有一致性。明确检索词，重点在于根据案件具体情况，概括归纳出与类似案件具有一致性的关键词汇。在具体概括检索词时，以案件争议焦点提炼的关键词为首要检索词汇；经检索未靶中案例的，可以根据具体罪名、监督方式等关联词汇，按照一定的逻辑规则依次开展检索，逐步缩小靶向案例范围。以口头合同能否构成合同诈骗罪为例，具体检索时可以首先检索"口头合同""无合同"等关键词汇，无法检索到相关案例的再检索"合同诈骗""诈骗"等关联词汇。靶向案例较多的，可以结合案件具体情况，再次进行筛选，进而选出相似性高且规模适宜的案例。

（二）检索句

检索句是对于具体案情的抽象表述，与指导性案例中的"要旨"具有一致性，可以结合指导性案例的"要旨"撰写进行概括和归纳。检索句概括越精准，语言归纳越规范，检索匹配到相似性案例的概率也就越高。以先行羁押期限能否认定假释期间中已执行刑期为例，可以概括为"假释条件'执行原判刑期二分之一以上'包括判决前先行羁押期限"等检索句，与罪犯邹某某假释监督案（检例第198号）要旨"被判处有期徒刑的罪犯'执行原判刑期二分之一以上'的期限，包括罪犯在监狱中服刑刑期和罪犯判决前先行羁押期限"，具有一定相似性。在检索句检索时，尽量使用相对简短、规范的语言，进而通过模糊检索技术，实现初步匹配。

（三）检索段

词句检索法更多的是相同案件间检索，对于案情不相同但办案规则具有一致性的，难以实现有效检索。段落检索主要适用于模糊检索，通过检索的适配性限定相关类似案例。在具体开展检索时，直接以选中的案情作为检索内容予以检索，实践运用较少，此处不再具体说明。

第三节　强制检索报告

一、强制检索报告的基本要素

强制检索报告是展现案例检索成果的关键载体，当前关于检察案例强制检索报告缺乏明确规定，可以参考借鉴《最高人民法院关于统一法律适用加强类案检索的指导意见（试行）》（以下简称《类案检索意见》）第八条类案检索报告应当具备的要素。

（一）检索主体

具体办理案件的检察官是强制检索的首要主体，应当针对待决案件的具体特点，检索并判断与之相似、构成类案的指导性案例或者其他生效案例，从中提炼出办案规则并且作出处理决定。对于一线办案人员来说，“类案”是辅助判断决策的信息，寻找和运用这些案例是办案必备技能。[①] 强制检索是辅助检察官办案的重要方式，实践中不同检索主体即不同检察官撰写的检索报告可能并不完全一致，尽管都会包含必要信息，但会根据自身检索目的有所侧重。

（二）检索时间

任何信息都具有很强的时效性，网络平台与电子数据库的信息更为明显。比如新法律法规、司法解释出台后，网络数据库中的相关数据没有及时更新，就会导致检索结果产生偏差；新法律法规或者司法解释与旧有规定有

① 参见杨先德、陈禹橦：《类案检索运用场景与规则方法》，载《检察日报》2021年2月22日，第3版。

所区别，但由于操作不慎将依据旧有规定作出的决定纳入检索结果，也会给检察官判断带来误导；由于数据库的更新，导致在不同时段检索相同的关键词可能得到的结果有所差异，影响检索结果的说服力。此外，随着时代快速发展和法律不断变迁，与待决案件时间相距较近的案例的说服力一般比相距较远的案例更强。因此，应当充分关注强制检索的时间或者时段，在强制检索报告中载明开展检索的准确时间以及检索案例的时间范围。

（三）检索平台

在强制检索报告中明确载明检索平台，能够显示强制检索运用的数据库范围。强制检索平台主要包括两个方面：一方面是最高人民检察院网站。其一，最高人民检察院网站是其在互联网上门户平台，可以分别利用“检察新闻”“工作信息”“12309 中国检察网”频道，通过相应路径检索相关案例，这些案例具有正式性、权威性；检察工作网即专供检察人员使用的检察内网，内网中的检察案例库是指供全国检察人员学习、检索、应用指导性案例、典型案例等，为检察人员提升能力素质、为检察办案提供智能辅助的检察业务数据资源库。[①] 另一方面是重要法律数据库中的案例库。其一，中国法律资源库（“北大法意”）的案例数据库群，主要包括法院案例、检察案例、商事仲裁案例等 11 个子库，其中检察案例子库可以检索相关检察案例；其二，“北大法宝”的司法案例库，主要包括司法案例、裁判规则、仲裁案例、类案检索等 10 个子平台，其中司法案例子平台可以检索到检察案例。

（四）检索结果

检索主体开展强制检索之后，可以收集到诸多与待决案例存在关联的案例。检索主体应当将上述案例加以整理汇总，在强制检索报告中有条理

① 参见最高人民检察院法律政策研究室、上海市人民检察院联合课题组：《数字时代检察案例库的建设路径研究》，载《犯罪研究》2022 年第 4 期。

地载明，采用何种方法或者何种条件检索到类似案例。检索结果的关键要素，包括每个案例的案由、案号、案例来源、办理单位以及办理结果等。条件允许的情况下，可以在检索报告中通过表格汇总上述信息，让报告使用人能够一目了然知晓相关检索信息。

（五）争议焦点

争议焦点是对案例事实认定、法律适用的高度凝练。在强制检索报告中明确载明争议焦点，一方面可以证明检索到的案例确实与待决案件具有相似性，提醒检索主体验证检索结论，也有助于其他人员检验该结论；另一方面能够非常清晰地向相关人员展示与待决案件类似的案件，进而辅助作出处理决定。归纳争议焦点，应当在求同存异中寻找其涉及问题的核心或者关键，需要检索主体充分熟悉检索到的案例以及待决案件的事实和法律问题，在反复比对研究之后，判定二者是否相似。

（六）要旨

要旨属于办案规则或者办案方法，是检察官针对案例涉及法律问题给出的法律解决方案。案例的要旨，往往成为处理待决案件时应当参照和遵循的对象。在强制检索报告中，应当对于要旨作出清晰明确、说服力强的归纳总结。实践中，即使争议焦点类似的案件在要旨方面也存在差异，检索主体应当把握要旨中包含的恒定性、共同性因素，进而认真归纳总结。

（七）参照适用结果

强制检索报告中，还应对是否参照适用检索到的案例加以说明。在检索到相关案例后，还要对案例的争议焦点和要旨进行梳理，之后基于争议焦点和要旨，结合基本案情，对于这些案例与待决案件是否相似进行判断。经过判断，如果检索出的案例具有相似性则应当参照，不具相似性则无须参照。

二、强制检索报告的撰写要求

（一）突出类案核心内容

考察强制检索报告的基本要素，该报告的核心在于争议焦点、要旨和参照适用结果，在撰写报告时必须予以明确。具体而言，应当关注以下要点：一是写出争议。撰写报告时，应当围绕待决案件的法律争议，指出与待决案件具有相似性的案例如何为解决该争议提供方案，这些方案之间是否存在差异，在适用法律规范时存在哪些争议焦点。明确争议焦点，能够为检察官什么时候、何种情况参照适用检索案例明确方向。二是写出差异。撰写强制检索报告，应当充分关注对于检索类案的不同解决方案，在“求同”过程中也要“存异”，并且甄别和比较这些差异的原因。[①] 有些差异是法律规范本身体系性不足而产生的，但会随着法律规范不断完善而逐渐消除。此外，对于同样的行为，司法人员对其性质的认定存在差异，从而选择适用不同法律规则，也会影响相似案件处理。在撰写报告时，应当针对这些差异以及背后法理加以梳理和辨析。三是写出新意。撰写强制检索报告，应当注意认真发现和仔细寻找案例规则对于既有法律规范的发展，以及面对新型案件和疑难案件时提出的新的解决方案，有助于拓宽思路和提供启发，为检察官进一步总结办案经验、提炼司法智慧以及完善法律规则提供良好契机。

（二）依照层级排列案例

参照《类案检索意见》第四条，强制检索的范围依次包括如下案例：一是最高人民检察院发布的指导性案例，二是最高人民检察院发布的典型案例以及相关生效案例，三是本省（自治区、直辖市）人民检察院发布的参考性案例、典型案例以及相关生效案例，上一级人民检察院以及本院相

① 参见李群星、罗昆：《论法律适用统一的标准判断》，载《中国应用法学》2020年第5期。

关生效案例。如此排布在一定程度上体现了我国案例体系的结构和层次，撰写强制检索报告也应按照这一顺序来排列案例检索结果，从而使得对于案例的总结分析一目了然、简明清晰。实践中，根据检索结果的参照程度，按照以下层级排列案例：第一层级是最高人民检察院指导性案例、生效决定文书及据此制作的案例、公报案例、针对特定法律适用问题发布的能够统一法律适用标准的其他典型案例；第二层级是待决案件办理检察院所在地省级人民检察院发布的参考性案例、典型案例以及相关生效案例；第三层级是待决案件办理检察院所在地市级人民检察院、专门人民检察院、基层人民检察院相关生效案例；第四层级是全国其他地方人民检察院相关生效案例。强制检索报告中如此排列案例，能够为检察官解决法律适用分歧提供有益思路和有效帮助。

（三）案例信息标记齐全

撰写强制检索报告过程中，不能遗漏上文列举的核心信息或者基本要素，应当在简明、清晰的前提下尽可能将相关信息载入检索报告之中。可以利用文字、图表等形式，标记案例检索信息、表达案例检索结果。其一，文字形式表达侧重于针对案例进行精细分析研判，具有严密性、逻辑性优势，可以像撰写审查报告一样对案件的争议焦点、要旨和参照适用结果，深入全面开展分析论证，对是否参照适用、如何参照适用提出意见建议。其二，图表形式表达侧重于针对案例加以概括总结，具有直观性、简洁性优势，可以对多个案例开展比较，充分展现这些案例在关键要素上的异同，从中把握共性规律，有助于待决案件正确办理。其三，可以充分运用相关案例数据库的检索报告模板，通过修改完善制作强制检索报告，可以提升检索报告制作效率以及准确程度。

第四节　相似性判断及参照适用

一、相似性判断要素

相似性判断主要是指认定指导性案例和待决案件在法律层面是否具有一致性的判断。待决案件与指导性案例具有相似性，才能参照适用指导性案例办理相关案件。

（一）基本案情是否相似

基本案情是否具有类似性是相似性判断的重要组成部分，也是相似性判断最常用的判断标准。在具体判断过程中，主要运用类比推理方法，可以简单概括为“可比性的人 + 可比性的方式 + 可比性的结果”。“可比性”侧重在法律评价层面具有一致性。以强奸罪为例，明知是不满 14 周岁的未成年人而发生性关系构成强奸罪，对不满 12 周岁的被害人实施奸淫的，应当认定行为人“明知”对方是幼女。鉴于被害人是否年满 12 周岁直接影响到主观故意与危害结果的认定，如果两个案件被害人一个年满、一个不满 12 周岁，可以认为基本案情不具有相似性。

（二）法律关系是否一致

法律关系是否一致是基本案情相似性判断的补充，拓宽了检察案例应用范围。对于基本案情不具有相似性，但是法律关系具有相似性的案件，也可以参照适用指导性案例办理。判断法律关系是否具有一致性，首要任务是通过案件事实概括归纳其中的基本法律关系，进而与指导性案例所确定的法律关系进行对比。如江西省浮梁县人民检察院诉 A 化工集团有限公司污染环境民事公益诉讼案（检例第 164 号），该案明确检察机关提起环境民事公益诉讼时，对于侵权人违反法律规定故意污染环境、破坏生态致使社会公共利益受到严重损害后果的，有权要求侵权人依法承担相应的惩罚性赔偿责任。该案确立了生态环保领域民事公益诉讼惩罚性赔偿责任适用规则，对于生态环境保护民事公益诉讼领域相关案件，同样具有参照适用价值。

（三）争议焦点是否一致

争议焦点是对案件办理过程中事实认定、法律适用问题的概括，源于具体案件，具有一定的抽象性和概括性。争议焦点基本一致的，可以认定为具有相似性。如王某等人故意伤害等犯罪二审抗诉案（检例第 178 号），该案争议焦点在于赔偿谅解协议在量刑中的地位和作用，并且确立了罪行极其严重的犯罪即使达成赔偿谅解协议也不足以产生从宽处罚后果的规则。其他案件中出现达成赔偿谅解协议是否需要从轻处罚方面的争议时，可以参照适用该条规则。

（四）办案规则或方法是否可以借鉴

要旨是源于基本案情又高于基本案情的规则概括，属于办案规则或办案方法的提炼，具有独立的适用价值。对于法律适用理解类、检察工作方法类要旨，因其是对抽象规则的补充解释、检察工作方法的总结提炼，适用范围具有广泛性，也是要旨源于基本案情但是高于基本案情的体现。如浙江省嵊州市人民检察院督促规范成品油领域税收监管秩序行政公益诉讼案（检例第 183 号），该案要旨对国有财产流失领域公益诉讼案件办理，确立了“拆解个案、梳理要素、构建模型、类案监督”等大数据法律监督模型的工作方法。其中，数字检察监督的思路要求，对于其他可以深挖个案监督、推进类案监督、推动源头治理的案件，具有一定借鉴意义。

二、参照适用要点

无论是普通法中的先例，还是我国司法实践中的指导性案例，参照适用都是最为关键的环节。[①] 检察官应当积极探索参照适用方法，提升参照适用能力，优化参照适用机制。

（一）探索参照适用方法

其一，认真提炼待决案件的争议焦点，将其与指导性案例中指导意义部分的法律要点进行比对，涉及同一问题才能符合参照适用的前提要件。其二，鉴于指导性案例中的基本案情部分往往只是包括关键事实，一定情况下应当检索原案法律文书，防止参照适用时望文生义、断章取义。其三，除了参照适用法律理由之外，在疑难复杂案件等案件办理过程中，摆脱就案办案思维定式，在办案过程中认真平衡政治效果、法律效果与社会效果。[②]

（二）增强参照适用能力

一方面，检察官应当避免过度依赖文义解释现象，合理选择多种法律解释方式。在办理案件过程中，应当综合运用类比推理、演绎推理等方式对指导性案例与待决案件进行比对。指导性案例运用于个案的关键是合理运用类比推理，检察官在运用指导性案例解决在办案件所涉实体问题时主要依赖类比推理，对于程序性问题主要依赖演绎推理。另一方面，检察官在完成相关推理之后，仍需运用适当的校验方法，认真评估参照适用的合法性与合理性。应当全面考量法律之间的协调性，认真论证参照适用结果的正当性，重点考察参照适用的推导结论是否在法律解释的可能范围内，是否违背有关法律的基本理念、基本原则。

（三）优化参照适用机制

一方面，提升智慧检务发展水平优化指导性案例适用机制。近年来，大数据、人工智能的迅猛发展提升了指导性案例检索的实效性与精准性，

---

① 参见孙光宁：《指导性案例参照适用中的案件事实相似性判断》，载《国家检察官学院学报》2022 年第 3 期。

② 参见兰积成、张源：《检察指导性案例参照适用具体路径》，载《检察日报》2021 年 10 月 29 日，第 3 版。

智慧检务手段能够节省办案时间、优化资源配置，同时释放出更多的技术红利，辅助检察官参照适用指导性案例。另一方面，在法律文书中引入指导性案例，强化释法说理性。检察法律文书的释法说理中参照适用指导性案例，有助于提升案件处理决定的可接受性，不仅能够明确指导性案例的内涵价值，而且能够提升指导性案例的知晓程度。[①]

（四）提升参照适用程度

完整的案例指导制度不仅包括遴选与发布，还应当包括司法应用。指导性案例参照适用应当发生法律效力，没有舆情风险，办案效果突出，且契合主题回应社会关切。以社会主义核心价值观为检察工作指引方向，指导性案例应当提升参照适用程度，引导民众树立正确的法治观念、善恶观念、价值观念，从而形成良好社会主义新风尚。同时，检察机关应当保持敏锐的司法嗅觉，坚持正确的大局观念与精湛的司法技能双轮驱动精准应对社会问题，进而及时作出准确决定，推动实现司法办案“三个效果”的有机统一。[②]

第五节　背离报告制度

一、背离报告制度的基本内涵

（一）背离报告制度的基本含义

实践中，在指导性案例不具有法律强制约束力的情况下，保障指导性案例事实拘束力是充分发挥制度功能的关键。因此，我国可以借鉴德国的背离报告制度，强化检察官不予参照的前置要件和程序，充分体现拒绝参

① 参见兰积成、张源：《检察指导性案例参照适用具体路径》，载《检察日报》2021 年 10 月 29 日，第 3 版。

② 参见王立乾、王禹、张富丽：《检察指导性案例的形成与参照适用实证研究——以基层检察工作实践为视角》，载《辽宁警察学院学报》2022 年第 6 期。

照适用的慎重性，减少不予参照适用的随意性。德国相关法律条文指出，针对类似案件，法院要作出与判例不一致的判决时，必须向上级机关报告；此外，如要作出与以往裁判不同的新裁判，法院通常必须做充分论证。[①]具体而言，建议在相关规定中增加背离报告制度的相关规定，明确如果检察官不适用检察指导性案例或作出与检察指导性案例要旨和指导意义相冲突的决定，应当向检察长或者检察委员会作出说明，同时向上级人民检察院作出报告。[②]

（二）背离报告制度的基本要素

其一，检察官背离指导性案例需要具备正当理由，主要包括指导性案例已经陈旧过时，指导性案例内容存在缺陷，指导性案例相互之间冲突，待决案件与指导性案例缺乏实质性关联。其二，检察官背离指导性案例需要请示理由，而且需要对于背离理由进行实质方面的解释说明，进而论证背离适用的正当性。其三，检察官背离指导性案例应当依照一定程序进行报告，同时向本级检察机关和上级检察机关相关负责人报告，若背离适用理由不具有正当性或者无法论证成立的，相关负责人可以强制其参照适用。其四，检察官错误背离指导性案例应当承担一定后果，当背离错误导致错案时，应当启动错案追究机制追究相关人员责任。[③]

二、背离报告制度的适用情形

（一）实质性并不相关

待决案件与指导性案例具有实质相关性，是检察官参照指导性案例办案的基本前提。实践中可能会出现的情况是，当事人一方主动提出一个可

---

① 参见江勇、马良骥、夏祖银：《案例指导制度的理论与实践探索》，中国法制出版社 2013 年版，第 174 页以下。

② 参见万春：《检察指导案例效力研究》，载《中国法学》2018 年第 2 期。

③ 参见蔡思甜：《检察案例指导研究》，湘潭大学 2022 年硕士学位论文。

能相似或者相关的案件，检察官经过审查判断，认为待决案件与指导性案例不构成类案，即它们在基本事实、争议焦点或法律适用问题上存在较大差异或者实质上并不相关或者并不相似，因而可以采取规避适用指导性案例的举措。此外，检察官认为可以适用一个可能相似或者相关的指导性案例，当事人一方提出充分理由加以反驳，认为该指导性案例与待决事实之间并不具有实质相似性的话，检察官经过审查同意的可以规避适用指导性案例。[①]

（二）指导性案例已经过时

最高人民检察院在遴选和编撰指导性案例过程中，不仅要考虑案例本身的典型性、示范性，同时也要考虑案例的时效性、针对性等。然而，当前指导性案例面临编发周期过长、发布频次偏低、对司法实践指导性时效性不强的问题，未能发挥相较法律修订的“短平快”优势。[②] 需注意到，随着时代背景的发展与法律政策的变化，在过去特定时期、特定政策背景下选编的指导性案例将会失去继续存在的客观依据，反而会变成一种陈旧的、过时的事物。对于陈旧过时的指导性案例，如果尚未被相关机关清理，检察官可以通过规避适用予以背离。

（三）指导性案例之间冲突

主要是针对同一个法律问题，在不同时期可能形成不同的指导性案例，这些案例之间在法律观点上可能会出现不一致。检察官需要根据具体情况作出准确判断，然后在它们之间择一适用。指导性案例出现冲突，一般的适用规则是在后的指导性案例效力优先于在前的指导性案例，这是由于后来者往往代表最新的裁判观点和立场。

---

① 参见刘树德、孙海波:《类案检索实用指南》，北京大学出版社 2021 年版，第 224—227 页。

② 参见董军、曹路:《我国检察案例指导制度的实践考察及完善路径探析》，载《北京政法职业学院学报》2024 年第 1 期。

三、背离报告制度的适用误区

（一）对于指导性案例效力性质的认识存在错误

指导性案例显然有别于一般的案例，属于通过特定的程序从大量案例中遴选出来的具有较强代表性、能够发挥较强指导性作用的案例。同时，必须承认指导性案例在效力性质上不同于英美法系上的先例，其本质上类似于一种介于普通判决与正式法源之先例之间的一种过渡性存在，属于一种“准法源”，系基于附属的制度性权威并具有弱规范拘束力的裁判依据，因此既不同于判例在英美法系中的法源地位，又不同于判例在大陆法系中被作为非法源来对待的境遇，走的是中间路线。[①] 鉴于形成指导性案例所需要的制度性权威和实质性权威，因而不能任意决定对其背离适用或者规避适用。然而，实践中一些检察官仍然以我国不是判例法国家，成文法系唯一的正式性法律渊源为理由，在办案中背离指导性案例，此种做法明显存在认识偏差，严重误解了指导性案例的效力性质。

（二）对于指导性案例形式上规避而实质上隐性适用

究其本质，指导性案例的适用属于案例推理或者判例推理，主要依赖于一系列复杂的归纳性思维。实践中，我国检察官很少系统接受过此方面的训练，加之我国相关检察文书的特定结构没有为判例推理和说理提供充足空间与良好条件，导致实践中检察官即使认为某个指导性案例具有可参考性仍然选择形式上的规避，但是实质上却暗中参照了该指导性案例的办案规则或者方法。指导性案例自身的特质决定其只能以一种看得见的方式被适用，而实质上暗中参照指导性案例，但是形式上不予显示的做法可以称为“隐性适用”。此种做法主要存在如下问题：其一，“隐性适用”仅仅将指导性案例达到某种目的之工具或者手段，只注意外在形式而忽视内在

① 参见雷磊：《指导性案例法源地位再反思》，载《中国法学》2015 年第 1 期。

实质，本质上是一种工具化的案例适用理念；其二，“隐性适用”人为遮蔽了案例适用过程，扭曲了待决案件事实，掩饰了指导性案例与待决案件事实之间的比对、相似性判断、参照适用等相关活动；其三，“隐性适用”属于一种司法虚饰的表现，从根本上背离了诚信司法的基本要求，也与公开说理的原则背道而驰，应当予以避免。①

① 参见孙海波：《指导性案例的隐性适用及其矫正》，载《环球法律评论》2018年第2期。

第十四章　检察案例的应用

第一节　概　述

一、案例应用的内在逻辑

案例应用，是引用案例办理类似案件的过程，是案例指导工作的外在表现方式和实现路径。检察指导性案例在整个法律体系、法律渊源中的地位决定了指导性案例的应用逻辑。[①] 在确定指导性案例具有法定应用效力的前提下，可以从成文法和判例法不同视角来审视。[②] 成文法视角下的指导性案例定位于办案规则，类似于司法解释所确立的规则。[③] 在大陆法系，当代许多国家在法律规定上并未将判例当作法源，因此，判决也不直接引用判例，但可以从先例中抽出具体的规则适用于后判决的事实导出其结论。[④] 基本路径是“基于个案裁判→提炼类案规则→规范类案办理”，与制

---

① 参见韩耀元、卢宇蓉:《最高人民检察院案例指导工作概述》，载《人民检察》2013 年第 16 期。文章认为检察案例指导制度既不是司法解释，也不同于英美法系国家的判例，其不具有普遍约束力，只能作为办案的参考。

② 参见曹志勋:《论指导性案例的“参照”效力及其裁判技术——基于对已公布的 42 个民事指导性案例的实质分析》，载《比较法研究》2016 年第 6 期。文章认为指导性案例具有的“参照”效力，在性质上则属于独立的制度性效力，不同于通常在先裁判具有说服力和基于审级的约束力。

③ 参见朱建敏:《构建案例指导制度的几个具体问题——基于效力定位的视角》，载《法治研究》2008 年第 7 期。

④ 参见［日］甲斐道太郎:《法的解释与实践》，法律文化社 1980 年版，第 175 页。转引自刘士国:《判例法与法解释——创建我国判例制度的探讨》，载《法学论坛》2001 年第 2 期。

发司法解释“聚焦某个领域→明确裁判规则→规范案件办理”相类似。《人民检察院组织法》第二十三条将最高人民检察院制发司法解释和发布指导性案例在同一条文中分为并列的两款予以表述[①]；《最高人民检察院司法解释工作规定》（2019年修订）、《最高人民检察院关于案例指导工作的规定》（2019年修订）将最高人民检察院检察委员会讨论决定作为制发司法解释、发布指导性案例的法定程序[②]，说明我国指导性案例与司法解释在效力和程序方面具有相当性。因此，成文法视角下，最高人民检察院指导性案例就是最高人民检察院基于个案提炼的规则，类似于司法解释确立的规则，具有参照适用的效力。在具体应用时，仍然是演绎推理，提炼的办案规则即是“三段论”的大前提。

与成文法视角不同，判例法视角下的指导性案例定位为有限的判例制度，内在逻辑是对判例法国家判例制度的改良，经筛选后，赋予优质的判例以法律效力。[③] 后期案例编辑、加工等程序，既是筛选判例、赋予效力的过程，也是提高后续应用效率的具体举措。体现在应用层面是类比推理思维方式[④]，从“个案→个案”，司法人员有较大的主动性和裁量权。

从案例指导作用的发挥来讲，将指导性案例视为具有参照效力的办案规则，更有利于案例指导作用的发挥，案例指导制度也更有生命力、发展

---

① 《人民检察院组织法》第二十三条规定，最高人民检察院可以对属于检察工作中具体应用法律的问题进行解释。最高人民检察院可以发布指导性案例。

② 《最高人民检察院司法解释工作规定》（2019年修订）第十九条第一款规定，最高人民检察院发布的司法解释应当经过最高人民检察院检察委员会审议通过；《最高人民检察院关于案例指导工作的规定》（2019年修订）第十一条规定，案例指导工作委员会同意作为备选指导性案例提请检察委员会审议的，承办部门应当按照案例指导工作委员会讨论意见对备选指导性案例进行修改，送法律政策研究室审核，并根据审核意见进一步修改后，报检察长决定提交检察委员会审议。

③ 参见曹三明：《中国判例法的传统与建立中国特色的判例制度》，载《法律适用》2002年第12期。

④ 参见张杰：《检察指导案例理论与实践》，中国检察出版社2022年版，第315—318页。

潜力。具体体现在：一是可以解决指导性案例适用的时效问题。我国是成文法国家，正式法律渊源只能是法律、法规、司法解释等成文法。判例制度的稳定性体现在先前判例的既判力上，从逻辑角度讲，在判例未被推翻前，可以溯及至类似案件的首例判决，即首例判决统一和规范了后续类似案件的办理。判例视角下的指导性案例，因为是有限的判例，也即无法在制度层面保证是类似案件的首例裁决。而且从案例指导制度解决同案不同处、执法司法不统一等问题的设立初衷来看，越是在实践中存在分歧的案件，越有制发指导性案例的必要和价值。[①] 因此，在没有新的成文法出现情况下，对与指导性案例具有相同法律适用场景下的先前类似案件，同样具有参照适用价值，一旦指导性案例所提炼的规则是司法实践中长期存在的同案不同处情形的，则会对先前裁判的稳定性带来挑战。成文法视角下的指导性案例，则可以把指导性案例与案例所依附的具体案件相分离，解决指导性案例适用时效问题，避免出现依据指导性案例纠偏先前裁决情形。二是契合我国演绎推理法律适用要求。演绎推理是成文法国家法律适用基本方法，将指导性案例提炼的规则视为法律适用的“大前提”，符合我国法律适用思维和惯例，也为直接援引指导性案例办理案件提供了理论可能，对建立具有中国特色的案例指导制度具有积极意义。三是为立足未决案件制发指导性案例提供可能。成文法逻辑思维下的指导性案例，只关注案件基本案情，与裁判结果的既判力没有本质关联，为未决案件制发指导性案例提供可能。当然，判例视角下指导性案例也有其独特优势，即其可以参照适用的范围更广，不局限于提炼的办案规则，还可以延伸到指导性案例整体。

二、当前检察案例应用制度

检察机关首份案例应用规范性文件可以追溯至 2010 年 7 月施行的《最

① 参见孙谦：《建立刑事司法案例指导制度的探讨》，载《中国法学》2010 年第 5 期。

高人民检察院关于案例指导工作的规定》，之后最高人民检察院于2015年12月、2019年3月两次进行修订。2018年10月修订的《人民检察院组织法》在总结近年来案例指导工作实践经验的基础上，以法律的形式赋予最高人民检察院发布指导性案例的职权，检察机关案例指导制度被正式写入法律。基于此，2019年3月修订的《最高人民检察院关于案例指导工作的规定》进一步完善了检察案例指导制度：一是确立应当参照适用的强制规则。2010年7月施行的《最高人民检察院关于案例指导工作的规定》第十五条规定，“各级人民检察院在办理同类案件、处理同类问题时，可参照执行”，明确了“可以参照”的适用规则。[①] 2015年12月修订的《最高人民检察院关于案例指导工作的规定》第三条规定，“人民检察院参照指导性案例办理案件，可以引述相关指导性案例作为释法说理根据，但不得代替法律或者司法解释作为案件处理决定的直接法律依据”，删除了“可参照适用”的表述，以规定“参照适用要求”的方式规避了应用效力问题。2019年修订的《最高人民检察院关于案例指导工作的规定》第十五条第一款规定，“各级人民检察院应当参照指导性案例办理类似案件”，明确了检察指导性案例“应当参照”的效力，相较“可以”和“参照适用要求”模糊表述，赋予了指导性案例更高的应用效力。二是明确引述释法说理应用方式。现行《最高人民检察院关于案例指导工作的规定》（2019年修订）第十五条第一款规定，“可以引述相关指导性案例进行释法说理，但不得代替法律或者司法解释作为案件处理决定的直接依据”，表明当前检察指导性案例只能作为释法说理依据，而不能直接援引办案。但是，相较2010年7月施行的《最高人民检察院关于案例指导工作的规定》，2015年12月、2019年3月修订时均删除了“办理同类案件、处理同类问题时，承办案件的检察官认为不应当

① 参见韩耀元、卢宇蓉：《最高人民检察院案例指导工作概述》，载《人民检察》2013年第16期。

适用指导性案例的，应当书面提出意见，报经检察长或者检察委员会决定”条款，反映出最高人民检察院对应用指导性案例办理类似案件有更高要求，也即原则上均应当采信。[①] 三是提出强制检索和报告要求。现行《最高人民检察院关于案例指导工作的规定》（2019 年修订）第十五条第二款规定，“各级人民检察院检察委员会审议案件时，承办检察官应当报告有无类似指导性案例，并说明参照适用情况”，对提请检察委员会讨论的案件，承办检察官应当对是否具有相类似指导性案例进行检索，并对是否应用进行说明。

此外，最高人民法院《人民法院案例库建设运行工作规程》对入选案例库的案例也赋予了可以参引的效力，并且明确对公诉机关、当事人及其辩护人、诉讼代理人等提出参照适用入库案例的，法院应当在裁判文书说理中予以回应，将案例应用扩大到入选法院案例库的案例。[②]《最高人民法院关于统一法律适用加强类案检索的指导意见（试行）》对最高人民法院发布的典型案例、裁判生效的案件、本省（自治区、直辖市）高级人民法院发布的参考性案例及裁判生效的案件、上一级人民法院及本院裁判生效的案件等也纳入检索范围，并对除指导性案例之外的其他案例和案件赋予“可以参考”的效力，将案例应用范围进一步扩大到上级裁判案件。[③]《最高人民法院关于建立法律适用分歧解决机制的实施办法》将最高人民法院

① 《最高人民检察院关于案例指导工作的规定》（2010 年）第十六条规定，在办理同类案件、处理同类问题时，承办案件的检察官认为不应当适用指导性案例的，应当书面提出意见，报经检察长或者检察委员会决定。

②《人民法院案例库建设运行工作规程》第二十一条规定，各级人民法院在审理案件时参考入库类似案例的，可以将类似案例的裁判理由、裁判要旨作为本案裁判考量、理由参引，但不得作为裁判依据。公诉机关、当事人及其辩护人、诉讼代理人等提交入库案例作为控（诉）辩理由的，人民法院应当在裁判文书说理中予以回应。

③《最高人民法院关于统一法律适用加强类案检索的指导意见（试行）》第九条规定，检索到的类案为指导性案例的，人民法院应当参照作出裁判，但与新的法律、行政法规、司法解释相冲突或者为新的指导性案例所取代的除外。检索到其他类案的，人民法院可以作为作出裁判的参考。

审判委员会关于法律适用分歧作出的决定也纳入“应当参照”范围。[①] 正是基于上述应当参照效力，有学者建议将其也纳入指导性案例发布。[②]

三、案例应用分类

（一）直接引用和参照适用

根据司法主体应用案例（判例）办理类似案件的方式不同，可以分为直接引用和参照适用。直接引用，是司法主体在明确所办案件与案例（判例）具有类似性的前提下，直接引用相关案例（判例）作出裁判或决定。此时案例所载明的裁判观点等相当于成文法中的法条，是司法办案的正式法律渊源。参照适用，与直接引用不同，司法主体只是参照案例进行释法说理，释明法律适用的准确性和该当性。案例虽然具有法律适用效力，但不属于法律、法规、司法解释等正式法律渊源。司法主体办理案件所引用的仍然是法律、法规、司法解释等规范性文件。

当前检察指导性案例即采取参照适用应用模式，只可以引述相关指导性案例进行释法说理，不得代替法律或者司法解释作为案件处理决定的直接依据。这反映出当前我国仍未从效力和制度层面将指导性案例提炼的规则纳入正式规则体系。

（二）法定应用和非法定应用

根据案例发布主体、编发程序的不同，案例应用要求也有显著不同。根据案例是否具有法定、强制适用效力的不同，可以分为法定应用和非法

① 《最高人民法院关于建立法律适用分歧解决机制的实施办法》第十一条规定，审判委员会关于法律适用分歧作出的决定，最高人民法院各业务部门、地方各级人民法院、各专门人民法院在审判执行工作中应当参照执行。

② 参见孙跃:《案例指导制度的改革目标及路径——基于权威与共识的分析》，载《法制与社会发展》2020 年第 6 期。

定应用。[①] 法定应用，是司法主体在司法办案中应当参照、具有法定规范效力的案例。在应用的要求上，具有强制性，包括应当应用、诉讼当事人提出应用请求后司法机关应当给予答复、回应[②]；在案例应用的效力上，具有法定性和约束力。非法定应用，是司法主体在充分衡量评估的基础上，参考已发布案例在定性、法律适用等方面观点或论证依据办理类似案件。这类案例包括检察机关发布的各类典型案例以及学术期刊、杂志、报纸等刊发的学术案例、宣传案例等。非法定应用，通常不具有强制性，也不具有法定效力，与参考各类理论文章、专家咨询等没有本质区别。

从《最高人民检察院关于案例指导工作的规定》(2019年修订)来看，当前检察指导性案例系检察案例中唯一具有法定应用效力的案例，各级人民检察院均应当参照指导性案例办理类似案件。其他案例，诸如最高人民检察院及地方各级检察院发布的典型案例、参考性案例、新闻发布会案例等，均不具有法定适用效力。

(三)显性应用和隐性应用

根据司法主体在参照适用检察案例办理类似案件过程中有无将案例作为释法说理依据并在法律文书中予以体现，可以分为显性应用和隐性应用。[③] 显性应用，是司法主体在办案中明确将案例作为司法办案释法说理依据，并在审查报告、起诉书、公诉意见书等法律文书中予以明示的案例应用形式。显性应用，多体现在案件办理存有争议，需要借助案例释明所

---

① 参见顾培东:《我国成文法体制下不同属性判例的功能定位》，载《中国法学》2021年第4期。文章认为依据法源属性，我国判例可分为指导性案例、示范性案例以及一般性判例三种类型，法源属性分别为约束性法源、引导性法源和智识性法源。

②《人民法院案例库建设运行工作规程》第二十一条规定，公诉机关、当事人及其辩护人、诉讼代理人等提交入库案例作为控(诉)辩理由的，人民法院应当在裁判文书说理中予以回应。

③ 参见张杰、苏金基:《检察指导案例的实践应用效果》，载《国家检察官学院学报》2018年第4期。

引用法律、法规、司法解释等条文内涵。隐性应用，是司法主体在办案中虽然实质地参照适用了案例方法、观点等，但未援引检察案例进行释法说理，也未在法律文书中予以体现的案例应用形式。隐性应用，多适用于以下三种情形：一是司法理念、工作举措等方面的创新，这些理念和创新性的工作举措虽然实质性地影响了检察机关司法办案，但是在法律应用层面没有显性应用的必要；二是随着检察案例的应用，指导性案例提炼的规则已经成为司法办案基本观点和认识自觉，也即之前有争议的案件在指导性案例的宣传推广、诉讼参与人、检察官、法官长期释法说理中，已经形成执法司法共识，这种情形直接引用相关法律、司法解释即可，无须再引用指导性案例进行释法说理；三是案例规则被新施行的法律、法规、司法解释等所吸纳上升为正式法律渊源，这种情形直接引用修订或新制定的法律、法规、司法解释即可，无须再针对同一或类似法律问题定性等作出明确援引。

检察指导性案例显性应用低，与当前指导性案例只能作为释法说理依据的参照适用方式密切相关。[①] 一方面，释法说理式应用会随着时间的推移潜移默化地推动形成执法司法共识，在达成执法司法共识后，也就缺乏了应用指导性案例进行释法说理的必要。另一方面，当前指导性案例体量整体较小，最高人民检察院通常会通过召开发布会、撰写指导性案例释义等文章对指导性案例进行宣传，都推动了执法司法机关之间形成共识，除了具有明显争议，一般也不需要显性适用指导性案例进行针对性释法说理。

（四）主动应用和被动回应

根据司法主体是主动参照适用案例还是被动回应是否应当参照适用案例主观心态和外部环境的不同，可以分为主动应用和被动回应。主动应用，是司法主体主动发现案例，并就是否参照适用进行判断，体现出司法主体

① 《最高人民检察院关于案例指导工作的规定》（2019 年修订）第十五条规定，各级人民检察院应当参照指导性案例办理类似案件，可以引述相关指导性案例进行释法说理，但不得代替法律或者司法解释作为案件处理决定的直接依据。

积极、主动的心态和作为，是案例应用的应然状态。被动应用，是司法主体在当事人、诉讼代理人、辩护律师等相关人员提出参照适用案例意见后就是否应当适用案例作出被动回应。因当前指导性案例体量整体较小，仅就指导性案例应用情况被动回应的情形较为罕见。

随着指导性案例的不断增多以及案例强制检索机制的实施，类似被动回应在司法实践中将有增多趋势。笔者通过手机百度检索“无罪判例”一词，先后检索出：“从17个无罪判例看职务犯罪无罪裁判要旨及判点”“从42个无罪判例看受贿罪无罪裁判要旨及无罪辩点”“从11个无罪裁判看利用影响力受贿罪裁判要旨及无罪辩点”“36个无罪判决案例裁判观点汇总”“从29个无罪判例看挪用资金罪的23个有效辩点”“从12个无罪判例看逃税罪9个无罪辩护有效要点”“从26个无罪判例看贪污罪无罪裁判要旨及无罪辩点”“从部分无罪判例看玩忽职守罪的辩点”等文章。[①] 这些文章系统梳理了法院无罪裁判要点，反映出理论界和实务界对案例、判例的关注。这也要求司法工作者在司法办案中应当重视案例检索和应用，主动发现并及时回应当事人提出的案例应用要求，加强释法说理，确保处理结果公平公正，努力让人民群众在每一个司法案件中感受到公平正义。

① 最后检索日期2024年7月3日。

第二节　检察指导性案例应用现状[①]

一、检察机关应用检察指导性案例情况

2022年11月，“大数据视野下指导性案例参照适用问题实证研究”课题组在全国检察机关范围内开展指导性案例应用情况问卷调查，涵盖31个省、自治区、直辖市地方检察机关和军检院、兵团院，收回有效调查问卷16230份。其中，基层院干警12984人，占比80%；设区市院干警2759人，占比17%；省级院干警487人，占比3%。参与问卷的人员组成中，院领导1461人，占比9%；员额检察官4707人，占比29%；检察官助理、书记员7303人，占比45%；其他检察人员2759人，占比17%。

（一）检索查询案例已经成为检察人员司法办案的习惯

参与问卷的16230名检察干警中，有12926名干警提到在遇到疑难问题时，能够自觉检索有无类似指导性案例，占比79.6%。与此同时，仅有3562名检察人员表示曾参照适用过检察指导性案例办理类似案件，占比21.9%。这反映出检察指导性案例有效供给距离司法办案实践需求仍有较大差距，“无案例可用”仍是案例指导工作的短板，也与9610名检察人员在问卷中反映的“案例数量少、与办案需求相比供给不足”相一致。此外，还有23%的检察人员认为检察指导性案例要旨确立的规则过于原则、抽象，影响应用。在对检察机关指导性案例编发及应用工作的意见建议中，不少干警提到“希望选编指导性案例常态化并及时发布，提高案例数量”“希望

① 本节内容节选自最高人民检察院检察应用理论研究课题“大数据视野下指导性案例参照适用问题实证研究”阶段性成果，本书在采用时有删改。课题组负责人：谭大金（江苏省人民检察院）、于晓琪（江苏大学）；课题组成员：施浩（检察日报社正义网）、郑淑珺（江苏大学）、吴进娥（江苏大学）、林啸（江苏省人民检察院）、汪承昊（检察日报社正义网）、何文青（检察日报社正义网）。

检察指导性案例更加贴合基层检察工作实际、侧重于解决实际问题”“希望与时俱进切实解决办案中面临的法律适用困难”等，反映了检察实践对指导性案例的更高要求和期待。

（二）不同批次检察指导性案例参照适用情况存在较大差异

从3562名参照适用过检察指导性案例办理案件的检察人员反馈情况来看，检察机关发布的指导性案例应用情况存在较大差异。其中，第十一批指导性案例（侵害未成年人权益犯罪）、第十二批指导性案例（正当防卫）等批次指导性案例参照适用频次较高，同时也存在少部分批次的指导性案例从未被援引过。以江苏检察机关干警反馈参照适用指导性案例284件次为例，共援引适用31个批次，占当时制发38批次案例的81.6%。其中，第十一批指导性案例（侵害未成年人权益犯罪主题）被援引参照适用的频次最高，有60次，占比21.1%；第二十二批指导性案例（检察机关适用认罪认罚从宽制度主题）和第二十三批指导性案例（检察机关依法履职促进社会治理主题），分别被援引32次和26次。上述3批指导性案例的援引次数占比近42%。

（三）指导性案例已经成为检察机关更新司法理念的重要方式

各级检察机关持续加强指导性案例学习，有超过81%的检察院通过安排相关业务条线的检察委员会委员、检察官讲解，邀请指导性案例编写人、原案承办人授课，委员们交流学习体会等方式组织学习。有超过67%的检察人员反映其所在检察院已经将检察指导性案例纳入检察委员会学习议程，常态化组织检察委员会委员及列席人员学习，促进司法理念更新，推动办案质效提升。

二、裁判文书援引检察指导性案例情况

截至2022年12月31日，最高人民检察院共发布41批166件指导性案例。同期，笔者通过中国裁判文书网公开的案件库，检索到援引了检察指

导性案例裁判文书48件。其中刑事案件有29件，民事案件有12件，行政案件有7件。

（一）从援引指导性案例情况来看，引用案例范围相对宽泛，但援引频次差距较大

被援引的检察指导性案例分别是检例第1号、检例第5号、检例第7号、检例第23号、检例第31号、检例第34号、检例第36号、检例第41号、检例第42号、检例第44号、检例第45号、检例第46号、检例第47号、检例第48号、检例第56号、检例第60号、检例第61号、检例第64号、检例第72号、检例第81号、检例第110号，未说明具体检例号的有5例（包括直接表述为正当防卫的2例，表述为最高人民检察院指导性案例的3例）。其中，检例第45号被援引10次，检例第46号被援引6次，检例第64号被援引4次，检例第47号、检例第1号被援引3次，检例第42号、检例第72号被援引2次，其余均为1次。

（二）从援引主体来看，被告人、辩护人、诉讼代理人等当事人一方援引积极

48件案件中，被告人、辩护人、诉讼代理人等当事人一方援引41件，法院援引3件，检察机关援引4件，当事人和辩护人援引最多，占比85.4%。具体到不同案件类别，稍有差异。29件刑事案件中，辩护人援引21件、检察机关援引3件、法官援引2件、上诉人援引2件、诉讼代理人援引1件。12件民事案件中，上诉人援引4件、被告人援引3件、被上诉人援引2件、法官援引1件、申请人援引1件、再审申请人援引1件。7件行政案件中，上诉人援引3件、原告援引2件、再审申请人援引1件，检察机关作为公益诉讼起诉人援引1件。

（三）从援引结果看，是否属于类似案件是援引观点能否被采信的主要原因

被告人、辩护人、诉讼代理人等当事人一方援引的41件案件中，被法

官采纳的仅有 1 件，采纳率低至 2.4%。法官直接援引参照的 3 件，作为裁判文书释法说理依据予以引述，并直接采信。检察机关援引的 4 件，被采纳 3 件，其中检察机关作为公益诉讼起诉人援引并被采纳的 1 件。所办案件与援引指导性案例不具有类似性，是援引指导性案例未被采纳的唯一原因。这也从侧面反映出如何判断相似案件在司法实践中还存在较大分歧，需要进一步凝聚共识。

（四）从援引案件类型看，二审、再审案件援引需求相对更高

适用一审程序审理的案件 27 件，其中，刑事一审案件 21 件、民事一审案件 4 件、行政一审案件 2 件；适用二审程序审理的案件 18 件，其中，刑事二审案件 8 件、民事二审案件 6 件、行政二审案件 4 件；适用再审程序审理的案件 2 件，其中，民事再审案件 1 件、行政再审案件 1 件；适用特别程序审理的案件 1 件。这与二审、再审案件普遍具有较大争议相关，也与制发指导性案例解决司法实践突出问题的目标相一致。

（五）从援引法院来看，各地和地方三级法院均有援引需求

48 件案件中，高级人民法院援引的 1 件，中级人民法院援引的 18 件，基层法院援引的 29 件，涉及广西、河北、吉林、江苏、青海、云南、北京、河南、四川、广东、甘肃、浙江、辽宁、山西、黑龙江、湖南、山东、陕西、福建、安徽、湖北等 21 个省、自治区、直辖市。

三、律师参照适用检察指导性案例情况

2022 年 12 月，笔者通过问卷星网络抽样问卷对全国范围内部分律师开展应用指导性案例问卷调查，共收回有效问卷 79 份，其中从业 3 年以下 28 人，占比 35.4%；从业 3 年至 10 年 25 人，占比 31.7%；从业 10 年以上 26 人，占比 32.9%。参与问卷调查的律师中，30 岁以下 21 人，30 至 45 岁 39 人，45 岁以上 19 人。

（一）律师学习、援引检察指导性案例积极性较高

79人中，学习过检察指导性案例的有68人，占比86.1%，其中深入学习检察指导性案例有13人，占比16.46%；简单学习有55人，占比69.62%；仅11人尚未学习过。同行推荐获知最高人民检察院指导性案例有43人，仅低于通过媒体宣传渠道获知的54人，说明交流、援引最高人民检察院指导性案例办理案件得到律师界的认可。79人中，援引过最高人民检察院指导性案例的人数为27人，占比34.2%；没有援引过的人数为52人，占比65.8%。27名援引过最高人民检察院指导性案例的律师中，2人表示曾高频次援引案例，8人反馈有5次以上的援引经历，其他17人援引频次较低，其中6人反馈仅有1次援引经历。

（二）律师在援引过程中，更关注与检索、比对直接相关事项

律师对熟悉检索平台、能够精准定位关键词，熟悉检索流程、能够准确提炼对比项等案例应用的基本素能更为关注，与律师更看重胜诉、对当事人负责的定位息息相关。接受问卷的律师反映，权威检索平台使用受限；没有明确的具体参照适用工作机制；没有相似性判断规则，不便适用；案例数量少，制作技术不高等，影响律师群体更好应用检察指导性案例。对加强案例指导工作，建议加强案例宣传推广，深入组织案例的学习讨论；简化程序，扩充案例数量和类型；拓展应用渠道，简化检索方式（可推进网络平台检索或微信小程序检索）；明确具体适用工作机制，推动地方检察院参考适用；促进各级法院主动检索相关案例，重视判例，建立明确的参照机制约束，争取同案同判等。对于检察案例体例结构，建议采取“总—分—总”形式，便于快速了解核心观点。律师们对便捷检索途径和推动检察指导性案例法检共同应用的呼吁最高，期待两高联合发布指导性案例，以保证指导性案例应用效力。

四、媒体对检察指导性案例的关注情况

课题组选择《检察日报》和正义网作为研究载体，以“检例”“指导性案例”“检察指导案例”“最高人民检察院指导性案例”作为检索关键词，检索相关文章、资讯等6405篇（按照标题检索870篇，按照正文检索5535篇）。其中，正义网新闻中心数据库中检索3223篇，占比50.3%；检察日报数据库中检索1958篇，约占总数的30.6%；正义网数据库中检索1224篇，占比19.1%。

（一）媒体对检察指导性案例的关注程度总体呈上升趋势

尤其是2018年之后，媒体关注度呈现显著增长态势。[①] 最早一篇相关报道发表于2006年，其后，自2006年至2017年一直处于平缓增长状态，自2017年开始至2021年进入高速增长阶段，媒体对指导性案例的关注程度呈现突破性增长。尤其是2020年到2021年期间，相关报道发表数量达到了516篇，较前一年增加了186篇，为历年来的最大涨幅。2021年之后增长速度开始放缓，但媒体对检察指导性案例的关注仍处于高位状态。（见图1）

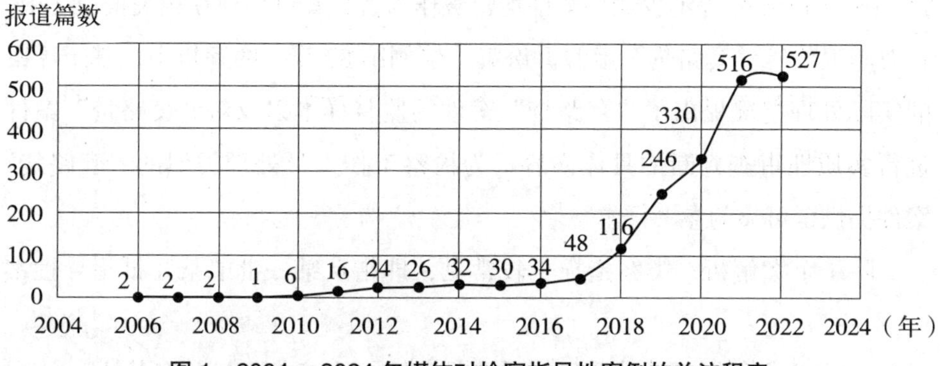

图1　2004—2024年媒体对检察指导性案例的关注程度

① 由于正义网两个数据库均无法对发布时间进行统计，因此本部分数据全部来源于《检察日报》。

（二）记者、编辑、检察人员、学者成为检察指导性案例的宣传主体[①]

从检察日报数据库检索出的1958篇文章中，作者为记者或者通讯员群体的有895篇，占比约45.7%；[②]作者为个人学者的有596篇，占比30.4%；检察系统人员有106篇，占比5.4%；另有361篇未署名，占比18.4%。检察日报记者、编辑等检察日报工作人员作者占比超一半。此外，个人学者、非通讯员检察干警发表相关文章702篇，占比35.9%，说明学者和检察干警也关注和研究指导性案例，是研究成果产出的新兴领域。

（三）个案解析、类案指导、评判讨论是媒体关注检察指导性案例的主要形式

个案解析是较常见的一种报道类型，通常会围绕一些较典型或争议点较多的案件展开讨论。个案解析类报道的主要价值在于能够更好地实现新闻媒体的宣传教育功能，提高受众对指导性案例的认识与理解，继而强化指导性案例的指导功能，是完善指导性案例应用制度的一种可靠的辅助手段。检例第65号、第66号、第67号、第87号、第120号、第150号、第152号、第156号等不少经典案件均曾被作为解析案例出现在相关报道之中。在对李卫俊等"套路贷"虚假诉讼案（检例第87号）的解析中，基于原案的实际处理情况提出了"套路贷"案件的监督样本以及对"套路贷"案件进行实质性审查判断的具体内容，为检察工作人员处理类似的"套路贷"案件提供了可靠的参考样本。[③]

除了个案解析，类案指导也较常见，即指从某一批或某几批指导性案

---

① 受技术所限，无法对正义网两个数据库中涉及的文章作者进行统计梳理，仅以《检察日报》数据进行分析。

② 通讯员中有很大一部分也是检察人员，后面统计的检察人员为未担任通讯员的检察人员。

③ 参见《最高人民检察院第二十三批指导性案例——李卫俊等"套路贷"虚假诉讼案（检例第87号）》，载《检察日报》2021年9月4日，第3版。

例入手，结合案例本身的发布背景与案例内容进行综合分析。类案指导类报道的主要价值在于能够帮助相关人员与社会群体更加准确地了解不同批次指导性案例中所要传达的关键性问题，理解指导性案例的应用价值。同时，针对多个近似案件的整体分析也能使受众摆脱对指导性案例的机械性理解与应用，强化整体应用效果。为了深入阐释正当防卫制度，基于第十二批检察指导性案例中存在的关于正当防卫制度中“一般防卫”“行凶”“防卫过当”“其他危及人身安全的暴力犯罪”这四个标准的认定，提出如何保障正当防卫的准确适用。[①]

相较个案解析和类案指导这两种报道类型而言，评判讨论的行文方式更加自由，并不拘于什么特定表达，也不局限于个案、类案还是指导性案例制度本身，只是在具体内容的选择上存在一定的偏向性。评判讨论类报道的主要价值在于能够更有效地引导社会公众思考指导性案例应用的现实价值，并为指导性案例制度的完善提供可靠建议。由于媒体的读者受众与一般的学术论文不同，因此媒体中的评判讨论类报道不仅更加偏向实践，也更加清晰易懂，能够为指导性案例制度的完善带来更多的实用性建议。[②]

第三节　检察指导性案例应用面临的问题和挑战

一、检察案例供给总体不足

截至2024年6月，最高人民检察院累计编发指导性案例53批次217个。

① 参见《正当防卫制度：在司法案例中迸发生命活力》，载《检察日报》2021年5月15日，第3版。

② 参见《加强案例工作助推法治中国建设》，载《检察日报》2021年4月12日，第1版；《注重“三个结合”促进教育转化》，载《检察日报》2021年6月26日，第3版等相关文章。

尽管最高人民检察院近年来加大了指导性案例编发频次，但案例数量整体仍然偏少，难以满足司法实践需求。除了数量整体偏少，还存在供给案例结构不优等问题。

（一）“同案不同处”案例编发偏少

争议较大、同案不同判案件在司法实践中仍有一定体量，这类案件是案例指导工作关注的重点。从目前发布的指导性案例来看，拓展法律、司法解释内涵，解决司法实践争议、促进类案同处方面案例整体偏少，影响案例指导工作效能发挥。① 正如前文所分析的，这与指导性案例在当前整体的法律定位以及是否具有溯及力问题有很大关系，不从制度层面解决上述问题，该类案例难以被编发。因为一旦编发司法实践中有“同案不同处”相对严重的案件，尤其是出罪案件，面临的则是既判案件的纠偏，影响司法裁决的稳定性。

（二）新类型案例编发存在滞后现象

当前指导性案例编发的前提是已有终局性处理结果的案件，具体到刑事案例，需作出撤案、不起诉、裁判且已经发生法律效力。从司法实践来看，案件办理和案例编发周期相对较长，对新类型案件指导作用发挥具有一定滞后性。以最高人民检察院 2024 年 4 月发布的第五十三批指导性案例中尹某某等人诈骗立案监督案（检例第 213 号）为例，该案监督线索于 2016 年 8 月发现，同年 12 月监督立案，后历经跟进监督、立案侦查、审查逮捕、审查起诉、审判，从开始的立案监督到最终发布案例历时 7 年余。疫情防控期间最高人民检察院发布的涉疫典型案例，均系检察机关作出阶段性处理决定的案件，相关案例的发布，对司法实践办理涉疫情案件办理起到了很好的指导、规范作用，其及时性、权威性受到实务界和学界一致好

① 参见赵瑞罡、耿协阳：《指导性案例“适用难”的实证研究——以 261 份裁判文书为分析样本》，载《法学杂志》2016 年第 3 期。文章认为截至发文时最高人民法院已发布 9 件刑事指导性案例中，真正意义上拓展法律、司法解释的案例只有 4 件。

评，值得最高人民检察院在编发指导性案例中予以借鉴。

（三）限定主题征集容易遗漏优质案例

当前检察指导性案例以主题征集为主。限定主题征集具有其独特优点，即可以通过发布一个批次案例，集中解决司法实践中某类案件或某个领域中存在的执法司法突出问题，起到促进和规范类案办理的效果。但这种模式也存在明显短板，即可能造成主题征集之外的优质案例难以被纳入指导性案例编发范围，造成优质案例资源的浪费。而且，限定主题征集还可能受相关领域案件数量和案例报送质量影响，出现案例征集不齐导致计划“流产”的情况。最高人民检察院2024年指导性案例计划虽然增加了不限制案例类型和领域的“综合主题”指导性案例，但受限于该批次案例由最高人民检察院法律政策研究室负责编发，故仍然难以做到优质案例的常态化编发。

（四）案例内容程序性叙述较多

相较仅阐述判决理由的《刑事审判参考》中所载案例，检察指导性案例不仅注重法律适用、证据采信规则的提炼总结，也强调法律监督方式方法的经验介绍。但是，对办案过程的细致叙述，难免挤占到具体业务指导的篇幅，而程序性叙述的参照适用性比较有限，容易产生业务指导不足的“用户体验”。

二、规范应用机制有所欠缺

《最高人民检察院关于案例指导工作的规定》（2019年修订）仅规定了“可以参照指导性案例进行释法说理”，但对如何参照适用缺乏规制，影响指导性案例在司法实践中的应用。

（一）应用载体不明确

对在什么文书上援引适用、在文书的什么位置上引用、能否在起诉书等正式的对外法律文书上引用等均未作出制度性安排，客观上造成司法实践中内部工作性法律文书引用多、隐形引用多、外部正式法律文书引用少“两多一少”现状。

（二）案例检索机制尚未建立

一方面，《最高人民检察院关于案例指导工作的规定》（2019年修订）仅规定了提请检察委员会讨论的案件需要检索有无类似指导性案例，对提请检察委员会讨论之外的其他案件未作出明确规定，强制检索案件范围过窄。另一方面，未明确强制检索案件需要制作强制检索文书，以及对强制检索报告体例、内容、要素等作出规范性要求。

（三）相似性判断缺乏标准

参照应用指导性案例的基础前提是确定待决案件与指导性案例是否类似，换言之，类似性判断是指导性案例司法应用的核心。[①] 通过类比推理确定指导性案例与待决案件相似，因而指导性案例的法律解决方案可以应用于待决案件，再运用演绎推理，以指导性案例的法律解决方案为待决案件的大前提，以待决案件事实为小前提，得出结论。[②] 在缺乏较为体系指引和规范的前提下，如何判断在办案件与拟参照适用案例具有相似性给司法人员带来较大挑战，也是当事人、律师、诉讼代理人等援引指导性案例被司法机关采信率较低的原因所在。[③]

（四）“应当参照”缺乏专门规范

从《最高人民法院关于统一法律适用加强类案检索的指导意见（试行）》《人民法院案例库建设运行工作规程》等规定来看，最高人民法院要求法官检索的案例包括最高人民法院指导性案例、最高人民法院发布的典

① 参见张骐：《再论类似案件的判断与指导案例的使用》，载《法制与社会发展》2015年第5期。

② 参见张骐：《论类似案件的判断》，载《中外法学》2014年第2期。

③ 最高人民检察院检察应用理论研究课题“大数据视野下指导性案例参照适用问题实证研究”阶段性成果显示，中国裁判文书网检索到的被告人、辩护人、诉讼代理人等当事人一方援引的41件案件，被法官采纳的仅有1件，采纳率低至2.4%。

型案例、省高级人民法院发布的参考性案例以及上级院和本级院办理的案件，并且根据案例形式和层级，明确指导性案例应当参照适用；对于最高人民法院发布的典型案例、省高级人民法院发布的参考性案例、上级院和本级院办理的案件以及纳入人民法院案例库的案例，也明确可以“参引”。① 从法院上述规定来看，法院法定应用案例相较检察机关案例范围更宽泛。② 因指导性案例尚未建立区别于其他案例的应用规范，造成指导性案例应用有混同判例、其他案例的发展趋势，不利于指导性案例长期应用。

三、效力保障机制有待加强

最高人民检察院赋予了指导性案例“应当参照”效力，以技术性处理手段解决了指导性案例的效力、性质等难题③，但在实践中对援引适用检察指导性案例办案，仍存有疑虑。

（一）对外部单位或人员是否具有强制力仍有争议

《最高人民检察院关于案例指导工作的规定》（2019 年修订）从加强检察指导性案例应用要求角度，要求“各级人民检察院”应当参照适用。此处的“各级人民检察院”与参照适用检察指导性案例主体是否具有同一性，也即参照适用的主体仅限于“各级人民检察院”还是包括法院、公安等其

① 《最高人民法院关于统一法律适用加强类案检索的指导意见（试行）》第四条规定，类案检索范围一般包括：（一）最高人民法院发布的指导性案例；（二）最高人民法院发布的典型案例及裁判生效的案件；（三）本省（自治区、直辖市）高级人民法院发布的参考性案例及裁判生效的案件；（四）上一级人民法院及本院裁判生效的案件。除指导性案例以外，优先检索近 3 年的案例或者案件；已经在前一顺位中检索到类案的，可以不再进行检索。

② 参见杨知文：《非指导性案例的“指导性”与案例指导制度的发展》，载《清华法学》2021 年第 4 期。文章认为“作为一般生效判决的非指导性案例也对司法裁判构成具有指导性的因素”。

③ 参见冯文生：《审判案例指导中的“参照”问题研究》，载《清华法学》2011 年第 3 期。

他单位和个人，有不同认识。有的司法人员认为检察机关指导性案例权威性和拘束力限定于检察机关自身，而不包括法院等其他单位，影响检察指导性案例适用强制力。

（二）缺乏对违法案例应用行为的规制

案例应用虽然服务和统一于办案，但仍具有相对独立的程序价值和意义，在对案件实体评价之外，对违反案例应用规则的行为也应作出规制。现行《最高人民检察院关于案例指导工作的规定》（2019年修订）虽然明确了“应当参照”的要求，但对应检索而未检索、应适用而未适用等违反案例应用行为未明确相关责任，弱化了指导性案例“应当参照”的应用效力。

（三）评价反馈机制还不够完善

现行《最高人民检察院关于案例指导工作的规定》（2019年修订）虽然在应用层面建立了案例宣告失效制度①，但对宣告失效案件线索来源、反馈渠道等缺乏细化的操作流程。此外，各级检察院对案例应用也缺乏系统性的总结，实践中案例应用情况和案例编发主体之间还存在制发和应用“信息壁垒”，不利于案例指导制度作用更好发挥。

四、检索服务平台不够完善

应用案例，前提是快速检索案例。目前，最高人民检察院虽然在检答网中嵌入了案例库，也在微信公众号等网站建立了指导性案例发布和检索平台，但与实践中需求的智能化检索仍然存在一定差距。

---

① 《最高人民检察院关于案例指导工作的规定》（2019年修订）第十九条第一款规定，指导性案例具有下列情形之一的，最高人民检察院应当及时宣告失效，并在《最高人民检察院公报》和最高人民检察院官方网站公布：（一）案例援引的法律或者司法解释废止；（二）与新颁布的法律或者司法解释冲突；（三）被新发布的指导性案例取代；（四）其他应当宣告失效的情形。

（一）检索的便捷性还需提升

受限于检索主体规范提炼争议焦点能力和水平，难以做到与指导性案例同一表述。在这种情况下，如何快速检索到相类似案例需要检索平台给予技术支持。以检答网案例库为例，检索“假释条件‘执行原判刑期二分之一以上’包括判决前先行羁押期限”，在选择“精准检索”选项的情况下，无比中案例；在选择“模糊检索”选项的情况下，虽然检索出案例，但显示比中关键词系“假释”“执行”“假”“执行判决”等，与检索内容差距较大，且在首页未能显示与检索内容相关度最高的罪犯邹某某假释监督案（检例第198号）。而外网检索上述检索句时，则能更容易检索出该案例。

（二）智能推送还未实现

当前检察办案已实现检察业务应用系统2.0全覆盖，从根本上解决了线下、系统外办案问题。在此前提下，将检察案例库嵌入全国检察业务应用系统，并通过对案件信息的初步比对，智能向承办检察官推送检察指导性案例以供参考，将更有利于检察指导性案例的应用。

五、转化正式法源时有发生

近年来，随着全面依法治国的持续深入推进，我国法律体系持续完善，两高司法解释制发节奏也明显加快。虽然司法解释相较指导性案例制发周期较长、程序较为烦琐，但案例确立的规则一旦被法律、司法解释所吸收，将非正式渊源转化成正式渊源，其也就失去了“释法说理”的价值。如骆某猥亵儿童案（检例第43号）要旨指出“行为人以满足性刺激为目的，以诱骗、强迫或者其他方法要求儿童拍摄裸体、敏感部位照片、视频等供其观看，严重侵害儿童人格尊严和心理健康的，构成猥亵儿童罪”，明确隔空猥亵儿童构成猥亵儿童罪。2023年5月，《最高人民法院、最高人民检察院关于办理强奸、猥亵未成年人刑事案件适用法律若干问题的解释》第九条第一款吸收了上述要旨规则，明确“胁迫、诱骗未成年人通过网络视频聊天或者发送视频、照片等方式，暴露身体隐私部位或者实施淫秽行为，符合刑法第二百三十七条规定的，以强制猥亵罪或者猥亵儿童罪定罪处罚”。又如于海明正当防卫案（检例第47号），其中要旨中关于“行凶”的认定规则，被2020年8月最高人民法院、最高人民检察院、公安部制定出台的《关于依法适用正当防卫制度的指导意见》所吸收，从案例发布到被司法解释吸收成为正式法律渊源时间不到2年。指导性案例确立的规则被法律、法规、司法解释等正式法律渊源吸收后，再应用指导性案例进行释法说理也就缺失实质意义。当然，通过制发指导性案例推动司法解释出台，体现了指导性案例应用更高层次的价值所在。

第四节　加强案例应用的建议

一、丰富检察案例供给

针对司法实践中“想适用而无案例可用”的情况，笔者建议最高人民检察院持续优化选编模式，不断丰富案例供给。

案例征集方面，采用“定向征集+随时报送”方式，既突出征集案例重点，又兼顾司法实践刚需，弥补和矫正专题征集可能引发的凑数案例和对下指导性不强等弊端。

案例选择方面，积极调整案例编发结构，实现从前期理念引领向更加突出检察指导性案例指导办案作用转变，重点编发体现创新性裁判规则、司法实践法律适用存在较大争议等方面的案例，增强案例的可参照性和可援引性，更好满足司法办案实践需要。

案例编写方面，保持现有常规指导性案例体例的基础上，对部分案例适当简化体例格式，保留要旨、基本案情、处理结果等基本组成部分，便于快速编发、检索和应用；探索建立对在办案件发布检察指导性案例机制，以

“要旨＋基本案情”模式，快速回应司法实践中出现的新情况、新问题，弥补判决生效后才发布的滞后性。

案例数量方面，在保证案例质量的前提下，适当扩充各类型案例数量，增加频次和数量，既要批量发布有重大影响的案例，也要注重编发制约司法实践疑难小案；探索建立案例转化机制，对最高人民检察院各业务厅局、省级检察院编发的质量较高的典型案例、参考性案例经过一定程序后转化为指导性案例。

案例效力方面，探索指导性案例联合发布机制，通过联合最高人民法院发布指导性案例、联合公安部共同发布监督类指导性案例等方式，破解不同诉讼主体应用检察指导性案例差异化困局。条件成熟时，建议最高人民检察院提请全国人大常委会以决定等方式，赋予检察指导性案例更高效力，并建立向全国人大常委会备案审查等配套机制。

二、规范案例应用载体

应用载体是规范应用指导性案例的前提。针对应用载体不明确、显性应用不规范、多隐性应用现状，结合“释法说理”应用要求，笔者建议以内部法律文书和释法说理性文书应用为主，对于非说理性文书以及不以说理为主的法律文书，一般不作显性应用，以体现法律文书的规范性和严谨性。一是内部工作性文书，包括审查报告、侦查终结报告、调查终结报告、审查终结报告、复查终结报告等。具体应用时，应当在内部工作性文书“需要说明的问题及有关情况”部分“承办人认为需要说明的其他问题及情况”或者其他栏目中，载明案例检索、当事人提出适用、是否适用、适用结果等案例应用基本情况。对于在办案件和拟参照适用案件是否具有相似性有争议的，还应当对是否相似性判断进行论证。经检索后发现多个案例且处理结果存在分歧意见的，应当根据案例的效力和发布主体层级等进行列举，指出存在的分歧意见、自己适用意见及依据。当然，为更好地规范和研究案例指导工作，笔者建议在内部文书设立“案例应用情况”一栏，以体现案例应用的规范性。

二是释法说理性文书，主要包括公诉意见书、出庭意见书、不起诉理由说明书、不批准逮捕理由说明书等说理性文书。对参照适用检察案例办理的案件，应当在释法说理性文书中予以明示。对于民事支持起诉书、抗诉书等兼有检察决定和说理于一体的法律文书，原则上也可以参照适用增强文书的说理性和论证效果。在抗诉书中引述时，可以在论证法院判决错误部分，作为论证的依据予以阐述。

三是不以说理为主的文书，主要包括起诉书、不起诉决定书、不批准逮捕决定书、民事公益诉讼起诉书等，这类文书普遍存在专门的说理性文书，一般不再单独参照适用检察案例进行释法说理。确需在起诉书中引述指导性案例的，可以在“本院认为”部分直接引用指导性案例确立的办案规则来陈述罪状予以明示。

三、完善案例应用机制

针对案例适用中部分检察人员不想用、不会用、不敢用问题，从制度层面加强规范指引，辅以监督约束，进而破解理念层面“想用”的难题，规范指导性案例的司法应用流程。

（一）健全案例应用规范和工作指引

建立类案相似性判断机制，细化相类似案件标准、判断方法、判断步骤、是否相类似争议解决等流程。建立强制检索机制，明确强制检索情形、检索范围、检索平台、检索方法等，及时发现相类似案件。

（二）建立案例应用请求回复机制

明确当事人、律师等建议或要求参照指导性案例适用法律时，承办检察官应当在文书中或者当面作出回应，释明是否参照以及不予参照适用的理由和依据。[①] 对于错误适用或应适用而未适用导致发生重大办案影响的，给予相应处置。[②]

（三）建立背离报告和背离追责机制

发现在办案件与已发布指导性案例可能相悖时，应当报本院检察委员会进行审议，检察委员会经审议决定结合在办案件的核心事实要素确须背离指导性案例的，应当直接上报至最高人民检察院，由最高人民检察院进行审核并作出答复。[③]

（四）完善指导性案例应用奖惩机制

加强指导性案例工作总结，适时发布典型案例、开展优秀法律文书评比等，及时总结推广案例应用经验做法。设置奖惩考核指标的方式督促检察人员重视案例应用，比如在检察官的绩效考核、评优评先等方面对是否适用案例进行评价。

（五）健全学习培训机制

通过检察委员会带头学、上级院送学、案件研讨学、小课堂集中学、汇编成册随身学等方式，准确理解指导性案例要旨规则和背后法条立法精神，持续增强检察干警事实认定、证据运用、法律适用、政策把握能力。研发案例应用培训专门课程，组织案例培育、写作、应用等专题培训班、研讨会等，持续增进应用案例意识和规范应用案例能力和水平。

四、数字赋能案例应用

运用大数据、智能化技术辅助办案是今后案例应用发展的必然趋势，

---

① 参见张杰、苏金基:《检察指导案例的实践应用效果》，载《国家检察官学院学报》2018 年第 4 期。

② 参见江苏省人民检察院课题组:《检察指导性案例的司法应用探讨》，载《中国检察官》2022 年第 5 期。

③ 参见张元琦:《检察指导性案例的应用理解及实现保障》，载《中国检察官》2022 年第 5 期。

需要提前谋划、加快行动步伐。优化检察案例库，在检察指导性案例的基础上，收录经最高人民检察院业务厅局和省级检察院审核把关的典型案例、参考性案例、公报案例等，拓宽检察案例容量。搭建集词语、语句、段落检索于一体的智能检索平台，实现精确检索、模糊检索、递进检索等基本检索要求，提高检索的便捷性。在检察业务应用系统中嵌入指导性案例适用的选项和链接，增加“类案推送”功能，对进入检察官办案系统的案件，系统根据案件类型和关键词，自动比对推荐类似指导性案例，提升案例应用质效。

后 记

案例，是最鲜活的法治教材，也是法治发展进步的见证。它们或是展现了浩荡的时代洪流，或是镌刻了法治建设的深刻印记，或是蕴含了是非曲直的判断标尺。在一个个司法案例之中，我们既能看到理论的脉络，又能体悟观点的争鸣，还能触摸故事的肌理。案例已然成为法律共同体同频共振的特殊纽带，成为公平正义的具象表达。

“法犹兵书，例为战绩也。法犹医方，例则医案也。仅读兵书者，不可以用兵；只记医方者，不可以治病。”做好案例工作的重要性不言而喻。我们在长期的案例工作中，也面临诸多制约案例发展的难点堵点，比如，一些优秀案件不能及时向案例转化、不会写不愿写问题普遍存在、案例参照适用制度不够规范、优秀案例人才还比较少等问题。实现破局的关键在于推进案例供给的规模化、案例撰写的规范化、案例甄别的标准化、案例检索的智能化，因此有必要对此开展专门研究，总结提炼出一些有价值可复制的经验。

但学界关于案例撰写和检索的研究不多，案例撰写人员和实际应用者所做的研究更少，凸显了开展这项工作的必要性和紧迫性。受中国检察出版社邀请，江苏省人民检察院接受了这项艰巨任务。省检察院党组副书记、副检察长李爱君亲自拟定了编写方案和全书框架，并对编写组定下了“让每一个有关案例的疑问，都能在本书中找到答案”的目标任务。8名优秀的案例撰写人才组成编写团队，他们来自刑事、民事、行政、公益诉讼、研究室、案管、办公室等各个条线，有着丰富的不同类型检察案例撰写经验，在办案、工作之余开展研究，视角转换于撰写人、编发者和阅读者之间，从历史沿革到未来趋势，从整体结构到标点符号，殚精竭虑，只求打造出自己心目中的案例工作“百宝袋”。

有价值的工作总是苦乐并存。从初次集结时的头脑风暴，到一次次被催稿的焦灼不安，再到深夜逐字校稿时的一个个红色批注……编写组的小伙伴们也多次吐槽繁忙工作和deadline之间不可调和的矛盾，一起经历“卡稿”时的难熬与无奈，努力调和不同章节之间的内容安排。正是大家相互砥砺、共同奋进，本书才得以从一片混沌中走向天朗气清，最终在规定时间内付梓问世。

25万余字，字里行间皆倾注了心血与付出，承托了我们共同的志趣和事业。李爱君副检察长在写作过程中，多次指导书稿写作、提出具体修改建议，并最终对全稿进行了审定。赵学武主任、谭大金副主任负责全书统稿工作。具体章节撰写分工是：刘岑岑负责第一章、第三章、第十章，施军负责第二章、第九章，李东山负责第四章、第五章，王丹负责第六章、第十一章，张年龙负责第七章、第十四章，梁晶晶负责第八章以及第二章第二节中“强化检察一体化运行”方面的内容，朱佩佩负责第十二章，张涛负责第十三章。杨威、胡文浩、陈烺、宋莹等同志为本书最终呈现付出了辛苦努力。

我们虽已用心，但受限于能力水平，难免存在疏漏，企望各位读者指摘勘正，也期待本书获得更长久的阅读生命。

江苏省人民检察院编写组

2024年12月于南京市宁海路73号